DOLPHIN BOOKS

海豚文库

丛书主编
朱 孝 远

赞助人的回报

艺术品投资的几个问题

[美] 理查德·J.泽克豪泽
[美] 乔纳森·K.纳尔逊 /著

蔡玉斌 周殿伦 雷璇 /译

朱孝远 /校

GUANGXI NORMAL UNIVERSITY PRESS
广西师范大学出版社 ·桂林·

著作权合同登记号桂图登字：20-2015-087 号

图书在版编目（CIP）数据

赞助人的回报：艺术品投资的几个问题 / （美）理查德 • J.泽克豪泽，（美）乔纳森 • K.纳尔逊著；蔡玉斌，周殿伦，雷璇译. —桂林：广西师范大学出版社，2018.7

（海豚文库 / 朱孝远主编）

书名原文：THE PATRON 'S PAYOFF

ISBN 978-7-5598-0957-5

Ⅰ. ①赞… Ⅱ. ①理… ②乔… ③蔡… ④周… ⑤雷… Ⅲ. ①艺术品—私人投资—研究 Ⅳ. ①F768.7

中国版本图书馆 CIP 数据核字（2018）第 127425 号

广西师范大学出版社出版发行

（广西桂林市五里店路 9 号　邮政编码：541004
网址：http://www.bbtpress.com）

出版人：张艺兵

全国新华书店经销

广西广大印务有限责任公司印刷

（桂林市临桂区秧塘工业园西城大道北侧广西师范大学出版社集团有限公司创意产业园内　邮政编码：541100）

开本：635 mm × 965 mm　1/16

印张：20　　字数：240 千字

2018 年 7 月第 1 版　　2018 年 7 月第 1 次印刷

定价：68.00 元

利昂·莱奥尼设计的米兰奥梅诺尼豪宅
米兰，玛尔塔·卡润兹

多梅尼科·兰达约：老人肖像，巴黎卢浮宫博物馆
阿奇维·阿利纳里，佛罗伦萨

多梅尼科·兰达约：新圣母玛利亚大教堂托尔纳博尼教堂，佛罗伦萨

多梅尼科·兰达约及其工作室：马拉泰斯塔祭坛画

里米尼城市博物馆，里米尼

提香：佩扎罗祭坛画，威尼斯弗拉里圣母教堂
阿奇维·阿利纳里，佛罗伦萨

佛罗伦萨圣十字大教堂的耳堂和十字结构
伦敦布里吉曼艺术图书馆

佛罗伦萨圣十字教堂的十字架和北侧立柱上阿尔伯蒂家族的徽章
佛罗伦萨拉巴蒂 & 多曼吉摄影公司

蒙塔纳：贡扎加宫廷，曼图亚公爵宫绘画室

德罗梅科：圣弗朗西斯规约的确认，佛罗伦萨圣三一教堂萨塞蒂礼拜堂
阿奇维·阿利纳里/布里基曼

托马索·马尔维托：奥利维罗·卡拉菲半身塑像，那不勒斯大教堂苏克尔波教堂
卢西亚诺泛艺术档案馆，那不勒斯

致：

莎莉和西尔维亚

如果我们是赞助人，你们就是我们的艺术家。

如果我们是艺术家，你们就是我们的缪斯女神。

但是我们是作家，

而你们是我们最尊贵的读者。

目　录

序

◎ 迈克尔·斯宾塞

由于博弈论和信号传递理论是这部佳作中很多经济学分析的基础，而我又跟创立市场信号传递理论和社会信号传递理论[①]有那么一点关系，因此，如果我一开始就说这本书在经济学方面的理论基础十分坚实，那么这是有可能招致嫌猜的。这种话从我口中说出来，听起来就像是父亲夸自己孩子长得漂亮。这种陈述就不是一种有效的信号，因为那些长相一般的孩子的父母说这样的话也无须为此付出什么代价。传递可靠信号的基本要求是，那些具备某些潜在特质的信号传播者传播这些特质时所花的传播成本要低很多。这确保了那些不具备这些特质的人不能轻易地模仿这种做法。例如，那些学习能力低下的人就不会尝试接受大学教育。这种人接受大学教育时间成本会很高，经济成本可能也不低。

幸运的是，在作这个序的时候，有第二种信号传递机制在起作

① 迈克尔·斯宾塞曾获诺贝尔奖——2001 诺贝尔经济奖——获奖理由为：他发展并规范了信号传递理论。

用。我有值得维护的学术声望。声望，以及通过委托大型（或昂贵）艺术项目建立声望的方法，正是本书阐述的主题。此书阐述的理论是宽泛的真知灼见。相信我——如果我所言不实，我得付出惨重代价。

本着坦诚布公的精神，我还得承认，此书其中一位作者，理查德·泽克豪泽是我的一位故交，多年前他和托马斯·谢林曾是我的博士论文导师，后者将会在此书涉及博弈论的部分出现。理查德是我见过的唯一一位能够在进行经济学理论研究的时候，在经过实际分析前就能得出（正确）结论的经济学家。这真是一种罕见的天赋。

我坐着（几乎）一次性读完了这本书；那是我刚开始进行学术研究的时候。它在很多方面都很吸引人，简直让人爱不释手。对于那些像我一样的人——大部分时间都深受意大利文艺复兴艺术吸引，但是在艺术史、建筑史、雕塑史和音乐史方面的知识以及经济学知识（这是他们创造力爆发的基础），仅限于一些大学课程以及美术馆和文化遗址的多次游览——来说，阅读此书的这些章节就好像与作者亲切会晤。幸运的是，我在相关历史知识方面的欠缺在经济学领域稍稍得到一些弥补，因为这是哈佛大学哲学博士学位的要求：深入研究这几个世纪里商业、会计、金融、贸易，以及财富积累领域伴随发生的创造力的爆发。我们知道，那个时代科学与工程也在繁荣发展。一直萦绕在人们心头的问题是："文艺复兴为什么发生在这三百年间，为什么发生在佛罗伦萨、罗马、米兰、威尼斯、曼图亚以及意大利其他宗教、商业以及艺术中心？"

在这本书中，你不能找到这个相当普遍的问题的完整答案，但是你可以找到这些因素之间的联系和相互作用的非常细致的描述。这些联系和相互作用不仅诞生了伟大艺术，还诞生了激励体系，这种激励体系带来了自律的探索和冒险，并最终使创新大量涌现。

易变性是理解赞助体系（本书对该赞助体系进行了十分清晰详

尽的分析）的关键。在文艺复兴时期，经济和社会都是易变的。此外，声誉是建立在人们生活的多个方面上的，举几个例子来说：宗教虔诚、宗教信仰以及宗教见解；财富与经济能力；艺术与工程创造力。没有哪种制度能够单独主导社会：教会不行，君主政体不行，大银行家和大金融家也不行。

在这种复杂的、流动的环境中，精英们觉得有必要向他们群体中的其他成员，向其他精英群体，向普通市民宣示自己的地位。他们这么做的目的是多重的，举几个例子来说：良好的旧式自我意识是其一；提升或巩固他们的权力，将地位和权力传承给家族的下一代是目的之一。为了达到这个目标，他们通过委托著名艺术家为他们进行艺术委托项目，积极参与公共艺术和建筑项目投资。这些赞助行为实现了它们的多种目标，因为它们的结果是显而易见的（这是所有信号的一种重要特征），因为那些位高权重之人，通过财富与使用权的结合，可以委托那些地位低下之人无法接触到的或无力承担的项目。

在此过程中，一些精英个人或精英家族抓住机会选择性地宣传他们想要展示的特质，并在合适的情况下，夸大自己的成就以赢得尊重和赞赏。被作者称作选择性宣传（奉承地挑选历史事件）和夸大宣传（在限制条件内进行夸大，这些限制条件是由观众的知识水平决定的）的分析是令人愉悦而振聋发聩的。它们丰富了赞助—信号传递模型的基本要素，阐释了包含观众在内的多人博弈游戏的复杂性。

在罗马的时候，我曾想一睹卡拉瓦乔创作于人民圣母教堂（the Church of Santa Maria del Popolo）的两幅伟大画作的风采。在游览参观的时候，当我凝视着大门或某个角落，我经常会疑惑为什么这些画作会藏在教堂左耳堂的狭小礼拜堂里。浅读此书，我就粗略了解了事情发生的始末，而等我读完此书，我的思路就非常清晰了。教堂中的礼拜堂是赞助人资助并装饰的：它是教堂或教会筹措资金的装置，是朝圣之地中一个非常显著的信号，是普通大众和精英阶层都能接触得到的信号。艺术、祭坛画、墓冢、弥撒，以及很多其他元素被融为一炉。“私人”礼拜堂成为那个时代信号传递的中心装置。

让我们再回到创造力爆发这个问题上。在某种意义上，很多本来可能并不会聚集在一起的因素偏偏在意大利文艺复兴时期聚集到了一块，当这种情况发生的时候，有一种违背我们意志的科学和社会科学本能的运气或偶然因素在起作用。伴随着教会的权势和财富的是意大利缔造者们日益增长的权势和影响力，今日我们将这些缔造者称为全球贸易者和全球金融业者。教会和金融家们因为经济和政治因素互相需要对方。教会和政治体系控制着对信号宣传十分重要的公共区域，而精英阶层想要彰显自己的优越性并巩固他们和他们子孙的社会地位。收入声明和收支账单并没什么用。因为这两样东西普通大众看不到摸不着，它们又承载不了任何宗教象征或公民美德。而艺术，既是公开的，又带着宗教性质，正好能满足这样的目的。

从事商贸活动的权贵家族们渴求地位与尊重，于是他们找到了那些最受欢迎的艺术家。他们不仅找到这些艺术家，还鼓励他们在微妙但心照不宣的限制条件下，进行创造和创新，简而言之就是要有所不同。赞助人寻找创作大师，并鼓励他们。赞助人追求真正的与众不同的过程（一种比仅仅哄抬米开朗基罗和拉斐尔的服务价格更为复杂精妙的策略）创造了一种新环境：一种高度有序的结构体系内的创新行为得到重视和鼓励。

这些力量并不能完全解释（从原因上解释）遍及那个时代的艺术天才们的超高艺术水平，但是它的确创造了一片乐土：鼓励打破常规、推陈出新。由于潜在赞助人减少（换句话说，就是在信号传递领域竞争减少了），艺术创新的激励因素就可能趋于保守。违背事实的事情谁都无法了解，但是这似乎是个合理猜测。

对艺术家、雕塑家和建筑设计师（更不用说科学家、工程师，以及其他领域的学科领袖）来说，幸运的是实际情形并非如此。争取公众认可和不朽名声的竞争是十分激烈的。学习效果不断提高，受益人是所有我们这些后来人。

如果你有意回到意大利文艺复兴时期那个伟大时代，那个有赞助人和艺术家（用经济学术语讲就是“委托人”和“代理人”）以及作家的时代，去了解动机与限制、机会与失误，那么你可以试着读读这本书。对我而言，品读此书就如同在一位博洽多闻、察微知著的图书馆馆长的陪伴下游览一座伟大的艺术博物馆：这绝对是一场令人受益匪浅的体验。

前　言

2000 年，经济学家理查德·泽克豪泽和历史学家乔纳森·纳尔逊游览了佛罗伦萨奢华壮丽的新圣母教堂。新圣母教堂内大量私人礼拜堂引发了二人的疑问，而此书正始于这些问题。为什么文艺复兴时期的佛罗伦萨赞助人要花费如此多的金钱建造并装饰他们鲜有造访的礼拜堂呢？为什么教会要出售这些地方的使用权呢？对这两个问题来说，答案都是“回报”。通过建造他们的私人礼拜堂，赞助人获得了地位，既宣示了尊贵奢华，又展示了恭敬虔诚，他们希望这些善行有助于他们涤罪。教会出售小教堂的价格通常要远高于它们的建造成本，它们还会出售利润丰厚的服务，特别是弥撒仪式，权当是捆绑销售。

我们第一次合作的时候就研究了教会的动机，论文题目为“文艺复兴时期一种支持非营利组织的手段：出售佛罗伦萨教堂内的私人礼拜堂”，该论文发表在国家经济研究局（NBER）2002 年的“非营利经济组织”研讨会议上，还出现在爱德华·格莱泽主编的同名书籍中。同样是在2002年，我们在大学艺术协会（CAA）年会上组织了一次名为“炫耀性艺术委托项目：意大利文艺复兴时期以艺术宣示地位”的会议。

CAA会议给我们带来的激动心情驱策我们以信息经济学理论对意大利文艺复兴时期艺术赞助行为进行了大量分析——足以组成一本书。我们俩合著了此书的第一部分。托马斯·拉夫曼、凯莉·赫尔姆斯塔特勒、戴·戴奥及莫莉·波恩在CAA会议上发表的文章，以及我们俩新写的一篇论文，组成了此书第二部分的章节。我们觉得，证明我们的方法论同样适用于其他时间和地点是很重要的。幸运的是，拉里·西尔弗同意提供一篇能够证明这一点的外延性论文。

我们与协作者们紧密合作，不断完善彼此的论文和方法，从而产生了一部有理有据的佳作。对我们同事的辛勤工作和团结协作，我们无比感激！我们还要感谢很多阅读过此书第一部分初期文稿的学者。他们提出了宝贵意见和建议，为我们提供了很多实用的例子，发现了很多令人尴尬的谬误，但是最重要的是，他们迫使我们重新思考我们的构想。艾伦·伯杰、马丁·盖尔、理查德·戈德思韦特、戴尔·肯特、米歇尔·奥马利、纪多·雷贝基尼、帕特·鲁宾、刘易斯·沃尔德曼以及伊夫林·韦尔奇都提供了大量的意见。很多同事都非正式地给予了建议，对此我们要感谢艾莉森·布朗、卡罗琳·伊拉姆、爱德华·格莱泽、纪多·吉尔佐尼、谢乐尔·赖斯、迈克尔·罗克及莎伦·斯特奇亚等人。我们的图片编辑马尔塔·阿尔瓦雷斯巧妙地整理了此书的所有照片，并获得了它们的出版权。我们的编辑米里亚姆·埃文斯同样是妙笔生花，我们的助手温迪·怀亚特干练地控制计划的执行。尼尔斯·沃纳菲尔特和沙恩·韦伦都是高效的研究助手。在普林斯顿大学出版社，我们得感谢南茜·格拉布，她是我们这本书的委托人。感谢韩·威纳尔斯基，他负责监督直到完成。我们那些尽职尽责、眼光敏锐但却默默无闻的审校者同样值得感谢。非常感激那些允许我们开展研究的图书馆，尤其是哈佛大学意大利文艺复兴时期艺术研究中心（研究所“塔蒂别墅”，我们初次见面的地方）、佛罗伦萨艺术史研究所以及哈佛大学怀德纳图书馆。感谢我们当地的大学——哈佛大学肯尼迪政府学院，以及佛罗伦萨锡拉丘兹大学为我们的研究提供帮助。肯尼迪学院的赫恩斯坦基金及国家自然科学基金“信誉系统的公理与算法”（项目号 IIS—0428868）拨款为我们的研究提供资金支持。最后，感谢我们的家人忍耐了我们跨国合作的那些疯狂日子。

J. K. N、R. J. Z

巴黎，莫里斯

2007 年 7 月

引 言

主题与目的

在 1473 年的一份回忆录中，佛罗伦萨商人兼赞助人乔瓦尼·鲁切拉伊称，他“花费了一大笔金钱”在自己的宅第、新圣母教堂的门面、圣潘克拉齐奥教堂（the Church of San Pancrazio）以及其他一些项目上。他说，这些艺术委托项目给他带来了“极大的满足和巨大的愉悦，因为它们为上帝增光，为城邦添彩，使自己永垂不朽”[①]。我们的研究尽管认可了鲁切拉伊提到的前两种回报的重要性，但主要关注的是赞助人的第三种回报：对他们个人和家族的颂扬。一个鲜明事例是鲁切拉伊的名字被镌刻在新圣母教堂（图 0.1）的门面上。以艺术手段进行个人的宣传推广十分有效，也被广泛接受，这种做法在意大利文艺复兴时期是相当普遍的，在别的地方，别的时

---

① Michael Baxandall, Painting and Experience in Fifteenth Century Italy: A Primer in the Social History Of Pictorial Style, 2nd rev. ed.（Oxford: Oxford University Press, 1988）, 2. to make part i of this book and its references accessible to a broad audience, we generally limit our notes to recent and easily accessible sources in English.

代亦是如此。艺术家迎合他们的赞助人自我宣扬的需求的方式极大地影响了绘画、雕塑以及建筑的特性、面貌和内容。不管是有意地还是无意地，他们与赞助人合作，为赞助人也为他们自己创造了价值。

委托创作的艺术作品总是会传达出赞助人的信息。在创作某一具体艺术作品过程中，固有的关键决策能够传达出大量有关委托人的信息。艺术家、材料、尺寸、场所以及主题的选择能够表明赞助人想要该艺术委托项目带来什么样的回报，以及他的目标观众是哪些人。当同时考虑成本和限制因素（即“约束条件”，比如合适的艺术家、材料以及展示场所的可用性）时，赞助人做出的选择能够呈现更多意义。经济学领域最近发展起来的分析工具和分析模型能够解决信息的传递和接收问题。它们包含了一个重要的、最近发展起来的子研究领域——“信息经济学”。我们运用并发展了它的一些重要概念，为委托艺术项目的研究构建了一个总体框架。

本书旨在让两个很少有沟通的领域——艺术史领域和理论经济学领域建立起长久的对话。它提供了一个罕见的实例：将信息经济学运用于历史背景，特别是意大利文艺复兴时期的历史背景。本书第一部分阐释了对艺术赞助行为进行细致分析的经济学框架。第二部分则是举例说明，这一部分由其他作者以及我们自己完成，它关注的是 14 世纪初到 16 世纪末意大利中北部委托并创作的绘画、雕塑以及建筑。最后，专题论文列举出了其他时间和地点的一些例子，证明我们的框架的外延适用性。

对于研究艺术与社会的学生和历史学家来说，我们描述并发展的经济学理论和经济学模型带来了四大好处。第一，它们构建了一个宽泛的概念性框架，这个框架能够描绘赞助人、艺术家以及观众之间的关系，还确认了艺术委托项目给各自带来的好处。例如，对赞助人来说，一个重要的刺激是对显赫地位的渴望，艺术史学家们对此早有认识和讨论。我们的框架运用最近发展起来的信息经济学新理论分离出使艺术委托项目能够传达出有意义的信息的关键要素。这个概念性框架让我们可以比以往更为精确地讨论某一艺术作品的影响。

第二，这里提供的理论和模型指向了十分重要但先前没有探索过的领域，因此它促使艺术史学家提出新问题。例如，为什么很多教堂以高价兜售某些私人礼拜堂，而又以极低的价格出售其他礼拜堂呢？（此问题在第五章有答案。）我们的方法为艺术史学家提供了一种手段，让他们可以吸纳远超供需关系等传统概念的新经济学成果。例如，如果要回答刚刚提出的这类问题，研究文艺复兴的学者可能会考虑一些经济学新概念，比如，决定通过购买教育或参与慈善事业宣示地位所体现出来的远见卓识。

第三，我们的模型有助于比较意大利文艺复兴时期的艺术委托项目和其他时期、其他地区的艺术委托项目。

第四，我们的研究方法有助于学者传授艺术赞助行为的基本原则，这种基本原则几乎适用于任何时间和地点。在建立我们的艺术赞助理论时，我们发现，有必要介绍一些通常被忽视的机制，并用具体的实例对它们加以阐明。这对那些对艺术史知之甚少的读者（比如，他们可能是大学生或耕耘在其他领域的学者）会有所帮助。

尽管我们涉猎了“艺术”的广阔领域，但是我们关注的是赞助人希望目标观众看到并欣赏其审美价值的委托艺术作品，这样的作品能够被一眼认出它们是专为某一特定个人或群体定制的。同样重要的是，赞助人希望这些观众能够看出创作这些艺术作品的时候赞助人面临的挑战或困难——主要是项目成本——以及获得艺术家、材料和场所的困难。简而言之，本书关注的是我们称之为“炫耀性艺术委托项目”的委托项目。这个短语想要抓住“炫耀性消费”的

图 0.1　佛罗伦萨新圣母教堂门面
伦敦，布里基曼艺术图书馆
◎布里基曼艺术图书馆，伦敦

中心要素。“炫耀性消费”是索尔斯坦·维布伦提出的著名术语，指的是旨在宣扬消费者身份地位的消费行为。一百多年前，他说，“悠闲的绅士”的消费水平“超过了维持生计和体力的最低要求……在饮食、毒品、住房、服务、饰品、服装、武器以及装备方面，他们总是肆意挥霍，追求最好……因为消费这些比较高档的商品能够显示自己的财富，这是一种荣耀；相反，不能消费合适数量、合适质量的奢侈品成了一种卑劣和缺陷的标志”。[①]维布伦发现，“炫耀性

① Thorstein Veblen, The Theory of the Leisure Class: An Economic Study of Institutions (New York: Macmillan, 1899) , 75.

消费”是不合情理的，是铺张浪费的，甚至是令人可耻的。最近的学者关注了这种行为在宣示身份地位方面的实际应用。例如，社会历史学家彼得·伯克将维布伦的研究方法运用于他的一篇细致入微的论文《意大利 17 世纪炫耀性消费》。伯克关注的是宫殿和马车，他指出了这种炫耀招摇行为的重要性以及“这种个人和家族在他们身处困境的时候会忽视的非正式消费规则”。[①]为了使自己有别于那些地位低下的人，他们认为有必要展示自己的“尊贵奢华”——这是第三章要讨论的中心概念。

宣示身份地位和展现尊贵奢华——这两种特质都是本文要探讨的重要特质——的复杂目标在亚历山德罗·皮科洛米尼著于 1552 年的一篇论文中得到了很好的阐释。这位锡耶纳贵族是这样说的：

“赞助人应竭尽全力使自己的作品不能被轻易模仿，他应时刻寻找机会在类似的情形下超过其他人的作品。他的乡间宅第必须富丽奢华，金碧辉煌；他的花园要豪华气派；他的城中住宅也要恢弘壮丽，宅中装饰必须跟他的地位相称或更显奢华。”[②]

经济历史学家纪多·吉尔佐尼用这段话论证自己令人信服的观点：在意大利文艺复兴时期，维布伦指出的那种消费“更像是认真、高效、合理计算的结果，而非无意识的、炫耀招摇的消费冲动的结果”。[③]在他的开创性研究《14 世纪至 17 世纪意大利财富与艺术需求》（Wealth and the Demand for Art in Italy, 1300–1600）中，理查

① Peter Burke, The Historical Anthropology of Early Modern Italy: Essays on Perception and Communication (Cambridge: Cambridge University Press, 1987) , 132.

② Guido Guerzoni, “Liberalitas, magnificentia, Splendor: The classic origins of Italian renaissance Lifestyles,” in Economic Engagements and the Arts, ed. neil de marchi and craufurd d. W. Goodwin (Durham and London: Duke university Press, 1999) , 339; Guido Guerzoni, Apollo e Vulcano. I mercati artistici in Italia 1400–1700 (Venice: Marsilio, 2006) , 111.

③ Guerzoni Guerzoni, “Liberalitas,” 371.

德·戈德思韦特总结道，对于意大利的很多赞助人而言，艺术委托项目“表现了他们对组成高贵地位的要素的认识；他们的消费习惯产生自富人的一种普遍意愿：利用财富使他们有别于普通大众”[①]。戈德思韦特指出了意大利中世纪晚期和文艺复兴时期艺术的独特重要性。尽管城市精英已经巩固了他们的卓越地位，但是他们觉得有必要“表达在意识形态上对一个阶级的确认……他们没有能够显示地位的确凿证据——家族财产、领地管辖权、特权、荣誉头衔，这些东西在北方的封建贵族看来是理所当然的”[②]。简而言之，这些意大利赞助人利用艺术传达十分重要但是又很难传达的信息——他们卓越的社会地位。尽管戈德思韦特关注的是艺术赞助人和收藏家群体，但是无数文艺复兴时期的文献表明，个人也会考虑艺术委托项目能够带来的地位区分度。这些信息不但出现在论文专著中，比如皮科洛米尼的专著，还出现在一些非正式书信中。1491年，伊莎贝拉·德·艾斯特订购了一些“黑布制作一件无与伦比的斗篷……如果它只是跟别人穿的斗篷一样好，那我宁愿不穿它！”[③]因此，曼图亚侯爵夫人希望她的衣服不仅展现出最高等的品质，还要能够彰显她有别于其他人的卓越性。

皮埃尔·布迪厄在一项基础社会学研究中分析了这种对区分度的渴求，它是进行信息经济学研究的良好素材，信息经济学探讨的是如何有意识地传播和辨识信息。[④]在传统经济学中，最强大的研

---

① Richard Goldthwaite, Wealth and the Demand for Art in Italy, 1300–1600 (Baltimore and London: Johns Hopkins University Press, 1993) , 203.

② Ibid., 200.

③ Evelyn Welch, Shopping in the Renaissance: Consumer Cultures in Italy, 1400–1600 (New Haven and London: Yale University Press, 2005) , 250.

④ On Pierre Bourdieu, Distinction: A Social Critique of the Judgement of Taste, trans. richard nice (Cambridge, Ma: Harvard University Press, 1984) , see discussion in chapter 3.

究成果是建立在完美市场的基础上的，在这种完美市场中，决策者都是消息灵通的——对于他们所要购买的任何“产品”以及他们雇佣的工人或管理者，他们都有充足的信息。在这种市场上，消费者了解所有他们需要了解的信息以准确辨别，比方说，辨别古罗马雕塑所需信息。价格仅能反映质量和可用性。这种理想的市场是很少见的；通常情况是，市场所附带的信息是有限的。例如，古董商比潜在的买家更加了解一件古董的出处或保存方法；学者比外行的读者更加清楚一项新研究的基础是否坚实可靠。

信息经济学探究的是不完善的信息如何传递和吸收。例如，它解决的是生产商或零售商如何宣传他们的产品信息，个人如何向潜在的雇主展示他们的能力，以及公司如何向金融市场展现自己的前景。在日常生活中人们会用到信息经济学，但却不能完全理解它的概念模型，不能从传达的信息、采取的行动以及留存的记录中提炼真实信息。

信号传递理论是信息经济学中的一个重要概念，由迈克尔·斯宾塞提出，其与另外两位信息经济学先驱一道荣膺 2001 年诺贝尔经济学奖。[①]斯宾塞的经典著作《劳动市场信号》(Market Signaling) 指出，有能力但是不能直接将能力展现给匿名劳动市场的人，可以通过获取一种“成本高昂”的信号——大学学位——来展现自己的能力。这种信号的成本对有动力、有天赋的人来说是相对较高但负担得起的，但是对于那些能力不足的人来说，进入大学和完成大学学业的成本都是极其高昂的。这种成本上的显著差别使得该信号成

---

① A. Michael Spence, Market Signaling: Informational Transfer in Hiring and Related Screening Processes (Cambridge, Ma: Harvard University Press, 1974) . Both Spence and the second laureate in 2001, George akerlof, are discussed in chapter 3. For the officialcitations for all three laureates, see http://nobelprize.org/nobel_prizes/economics/laureates.

为一种可靠的质量指标，因此，即便大学期间学习到的信息与未来职业是不相关的，接受大学教育也是值得的。

大部分经济学分析关注的都是那些可以轻易转化为金钱的效益。甚至经济史研究通常关注的也是价格、报酬、薪水以及市场等问题。然而，信息经济学十分适用于历史情景，比如艺术委托项目，在这些情景中效益是不可以用金钱估量的。这种艺术委托项目很少能够为赞助人带来直接经济回报。赞助人接受艺术委托项目的成本及其所附带的限制条件，以获得相应的回报或效益，这些回报或效益会因时间、地点以及涉及个人的不同而不同。

这些效益是什么呢？在意大利文艺复兴时期，很多赞助人都会用语言和行动传达有利于自己的信息。这是精英阶层表现自我的重要手段，史蒂芬·格林布拉特称这种行为为“自我塑造”。[①]他们塑造自己的形象，塑造出来的形象必须符合他们所在社会阶层的言行举止和外貌规范，这些形象反过来又影响了这些规范。对于富贾贵胄来说，塑造形象的一个重要方面是要展现出尊贵奢华。在他的论文《尊贵的美德》（The Virtue of Magnificence，1498）中，乔瓦尼·伯恩塔诺解释道，贵族尤其想要“流芳百世，人们对此的渴望是没有极限的；此外，特别是公共建筑，它们留存的时间越长，给建造者带来的声望就越高”[②]。

伯恩塔诺的文章给“尊贵理论”提供了一项有用指导，该理论可能是近现代在艺术赞助研究中得到的最有用的一个概念。就像我们做的那样，这个理论探究了奢华艺术委托项目背后的行为动机。

---

① Stephen Greenblatt, Renaissance Self-Fashioning: From More to Shakespeare (Chicago: University of Chicago Press, 1980).

② Giovanni Pontano, I libri delle virtù sociali, ed. Francesco tateo (rome: Bulzoni, 1999), 180.

本书概要

在这本书的第一部分，我们用博弈理论研究了炫耀性艺术委托项目。该理论关注的是人们在相互影响的情景中的行为表现，在这些相互影响的情形中，赞助人的回报取决于其他个人或群体的行为。“博弈游戏”这个词在某些人看来可能有点轻率，但是在最近数十年间，经济学家、政治学者、社会学家已经将这个词用来描述诸如战争、市场竞争、政治运动以及家庭关系等情景。博弈理论揭露了这些互相影响的情景的基础，在现代经济学中占据了显著地位。[①] 1994 年和 2005 年的诺贝尔经济学奖都颁给了博弈理论，他们的工作被 2001 年的诺贝尔经济学奖得主运用，后者发展了信息经济学。[②]要想了解某项博弈游戏，首先得确认游戏玩家。在艺术委托这项博弈游戏中，赞助人和艺术家自然是最重要的玩家，但是目标观众也是不可或缺的参与者。

在第一章，我们介绍了赞助人、艺术家及观众在委托人—代理人关系中的角色，委托人—代理人关系是信息经济学中的一个重要概念。在历史上各个时期的社会中，劳动分工通常会导致这样的情形：一个人代表另一个人工作。前者被称为代理人，后者则被称为委托人，委托人要向代理人介绍任务内容。我们认为，代理人会为委托人的利益工作。代理人，通常具有卓越的知识与能力，在执行任务的时候会相当谨慎。

我们将赞助人之于艺术家的关系比作委托人之于代理人的关系。特别是在意大利文艺复兴时期，赞助人会挑选艺术家并买单付

---

① Avinash Dixit and Susan Skeath, Games of Strategy (New York: W. W. norton, 2004) .

② For the Nobel Prizes, see http://nobelprize.org/nobel_prizes/economics/laureates.

款；艺术家则充当代理人，用自己的艺术才能和审美敏锐力开展工作。初期图纸或模型与最终成品的审核流程，确保了艺术作品传达的信息能够反映赞助人的兴趣。艺术委托项目通常使赞助人与艺术家协同合作。这个“创意二重体”的成员都致力于给观众留下良好印象，这些观众包括当代不同阶层的人群、未来观众以及天国的观众（主要是上帝、神圣代祷者、圣母玛利亚以及圣徒）。因此，我们可以说，在打动观众的过程中，赞助人和艺术家在和衷共济地为他们的“委托人”——他们的观众工作。每一个观众群体的成员都可以观看、学习并欣赏这些艺术作品，或者说，赞助人和艺术家希望观众们这么做。同样，学术著作的读者们也可以看作这些著作的委托人；他们想要学习，他们希望这些材料以吸引人的方式呈现。作者兼代理人必须估量一下，某一类或某几类读者会对该特定著作作何解读和反响。如果这些代理人不能提供颇具价值、明了易懂的信息，那么委托人就可能不阅读，不推荐，不引用这本书。

在确定了博弈游戏的玩家以及这些玩家之间的关系后，博弈理论要求学者创建手头的任务以及行为规则。在这本书中，赞助人的主要任务是通过艺术委托项目宣示或提升他（较少的情况下是她）的声望。第二章研究了赞助人以及他们的艺术代理人必须考虑的三大因素。这三大因素分别为预期的效益（委托某一艺术项目的原因）、预期成本（经济成本以及其他重要成本），以及适用的限制条件，比如对过度炫耀的限制，以及著名场所的可用性。

这三大因素——效益、成本以及限制条件，构成了分析艺术委托项目的框架。赞助人的目标是在一定限制条件下，以较低的成本获得最大的效益。相关效益和成本是不能按照常规标准度量的——比如，提升的地位和经济成本是不好进行比较的——因此赞助人必须凭主观感觉对二者进行权衡。艺术家收了劳酬就要创作出符合赞助人目标的艺术作品。第二章提出了几个问题——赞助人得到的回报是什么？他们要承担什么经济成本和社会成本？哪些限制条件是适用的？目标观众是哪些人？——这些问题适用于任何时期的艺术委托项目。

第一部分的最后两章，探究了艺术委托博弈游戏中，玩家为了在限制成本并受限制条件约束的情况下获得预期效益而采取的策略。第三章介绍了两个已经提到的经济学理论：文艺复兴时期的尊贵奢华理念和现代信号传递理念。正如人们用高等教育向工作市场宣示自己的整体素质，文艺复兴时期的人们用艺术传达大量有利的特征。最常被传达的特质是财富、地位以及虔诚（宗教艺术委托项目尤为重视）。对于意大利文艺复兴时期大部分委托创作的绘画、雕塑以及建筑而言（特别是建筑），仅经济成本就能宣示赞助人的财富，因为只有富人才能支付得起如此高昂的费用。

第四章介绍了两个研究艺术委托项目的新模型："选择性宣传"和"夸大宣传"。前者在经济学中比较少见；后者则是此项研究新提出的模型。这两个模型都说明了赞助人提供的信息是有选择性的，有误导性的，或经过夸大了的。赞助人利用这些机制通过他们委托的艺术项目传达自己的信息。

这本书的第二部分，由五个案例组成，这五个案例用来说明我们的方法论。我们在此对这五个案例进行简要讨论，以介绍信号传递、选择性宣传、夸大宣传。第五章和第六章，指出了佛罗伦萨中世纪晚期和文艺复兴时期的信号传递行为。在第五章，我们关注的是私人礼拜堂这种普遍现象。尽管赞助人很少来这些场所访问或祈祷，但是他们花费巨万购置、装饰这些礼拜堂并为它们配备工作人员。作为回报，这些努力给赞助人提供了传达信息的独特机会。此外，我们在研究期间发现，装饰这些礼拜堂的艺术委托工程在画家和雕塑家的工作中占了相当大的比例。

其中一些艺术委托项目只有那些家境富裕且地位崇高的赞助人才能接触得到，其他赞助人要么很难接触得到或者根本无法接触到。这种项目有效地将潜在的艺术赞助人分成了两类。这种区分越明显，艺术委托项目作为信号的价值越高。地位低下的富人通常得不到一些比较罕见的艺术委托项目，比如在重要教堂中建造礼拜堂的委托项目，而那些财富和地位绵延了很多代的家族，则享有独特优势。托马斯·拉夫曼在第六章指出，具有精英血统的成员可以通过长期的、大量的消费体现出自己的卓越地位。

通过“选择性宣传”，参与者可以展现具体、真实且重要的特征，但同时遗漏掉其他重要信息。选择性宣传和信号传递的差别是，前者会选择性地透露信息。例如，那些出身非贵族家庭的赞助人经常会采取不透露财富来源的策略，尤其是目标观众中包含贵族的时候。正如 Kelley Helmstutler Di Dio 在第七章所例证，雕塑家利昂·莱奥尼在 1550 年代为自己位于米兰的宅第设计的门面中，多次提到他的学识和他与神圣罗马帝国皇帝的关系。然而，他从未提到他的名声和财富来自他的艺术家职业，当时艺术家这个职业被认为是不那么高尚的职业。

“夸大宣传”是为了传达对赞助人有利的信息而夸大或误传重要特征。在意大利文艺复兴时期，赞助人以及他们的观众都认为艺术作品需要美化修饰，但是，即使按照他们的标准，美化的程度也是有限度的。在那个时期，艺术家展现了他们夸大赞助人信息的才能；艺术家和赞助人必须一起决定在哪些地方进行夸大以及进行多大程度的夸大。在第八章，Molly Bourne 描述了弗朗西斯科·贡扎加是如何运用夸大策略的。他运用艺术手段将一场对抗法国人的重要战斗描绘成了一场重大胜利，尽管很多与他同时代的人都认为这场战斗的实际结果，充其量是互有胜负。他委托创作的绘画[1]和勋章，举办的庆典，从来没有说贡扎加的军队战胜了法兰西国王查尔斯八世的军队。然而，这些壁画给人一种清晰印象，那就是意大利人赢得了那一天战斗的胜利。这些奢华辉煌的指引标志实现了它们的目标：这些艺术作品极大地提升了这位统治者的声望。周围各种元素，比如庆典和勋章，则是对这幅画的补充。

这些由拉夫曼、伯恩以及 Helmstutler Di Dio 完成的章节关注的是三个不同世纪（14 世纪、15 世纪，以及 16 世纪）、三个不同城市（佛罗伦萨、曼图亚、米兰）、三种不同媒介（建筑、绘画、雕塑）、三种不同类型的赞助人（贵族家族、贵族统治者、艺术家），以及三种宣传策略（信号传递、选择性宣传、夸大宣传）。由于我们研究的原理都是普遍原理，因此它们也适用于其他领域和其他时期。在第九章，拉里·西尔弗指出，我们的方法能够启发研究其他学科、其他时期以及其他地域的艺术史学家。这是验证经济学理论的标准和预期方法：用一组外延的数据对它进行测试，然后确定它适用于其他数据组。西尔弗挑选了第一部分讨论过的很多问题，然后将它们应用于选自 17 世纪欧洲和 20 世纪初美国的例子。

参量与术语

伯克认为，在意大利，尽管“不难发现那个时代有人宣称，1600 年前后将是一个更加奢靡的年代”，但是“向炫耀性消费转变的风气发生在不同时期的不同城市”。[2]他的分析关注的是 17 世纪

① 最出名的是蒙塔纳的《胜利的圣母》（Madonna of Victory）。

② Burke, Historical Anthropology, 147, 145.

“巴洛克式”奢靡；而我们的研究最早关注的是 14 世纪初期，那个时期见证了古代尊贵奢华概念的重生。炫耀夸示策略在随后的三个世纪得以发展和确立，艺术和建筑领域尤其如此，它们在巴洛克时代走向繁荣。

本书使用了戈德思韦特在他的研究“艺术需求”（the demand for art）中使用过的地理参量和时间参量：大约 14 世纪到 17 世纪的意大利。这个时期是西方历史上首次出现大量记载赞助人和艺术赞助项目（包括价格，通常还包括当代人对这些艺术作品的反响）文献的时期。这些文献产生了大量二次文献，尤其是记录托斯卡纳承办佛罗伦萨的文献，佛罗伦萨在我们这本书的第一部分获得了较多关注。在整个意大利，纪念性建筑一般是委托建造的，大部分价格高昂的著名画作和雕塑也是如此。目标观众通常可以很容易地辨认出赞助人，或者至少能够辨认出赞助人的家族。为了方便，我们可以将赞助人分为“团体”赞助人（比如市政府、宗教团体、机构或“协会”）和“私人”赞助人，后者是我们的研究重点。这些私人赞助人下至商人和人文学者，上至贵族和统治者，甚至还包括一些艺术家。当然，团体赞助人分类和私人赞助人分类是有重叠的，因为个人不可避免地会代表群体（比如他们所属家族）的利益。

在中世纪晚期和文艺复兴时期，意大利半岛上政治、经济、文化最强大的几个国家为米兰公国、那不勒斯王国、教皇国、威尼斯共和国以及佛罗伦萨共和国。所有这些国家在本书都有讨论，规模较小的曼图亚公国也有涉及。特别是佛罗伦萨，它对精英阶层的定义不太明确，这使得社会具有了流动性，与欧洲北部国家相比尤其能体现这一点。然而这种社会流动性是有代价的：有些人攀上了高峰，有些人则跌落入低谷。意大利的很多领先大家族都面临着周期性的流放驱逐或财政崩溃的风险。教皇国就是一个独特的例子：教皇国的元首——教皇——很少能让本家族的人继承自己的皇位。新教皇的选举对“教会贵族”——整个基督教世界的红衣主教，特别是罗马的红衣主教有巨大影响。意大利这种动荡的情形，激励了那些有多余财富的人通过艺术委托项目，提高他们的声望，这种声望的提高就是赞助人得到的回报。

我们关注的是某一时期内的某一地理区域，这使得我们能够抓住其他相对固定的解释性因素。这种方法，在社会科学和自然科学中都已经得到了确认，它使我们的研究结果更加稳固。相比近代早期欧洲经济史学家、政治史学家以及社会史学家的学术工作，研究意大利文艺复兴艺术史的史学家的学术工作关注的时间和区域都比较狭窄，通常研究的是某一位艺术家、赞助人或某一件纪念物。尽管这些专题研究产生了大量可靠的数据，但这种研究形式可能会使作者仅强调那些独特特征，而遗漏掉那些能够解释多种情境中艺术项目的东西。尽管树木清晰地显现了出来，但是整片森林却迷失不见了。对艺术赞助模式的研究是这种过度专业化的一个受欢迎的例外，而此书遵循从大处着眼的传统，开展研究。

我们研究的这个时代，见证了很多适合传达赞助人信息的文学或艺术类型的出现，或重现，其中有很多类型在西方世界流行了数百年。它们下至乡间别墅，上至商人肖像，还包括教堂内的私人礼拜堂、壁画、祭坛画以及墓冢。我们引用所有这些类型及教堂和宫殿，作为我们现在所说的艺术和建筑的例证。更具体地说，我们关注的是独特的、定制的画作、雕塑，以及建筑，它们除了要展现别的特质外，还要展现美学之美，而我们仅关注它们类别中成本较高的个体，因为这些个体能有效传达信息。

尽管我们使用的艺术定义是现代定义，但是它所指代的艺术作品基本上与乔瓦尼·瓦萨里的不朽著作《艺苑名人传》(Lives of the

Artists)(1550，1568）所讨论的艺术作品是一致的。我们忽视的很多类别，比如庭院、挂毯，以及用珍贵材料制作的作品，还能传达赞助人的信息，也可以用来说明我们的理论。此外，赞助人花费了大量金钱在这些项目及其他“炫耀性消费”上，对于后者，比如古董和服饰，我们几乎不讨论，更不用说花费更高的宴会、游行以及展览了。最近对 16 世纪埃斯特王宫开支花费的计算表明，公爵的开支中仅 0.4% 为绘画和雕塑方面的开支。①这些惊人的数据正说明了传递信号的艺术作品的有效性。这是很大一笔开支，但是相比其他领域的花费又是相对较低的，赞助人通过视觉艺术传达了大量信息。

还有三个超越空间和专业知识的限制的原因，让我们关注绘画（墙壁上、嵌板上以及帆布上的绘画）、雕塑（石头和金属制作的雕塑）及建筑（教堂、城内住宅以及别墅）。首先，很多那个时期最受尊重的作品都相对较完整地保存了下来，至少相比其他类型是如此。其次，这些艺术和建筑类型得到了最完善的记录，这些文献不但记录了它们的制作过程，还记录了观众对它们的反响。最后，这些艺术作品的目标观众通常能够将它们与具体的赞助人或家族联系起来，他们当中很多人的名字一直流传至今。

在这本书中价格花费通常是以弗洛林计算的，弗洛林是铸造于佛罗伦萨的、得到国际公认的金币。②不幸的是，以弗洛林计算

---

① Guerzoni, Apollo e Vulcano, 135.

② Some prices are given in other gold coins minted in Italy, such as the ducat or scudo; at any given time, these all had roughly the same value. For useful introductions to the complex monetary systems used in Italy, see michelle o’ malley, The Business of Art: Contracts and the Commissioning Process in Renaissance Italy (New Haven and London: Yale University Press, 2005) , 13–16, and Welch, Shopping, 81–85, both with references to further literature. For Florence, see mario Bernocchi, Le monete della Repubblica fiorentina, III (Florence: L. S. olschki, 1976) , and Richard A. Goldthwaite, The Building of Renaissance Florence: An Economic and Social History (Baltimore and London: Johns Hopkins University Press, 1980) .

的价值很难跨时空比较，因为这些金币的价值是变化的、有所增值的。将这些数据与我们这个时代的价值联系起来就更加困难了。按照戈德思韦特的事例，我们比较了佛罗伦萨的物价和同时期支付给非熟练建筑工的、以里拉（一种银币）计量的薪酬。尽管 1350 年到 1527 年里拉相对弗洛林的价值下降了一半，从 3.5∶1 下降到 7∶1，但是非熟练建筑工的薪酬是非常稳定的，日薪大约为半里拉（或 10 分钱）。[①]一位全职工人一年大约能工作 260 天，因为一年中有很多宗教假日；因此一名非熟练工人 1 "人年" 的工作量大约价值 130 里拉。[②]当里拉价值可用的时候，我们会使用该数据计算。[③]例如，据说 1429 年科西莫·德·美第奇和洛伦佐·德·美第奇为他们父亲乔瓦尼的葬礼花费了 3000 弗洛林；这个金额相当于 12450 里拉或 96 "人年"。[④]

这些以工人薪酬计量的艺术委托项目，价格的计算受到数学复杂度的限制；我们避开了令人困惑的数学公式，它们是当代经济学分析的重要组成部分。（大量使用数学公式，可以让经济学家向他们的同事展示自己的学识水平。）在构思酝酿这本书，并参加艺术史和经济学会议的时候，本书的主要作者们通常不得不向大家说明他们领域的一些基本原理的定义。我们彼此了解，所以觉得自己可以直接用语言表达我们的模型和方法，所有积极的读者应该都能理解这些语言。

---

① Goldthwaite, Building, 429–30, 436, app. 1 and 3.

② Goldthwaite, Building, 347–48, estimated that the total yearly cost to provide one adult with essentials (food, rent, and clothing) was 55 to 75 lire, which left at least half of a worker' s earnings to support his family. He noted that the Florentine tax officials in 1427 considered the cost of living for a single adult to be 14 florins (or 56 lire) .

③ Man-year figures are always approximate, and we round off all figures.

④ Sharon T. Strocchia, Death and Ritual in Renaissance Florence (Baltimore and London: Johns Hopkins University Press, 1992) , 122.

现在我们要转向对经济学框架的讨论，这个框架揭示了那些复杂结构的基础，赞助人、艺术家以及观众有意识地运用了这些结构，并对它们有着直观的理解。一开始，我们要讨论这三种玩家在“艺术委托博弈游戏”中的角色。

第一部分　艺术委托博弈

Part One

THE COMMISSIONING GAME

第一章　主要参与者
——赞助人、艺术家和观众

引言：博弈论

赞助人与艺术家之间的关系，像是博弈游戏：每一位参与者获得的回报，都取决于其他参与者的行为，正是这样的相互影响，创造了一件件艺术珍品。而艺术品的呈现及观众的反应，是这个博弈游戏第二个关键组成部分，因此，观众也是重要的参与者。在博弈游戏中，参与者之间通常有很强的合作关系。正如 2005 年诺贝尔经济学奖颁奖词所言："几乎所有多人决策问题都包含共同利益和利益冲突……非合作博弈理论可以有效地分析二者间的相互影响。"[①] 我们发现，共同利益与利益冲突，不但存在于赞助人与艺术家之间，还存在于"创作二人组"（指艺术家与赞助人）与观众之间。

---

① The citation also stated that Thomas Schelling' s work offered "a unifying framework for the social sciences" ; see <http://nobelprize.org/nobel_prizes/economics/ laureates>.

博弈论分析的是，参与者试图影响其他参与者行为的情况，正如赞助人总是试图影响艺术家的行为，而反之亦然。为了实现目的，参与者需要预判其他人的行为，就像艺术家和赞助人都要预测观众——通常由多个群体构成——会对受托创作的艺术作品作何反应。对预测反应的重视，加强了赞助人与艺术家之间的博弈游戏的可玩性。在本章中，我们会先关注赞助人与艺术家的关系，再研究与观众的关系。

委托代理关系

在一项对艺术史的发展十分重要的、关注 15 世纪佛罗伦萨“中产阶级”肖像的研究中，艾比·瓦尔堡使用商业术语进行了这样的叙述：“艺术作品的创作源于赞助人与艺术家之间的相互理解。这些作品从一开始就是顾客与执行者相互协商的结果。”[①]现在，我们可以用一个在博弈论和信息经济学中都很重要的概念，更加准确地描述这一关系结构：委托代理关系。在通常情况下，委托人确定任务的要点，并为对方的工作支付酬劳；代理人则要完成委托人的任务并获得酬劳。例如，现代医学领域的委托代理关系，即病患与医生之间的关系。病人知道需要缓解的症状，而医生则负责检查和治疗。

在这种模式中，尽管委托人可能比代理人更了解目标，但是，

① Aby Warburg, “The art of portraiture and the Florentine Bourgeoisie: Domenico Ghirlandaio in Santa trinita; The portraits of Lorenzo de’ Medici and his household” [1902], in The Renewal of Pagan Antiquity: Contributions to the Cultural History of the European Renaissance, trans. David Britt (Los Angeles: Getty research institute for the history of art and the humanities, 1999) , 187.

一般情况下，代理人比委托人更了解任务本身，意大利文艺复兴时期赞助人与艺术家之间的关系正是如此。[①]赞助人可能想要建一座宫殿来展示他（极少数情况下“她”）的雕塑，或者绘制画作宣扬战斗的胜利。[②]而代理人，也就是建筑设计师、雕塑家或者画家，会提出赞助人从未想过的解决方案。在这场艺术委托的博弈游戏中，赞助人知道他想要委托艺术家完成什么样的艺术作品，但是，只有艺术家才有完成艺术品并实现赞助人目标的艺术技艺。

在文艺复兴时期的很多艺术委托中，中间代理人联络赞助人和艺术家，扮演了极其重要的角色。[③]尽管蒙塔纳的《胜利的夫人》（第八章的话题）是为弗朗西斯科·贡扎加所作，但侯爵本人在作品中留下了许多纪念家族与宫廷的细节。在佛罗伦萨的劳伦图书馆的建造过程中，中间代理人也扮演了重要角色。该图书馆是米开朗基罗为教皇克莱门特七世设计的，后文将详细讨论。但在本书的分析中，“代理人”一般指的是艺术家，他们为“委托人”或赞助人工作。

---

① John W. pratt and richard J. Zeckhauser, preface in Principals and Agents: The Structure of Business, ed. John W. pratt and richard J. Zeckhauser (Boston: Harvard Business School Press, 1985) , 3.

② Though women regularly commissioned and produced art in renaissance italy, the vast majority of individual patrons and artists were men; therefore we often employ the male pronoun for patrons in this volume. For more on female patrons see catherine King, Renaissance Women Patrons: Wives and Widows in Italy, c. 1300–1500 (Manchester and New York: Manchester University Press, 1998) ; Sheryl E. Reiss and David G. Wilkins, eds., Beyond Isabella: Secular Women Patrons of Art in Renaissance Italy (Kirksville, Mo: Truman State University Press, 2001) ; and the discussion of elisabetta aldovrandini in chapter 3. For women patrons in the seventeenth and nineteenth centuries, see chapter 9.

③ On intermediary agents see Sheryl E. Reiss, “raphael and his patrons: From the court of Urbino to the Curia and Rome,” in The Cambridge Companion to Raphael, ed. Marcia B. hall (Cambridge: Cambridge University Press, 2005) , 36–55 and esp. 52–53, 319 note 12.

个人赞助者有时是他的家族、兄弟或行会的代表，在艺术委托中是不出现在创作现场的。阿尔贝蒂在佛罗伦萨圣十字教堂（在第六章讨论）的一些项目就是如此。即便有时赞助人的行为“仅代表个人”，他代表和反映的通常也是所在群体的传统与需求。对名望与地位的渴求——这是最显著的好处——在几乎所有家族和机构中都十分常见。因此，某个商人定制的私人祈祷室，仍然反映的是群体的“社会身份”。此外，委托人可能需要与管理教堂的宗教协会及负责该建筑的公共工程委员会进行协商。但与此同时，赞助人在一系列独立关系中充当了代理人的重要角色：他是众多观众的代理人，包括他的家族（最重要的观众）及市民们。

这张关系网对委托人和代理人都施加了要求（将在下一章作为限制条件讨论），限制了他们在这场艺术委托博弈中的行为。因此，许多个人与群体都能够影响赞助人和艺术家的决策，以及他们与观众的关系。[①]然而，从文艺复兴的策源地来看，个人赞助者通常扮演着独特的领导角色。15 世纪中叶的建筑设计师弗拉瑞特在著作中解释道，赞助人会为建筑作品“提供”最初的想法或种子。建筑设计师就像母亲一样，“孕育”这颗种子 7—9 个月的时间，为该项目提出各种设计。[②]按照这种生物学的比喻，艺术委托会让赞助人与艺术家之间产生协同共生的关系。二者互有裨益，对艺术作品的创

① For a subtle analysis of this dynamic see Jill Burke, Changing Patrons: Social Identity and the Visual Arts in Renaissance Florence (University park: Pennsylvania State University press, 2004) , and Patricia Lee Rubin, Images and Identity in Fifteenth Century Florence (New Haven and London: Yale University Press, 2007) .

② Martin Kemp, “From ‘Mimesis’ to ‘Fantasia’ : The Quattrocento Vocabulary of creation, inspiration and Genesis in the Visual arts,” Viator 8 (1977) : 358–61. For the renaissance notion of “generating” a work of art, also see Dale Kent, Cosimo de’ Medici and the Florentine Renaissance: The Patron’ s Oeuvre (New Haven and London: Yale University Press, 2000) , 5–6.

作都至关重要。

历史学家戴尔·肯特在论述科西莫一世·德·美第奇艺术赞助行为的书中，对艺术赞助提出了一种新的理论方法。[①]她认为，个人采购或委托的全部艺术作品都可以看作“赞助人的全部作品”（引用书中简练的副标题），这一理论的部分基础来源于15世纪的数篇著作，著作中明确将赞助人称作个人纪念碑的“作者”或创作者。这种理论方法，有助于我们理解例如科西莫一世·德·美第奇的私生孙教皇克莱门特七世的艺术委托行为。这些艺术作品，不仅表明了克莱门特富裕而有修养的赞助人身份，还强调了他在美第奇家族中的身份。[②]用几部艺术作品表达这种身份很难，甚至会有些露骨。但是当我们看到克莱门特全部作品时，这种委托人中心角色的信息是清晰响亮的。微弱的信息也可以以这种方式被大声宣扬。综合使用这两种互补的模型——作为主要赞助人个人作品的艺术委托与作为委托人的赞助人——让学者可以描绘出这样一幅广阔图景：个人利用艺术传达自己的信息。现在，我们开始论述委托人传达自己预期信息并控制艺术家的方式。

---

① Kent, Cosimo de' Medici.

② Sheryl E. Reiss presented this research in her lecture “to Be a Medici: Proclaiming Status, Identity, and Legitimacy in the art patronage of Giulio de' Medici (pope clement Vii)” at the 2002 annual conference of the college art association, in the session chaired by Nelson and Zeckhauser. Unfortunately, external circumstances did not allow her to submit her study to this volume. For clement Vii, see The Pontificate of Clement VII: History, Politics, Culture, ed. Kenneth Gouwens and Sheryl E. Reiss (aldershot, UK, and Burlington, Vt: ashgate, 2005) . in “raphael,” 319 note 11, Reiss observed that Kent' s thesis applies to “major, elite patrons with many commissions to examine. it is more problematic for less active patrons who might have commissioned a single work or works of modest ambition.”

合同以及赞助人

我们可以从合同开始，理解赞助人在艺术委托博弈中的角色。克赖顿·吉尔伯特在1998年写了一篇饱受争议却又被频繁引用的文章，文章中称，这些文件是“令人失望的”，他指出，在绘制圣人画像或圣经故事的合同中，很少“超出明确颜料、尺寸以及交付日期这些信息……合同之间只有作品主题的不同……受到标准范式的限定”。有些时候，赞助人对不熟悉的主题会进行“特别详尽的描述”。但有时又给了艺术家相当大的自由，尤其是选择次要人物和场景方面。事实上，有些案例中是艺术家提出的创作主题。“在合同中还经常会详尽说明画中物品的相对位置——放在其他物品或人物的左边还是右边，等等。”除去这些例外的情况，吉尔伯特总结道，关于作品的大部分重要决定都是艺术家自己做出的，他还批评了“文艺复兴时期的赞助人控制了艺术委托的创作过程”的普遍观点。[①]另一位著名艺术史学家查尔斯·霍普与吉尔伯特观点一致，他甚至发现“很难找到文艺复兴早期的赞助人对艺术委托品有所了解的佐证”[②]。这两位作者都指出，赞助人放弃了一部分控制权。从博弈理论来看，这种行为是反常的。这表明，没有赞助人参与艺术创作的记录仅仅表明现有证据比较缺乏，而不能解释普遍现象。

更重要的是，对记录作一番细微的解读，我们就会发现一些赞助人的确“亲自”参与了这些受托艺术品的创作。所有学者都一致赞同的是，赞助人明确了艺术作品的材料、尺寸、基本主题、创作

① Creighton E. Gilbert, “What Did the renaissance patron Buy?” Renaissance Quarterly 51（1998）: 392.

② Charles hope, “The Myth of Florence”（review of Michael Levey, Florence: A Portrait, Cambridge, Ma: Harvard University press, 1996）, New York Review of Books, 31 October 1996, 55.

的总体安排、预算、报酬以及交付时间。赞助人还确定了作品的预定放置地点及其观众。对于宗教绘画来说，其地点可以是私人祈祷室、卧室，或是祭坛、临街帐幕、居民住房。在如劳伦图书馆的个别情况下，赞助人参与了很多决定艺术作品外观的工作。当利昂·莱奥尼委托他人为他在米兰的个人行宫创作一个华丽的门面（将在第七章讨论）的时候，尽管他本人并没有参与计划实施，但是这位身为雕塑家的赞助人亲自制订了计划。在这个例子中，委托人比他的代理人更了解任务本身。

赞助人对艺术作品的观赏条件影响巨大。例如，他们会指定相框和底座的大小、形状和材料。他们还会购买窗帘和蜡烛改变光影效果，有时甚至会给教堂添加新的窗户。综合来看，这些决定很明显地表明，赞助人对“艺术委托品的创作过程”有相当程度的直接控制，并且事实上“对艺术委托品非常了解”。

最近米歇尔·奥马利对委托合同的研究则为这种普遍假设——赞助人在艺术委托项目中扮演着中心角色——提供了坚实的佐证，也让我们更好地理解了赞助人与艺术家之间相互影响的本质。[①]这些文件会经常提到之前的艺术作品，关于大型作品的合同中有时会明确指出“人物要真人大小”。在一些例子中，我们甚至发现，赞助人在选择最合适的委托艺术家之前，会研究艺术家之前的作品。这样，委托人才能是关键决定，限制并规划代理人的解决方案，从而影响艺术委托品的最终呈现。

详细图纸是这场艺术委托博弈中的主要参与者对话的条件，是

① Michelle o’ Malley, The Business of Art: Contracts and the Commissioning Process in Renaissance Italy (New Haven and London: Yale University Press, 2005) . For litigation between patrons and artists, also see Mareile Büscher, Künstlerverträge in der Florentiner Renaissance (Frankfurt am Main: Klostermann, 2002) .

他们影响对方决定的手段。在奥马利研究的 1450 年后的绘画合同中有超过四分之一包含图纸。[①]在雕塑或建筑委托项目中，通常会用到三维模型。图纸或模型有助于代理人履行自己的职责并阐明简要方案的实施方法，这也给代理人为偏离赞助人要求（比如，要求展示过多的人物，或者要求人物全为真人尺寸）提供辩解的机会。这种最终作品的“预览”让赞助人可以核准或修改方案（如果有必要的话）。有一些合同图纸甚至展示了颜色，还有一些图纸和模型针对所给定的问题提出了不止一种解决方案。

在为红衣主教奥利维罗·卡拉菲提供的作品图纸中，菲利皮诺·里皮为壁画的下部提供了两种绘画方案（这幅壁画描绘的是圣托马斯战胜异端分子的故事。它绘于罗马米涅瓦神庙遗址圣母堂内赞助人的私人祈祷室内，见图 1.1 和图 1.2）。[②]在壁画的左下部分有一个栏杆；壁画中央一段巨大的台阶通向一个平台，那里是主要故事发生的地方。可能卡拉菲觉得这些灵巧的设计太分散注意力了，最后，菲利皮诺去掉了这些楼梯，让人物更加靠近观众。

图纸和壁画之间的其他几处差别也反映了作品清晰简明的趋势。比如，两只对望的狗以及几个随意坐在舞台中央的人只出现在了图纸上。这些风格上的变化是委托人或代理人提出的，但是其他一些变化肯定要归因于卡拉菲。一定是他让菲利皮诺移除了图纸中红衣主教的画像，为的是添加壁画上的其他几位人物以及大量拉丁语的解释性文字。卡拉菲肯定也给了艺术家关于个人和家族图案使用的具体指示。这些特征，再加上画像和文字，几乎一致表明，委

① O’Malley, Business, 197.

② For the drawing (British Museum, inv. n. 1860-6-16-75) and fresco, see Jonathan K. nelson, “i cicli di affreschi nelle cappelle carafa e Strozzi,” in Filippino Lippi, ed. Patrizia Zambrano and Jonathan K. Nelson (Milan: electa, 2004) , esp. 541–46, 579–83 cat. no. 39.

图 1.1　菲利皮诺·里皮：圣托马斯的胜利，罗马米涅瓦神庙遗址，圣母堂卡拉菲教堂
米兰，雷克塔摄

图 1.2　菲利皮诺·里皮画作《圣托马斯的胜利》的图纸，藏于伦敦大英博物馆
◎版权所有：大英博物馆理事会

托人直接干预或指导了艺术作品的创作。这个特征，出现在最终的作品中却不在初期的图纸里，有很大可能是赞助人的干预作用。加入有名的当代人物及容易辨认的说明文字，通常反映了激起观众回应的强烈意愿。

不幸的是，我们很少能找到关于赞助人参与艺术创作流传广泛的文献记录。此外，在近代早期和现代，我们几乎找不到包含了艺术家与赞助人合同协议中许多重要内容的法律和财务记录。肖像画的赞助人，可能会要求艺术家将坐着的人画得尊贵庄严或闲适放松，而建筑赞助人则可能会要求建筑与周围环境或和谐协调，或突出夺目，煊赫威严。这种指示在现代合同中都很少出现，更不会出现在数百年前的合同里了。

我们可以将文艺复兴时期的赞助人与艺术家之间的关系，看成现代公司主管与广告机构之间的关系。公司首席执行官作为委托人会向作为代理人的广告机构，指定广告媒体、广告预算以及活动的时间安排。在双方会谈时，公司主管可能会讨论目标观众、总体信息，以及要呈现的质量。但他可能也会有更进一步的指示——明确哪些特性需要强调，哪些问题需要忽略或掩盖，甚至提出夸大某些特性。将在第三章和第四章讨论的信号传递、方向指引和延伸，是利用艺术传达赞助人的有利信息的主要策略。信息传达得越婉转，我们就越确信，现在的主管或文艺复兴时期的赞助人参与了创作过程。通常这种参与是与代理人谈话，有时仅仅是一个眼神或点头。而其他的时候，为了获得控制权，委托人只会雇佣那些理解其需求或通常倾向能反映其意愿的艺术家。为了回应这些或直白或含蓄的要求，代理人会以创造性的构思创作出满足公司（或赞助人）要求的画作。公司会审阅提交的作品，然后可能会提出一些想法，但是不会严苛到扼杀广告机构的创造力。这种重要的互动大部分都不会留下书面记录。

文艺复兴时期艺术委托项目传达出的各种信息表明，委托人与代理人之间有多种可能的合作方式。通常情况是，赞助人希望所委托的作品能够展现他的财富与地位，因此他会给予专家——也就是艺术家——很多作品风格上的指示。在这种情况下，我们的研究跟吉尔伯特的两大主要结论是吻合的：第一，在文艺复兴时期，“赞助人想要从艺术家那里买到的……是荣耀与名望的提升”[①]。第二，艺术家比赞助人更懂得如何展示这些特质。有时候，代理人比委托人更懂得应该在一个项目上花多少钱，在极端的情况下，代理人为了创作出双方都满意的佳作，甚至会误导委托人。教皇派厄斯二世在写给贝尔纳多·罗塞利诺的书信中指出了这一点，教皇称后者“关于作品的成本花费撒了谎。实际上，如果你说了真话，你永远也说服不了我花这么多钱……那么，意大利就不会有这么富丽辉煌的宫殿和大教堂。正是由于你的花招，这些杰出的建筑才得以建成”[②]。然而，即使在这个例子中，也是由委托人批准为位于皮恩扎的建筑支付额外的钱款。因此，通过确定艺术家活动的实际范围，委托人在决定艺术作品的最终呈现上发挥了重要影响。

与很多艺术史学家的观点截然相反的是，吉尔伯特和霍普认为，很少有赞助人将艺术作品视为表达复杂哲学、理论或政治观点的合适媒介。我们同意这一观点，但这并不能说明赞助人仅仅将艺术用作提升荣耀与名望等一般特性的工具。在那些涉及方向指引和夸张表现的艺术作品中，赞助人干预行为的影响更为巨大。如果一

① Gilbert, “What Did the renaissance patron Buy?” 446.

② Christof Thoenes, “‘L’ incarico imposto dall’ economia.’ appunti su committenza ed economia dai trattati d’ architettura,” in Arte, committenza ed economia a Roma e nelle corti del Rinascimento（1420–1530）, ed. Arnold Esch and Christoph Luitpold Frommel（turin: einaudi, 1995）, 57–58.

件绘画或雕塑作品，需要某些具体的重要信息，同时忽略其他一些信息，比如要选择家族历史中哪些先辈或事件，呈现在系列壁画中，那么，委托人比代理人更适合选择事件和呈现方式。我们以 1571 年到 1573 年绘制于卡斯泰洛城维他利宫的一系列壁画为例，这些壁画描绘的就是一个高贵家族的成员。赞助人保罗·维他利，让画家不要展现其中一个家族成员的骑士勋章，因为这种头衔太过普通会招人耻笑。[①]如果一件绘画或雕塑作品，通过歪曲事实或夸大其词——比如，捏造家族历史或家族盾徽，这两种做法在 16 世纪都比较普遍——改变了某一事实，那么，委托人最有资格评估这种做法的潜在风险和回报。正如肯特曾公正地评论道："很难看出那些著名赞助人的生活与那些艺术委托品之间有什么直接联系。"[②]然而，这些方向指引和歪曲事实的实例却提供了一片沃土，让我们可以找到这种联系，并确定赞助人与艺术家之间后续相互影响的程度。

委托人的恩威并施

委托人通常并不能严密地监视代理人的行为，但是，这种"无能为力"在大量委托代理关系中恰恰被证明是非常重要的。控制难以监控的代理人的需求，促使经济学家研究诱因与执行的管理方法。现代社会中，委托人通常会采取恩威并施的策略，还是以公司主管和广告公司的情况为例说明。委托人可能会对意料之外的优秀业绩（比如销售额大增）给予经济奖励，但如果广告效果不好，他就可能

① Julian Kliemann, Gesta Dipinte，La grande decorazione nelle dimore italiane dal Quattrocento al Seicento（Milan: Silvana, 1993）, 85.

② Kent, Cosimo de' Medici, 3.

会终止合作关系，进行罚款，甚至提起诉讼。代理人有了动力，不仅要确保未来继续从该公司获得委托业务，还要建立起信誉，进而获得其他公司的业务。

文艺复兴时期赞助人与艺术家之间的合同中，也表现出类似的策略。一些合同中的酬金是有范围的，作品完成得越好，艺术家的酬劳就越高。[①]尽管现存的合同很少会明确提到优秀作品的额外报酬，但是，奥马利的研究已经明确地证明，价值是一个灵活的概念。尤其是著名艺术家的作品，我们不能仅仅靠作品尺寸和人物数目来估计作品的价格。奥马利已经发现了有力的证据，证明艺术家所受教育的声誉和地点，很大程度上影响了作品的价值。“收费超过 200 弗罗林的委托项目中……将近一半是由在享有盛誉的艺术中心受过训练的艺术家到地方城镇承担的委托项目。”[②]这些画家因在艺术名城的学习经历而受益，还可能受益于他们导师的盛誉美名。

确保不易监控的艺术家创作出高质量作品的主要力量，就是他提升自己声誉（既要实现职业上的成功，又要得到艺术上的满足）和提高未来收入的渴望。在信息经济学中，声誉在保证难以监控的代理人创造高质量成果方面，发挥了重要作用。[③]在高端市场上，崇高的声誉不仅能提升价格，还能增加业务。因此，展示艺术委托品，对意大利文艺复兴时期的赞助人和艺术家同样重要。但是二者的理由截然不同：赞助人要确保地位和成功；艺术家则想要艺术技

① O’Malley, Business, 122–25.

② ibid., 154.

③ See, for example, George J. Mailath and Larry Samuelson, “Who Wants a Good reputation?” Review of Economic Studies 68, no. 2（april 2001）: 415–41, and Paul Resnick and richard Zeckhauser, “Trust among Strangers in internet transactions: Empirical Analysis of eBay’s Reputation System,” in The Economics of the Internet and E-Commerce, ed. Michael R. Baye（Amsterdam: Elsevier Science, 2002）, 127–57.

艺的声望——声望最终能够给他带来物质回报。

15 世纪的佛罗伦萨是一个有教育意义的例子。那个时期大部分职业的酬劳变化甚微，包括大多数以标准价格绘制简单画作的画家。但是，如果某位画家成为了精英艺术家，他就可以索取并得到更高的报酬。[①]瓦萨里《艺苑名人传》第三部的序言中，介绍了我们现在所说的“文艺复兴时期盛期”概念，同时提到了包括米开朗基罗、拉斐尔的一些艺术家所享受的“特别奖赏”。[②]瓦萨里在书中称，高价能够激励艺术家创作高质量的作品：“在我们这个时代，如果艺术家们都能够得到合理的报酬，那么毫无疑问，我们肯定能够创作出远超古人的优秀作品。”[③]瓦萨里本人也是一位艺术家，他向读者中的赞助的人们传达了一条清晰的信息：如果赞助人能够支付更高的报酬，他们就可以培养出艺术天才，并获得更好的作品。

对代理人来说，无论是否为同一赞助人，能够获得未来工作的希冀就是巨大的诱惑。尽管在合同中没有言明，但是文艺复兴时期的艺术家肯定能明白这一点，因为时至今日，上至教授下至水管工都明白这个道理：出色完成今日之工作，明日就能招来更多活计。文艺复兴时期的赞助人会千挑万选，选择最合适的代理人，这使得艺术家们为了争取得到委托项目而追求卓越。一封写给米兰公爵的

---

① Susanne Kubersky-piredda, “immagini devozionali nel rinascimento fiorentino: produzione, commercio, prezzi,” in The Art Market in Italy,15th–17th Centuries, ed. Marcello Fantoni, Louisa C. Matthew, and Sara F. Matthews-Grieco (Modena: Franco cosimo panini, 2003) , 115. For the price of art, and the great difficulty in comparing different forms of compensation, see Guido Guerzoni, Apollo E. Vulcano. I mercati artistici in Italia 1400–1700 (Venice: Marsilio, 2006) , 231–64.

② On Michelangelo’s income, see rab hatfield, The Wealth of Michelangelo (Rome: Edizioni di Storia e Letteratura, 2002) .

③ Giorgio Vasari, Lives of the Painters, Sculptors and Architects, trans. Gaston du c. de Vere, ed. David Ekserdijan (London: Everyman’s Library, 1996) , 1:633 (preface to part 3) .

著名书信（可能写于 1493 年）中，介绍了当时在佛罗伦萨工作的四位著名艺术家；匿名的代理人特别提到了为教皇和洛伦佐·德·美第奇创作的艺术作品，他指出，这种著名的赞助人，为作品的质量提供了保障。[①]艺术家在重要的艺术中心尤其能建立自己的声誉，这一点在数百年后，我们仍经常能够十分详尽地追寻到。在大部分情况下，文艺复兴时期著名的艺术家通常有很多艺术作品，地方上的赞助人会反反复复欣赏很多年。因此，委托人有很多机会可以评估要雇佣的代理人。

了解代理人作品质量最保险的方式，是个人经验，不过只有在多次交易的情况才有用。多次交易不仅能增强对现有代理人的激励——在出色地完成工作后有希望获得今后的工作——它还省去了委托人四处寻找新代理人的麻烦，并减少了向代理人传达自己意愿的时间和精力。很多意大利文艺复兴时期的赞助人，选择同一位艺术家合作数年里的多个项目。宫廷的例子最明显，比如莱奥尼和蒙塔纳的艺术生涯。在这种持续性的关系中，艺术家持续创作某种风格的艺术作品，但又在作品中掺入某种意象，他希望这种意象不仅能够继续取悦自己的赞助人，还能够为他赢得其他赞助人的委托项目。

至于说“棍棒”——也就是说，因代理人表现不佳而惩罚他——最令代理人恐惧的“棍棒”，就是委托人拒绝接收完成的作品。不但艺术家会承受声誉的损失，一幅被拒绝的画作或雕塑也将价值寥寥，甚至一文不值。艺术家们几乎总是根据现场具体情况，使用赞助人挑选的细节完成主要作品。在项目进行过程中，他们通常要承担相当多的材料成本。拒收成品的情况，在很多案例中都有记载，这又

① O’Malley, Business, 148; Nelson, “Gli stili nelle opere tarde: interpretazioni rinascimentali e moderne,” in Zambrano and Nelson, Filippino, esp. 392–93.

是艺术家与赞助人关系中的一个重要手段。委托人还可能向代理人挥动羞辱的"大棒"。1515年，佛罗伦萨SS.安农齐亚塔教堂的天主教会修士，非常不满意罗索·菲奥伦蒂诺最近完成的壁画《圣母升天图》(Assumption of the Virgin)，于是他们请安德里亚·萨托重画这幅壁画。[①]仅仅三年后，罗索的赞助人又不满意他的《乌菲兹祭坛》(Uffizi Altarpiece)，没有将这部作品放在预定的位置——佛罗伦萨诸圣教堂一间著名祈祷室的祭坛，而是将它"放逐"到了一间乡村小教堂，然后委托他人为诸圣教堂创作了新画。此外，他支付给罗索的报酬也低于合同金额，因为有人给这幅有争议的祭坛装饰画估了很低的价。[②]

其他对作品不满意的赞助人，也会使用这种财务"大棒"。在第四章我们会看到，伊丽莎贝塔·阿尔多凡蒂尼拒绝向多梅尼科·兰达约支付一幅祭坛装饰画的合同全款。兰达约死后，这幅画作由他的工作室继续完成，1496年，法庭裁决画作低质与肖像失真，拉低了这幅画作的价值。[③]在意大利文艺复兴时期，很多文献规定，在作品完成估价后，最终支付给艺术家的报酬可以有所降低。[④]拒收、

---

① The Assumption was not repainted, however, perhaps because Del Sarto would not work at the same low rates as Rosso. See David Franklin, Rosso in Italy: The Italian Career of Rosso Fiorentino (New Haven and London: Yale University Press, 1994) , 20. We will address the question of rejected works in our paper "Quality control for commissions: the potential for rejection or replacement," to be given at the annual meeting of the Renaissance Society of America (Chicago, 2008) in the session we organized titled "Unacceptable art: rejected commissions in Renaissance Italy."

② ibid., 35–42. The patron, Leonardo Buonafé, acted as executor to the estate of the catalan widow Francesca ripoli. Thus, Buonafé served as principal to rosso but as agent to ripoli.

③ Jean K. Cadogan, Domenico Ghirlandaio: Artist and Artisan (New Haven and London: Yale University Press, 2000) , 270–73, 377–78.

④ O' Malley, Business, 122.

羞辱以及降低报酬这三重威胁，让艺术家不敢偷懒或提交低质、劣质作品。此外，这些威胁还激励艺术家创作出满足赞助人意愿的作品。在佛罗伦萨的开局不利后，罗索开始在佛罗伦萨之外寻求工作，然后彻头彻尾地改变了自己的艺术风格。最终他获得了广泛欢迎，甚至为法兰西国王效劳。

代理关系非常适合意大利文艺复兴时期的委托艺术创作。一般来说，作品的质量是非常高的，赞助人通常也会满意艺术家的作品。除了“萝卜”与“大棒”外，令艺术家忠于他们的赞助人暨委托人的一个重要因素，是他们自己的职业自豪感——创作杰出作品并取得崇高地位的渴望。这种动机有别于芳名美誉带来的物质回报，但又是后者的补充。艺术家们非常看重自己的声誉，正如赞助人非常看重他们委托创作的艺术品的质量。在这一点上，委托人和代理人的利益是相对一致的。无可否认的是，委托项目的劳动成本几乎全都压在了艺术家的肩上。高质量佳作所带来的裨益——主要是今后的委托项目——也大部分属于艺术家；然而其他好处，比如持续的声誉，将由委托人和代理人共享。由于好处多多，艺术家有了呈现最佳作品的动力。

尽管赞助人和艺术家都寻求高质量，但是，他们很可能在如何表达理想的信息方面产生分歧。艺术家可能想从美学角度创作最优秀的作品，而是否把赞助人呈现在最有利光线下，是次要考虑。然而，我们推测，画家、雕塑家以及建筑设计师也会琢磨赞助人的兴趣与需求，有时候是通过直接讨论，有时候是通过提炼间接评论和证据。在某些情况下，我们可以重现对话。当教皇克莱门特七世需要与米开朗其罗讨论圣洛伦佐的劳伦图书馆扩建计划的时候，赞助人身处在罗马，而艺术家住在佛罗伦萨，他们之间通了大量书信。这种不同寻常的情况，让我们能够“偷听”到教皇大量具体的要求和问题。[①]简单解释一下，他们谈论的内容有：为新图书馆选择一个地址，要尽可能少地破坏神父的房间；建一段占据整个前厅的楼梯；一张桌子上摆多少本书才合适；灯光照明怎么样。这些存世的大量书信，让我们可以欣赏到这座图书馆——它可能是文艺复兴时期存世建筑最著名的实例——它不仅仅是艺术家美学观点的表现，更像是“必须将楼梯的形式看作三重异常因素——米开朗基罗的创造力、克莱门特的意愿，以及先前存在的建筑物（这座图书馆就是在其基础上建立的）的限制——的综合产物”[②]。我们只有通过进一步的研究和幸运的文献发现，才能知道重大委托需要进行哪些具体的问询和调查。

观众的角色与反响

克莱门特想要给劳伦图书馆的访客留下深刻印象。实际上，艺术作品经常给观众带来强烈的影响。因此，正如艾尔弗雷德·盖尔1998年在《艺术与代理：人类学理论》一书中所言，艺术作品充当了赞助人、代理人及观众之间的无生命代理。[③]委托项目的回报（即好处）很大程度上取决于观众的反应。赞助人和艺术家希望观众会

---

① See Caroline Elam, “Michelangelo and the Clementine Architectural Style,” in Pontificate of Clement VII, 199–225. in most of the letters, the pope’ s opinions and requests were expressed via an intermediary.

② Silvia Catitti, “Michelangelo e la monumentalità nel ricetto: progetto, esecu zione e inter pretazione,” in Michelangelo architetto a San Lorenzo. Quattro problemi aperti, ed. pietro ruschi（Florence: Mandragora, 2007）, 94.

③ For the application of Gell’ s notions to Italian Renaissance art, see Michelle O’ Malley, “altarpieces and agency: The altarpiece of the Society of the purification and its ‘invisible Skein of relations,’” Art History 28, no. 4（2005）: 417–41.

观赏、学习并评估艺术作品。从这个意义上说，赞助人和艺术家在为他们的公共委托人——观众“工作”。例如，在宫廷中，即使是朝臣为自己的私人居所订购装饰品，他与艺术家的主要兴趣，可能都是取悦公爵或国王。如果朝臣是为王宫订购艺术品，那么，他充当的就是艺术家的委托人、国家元首的代理人。

所有赞助人和艺术家都必须考虑观众，考量不同观众对艺术作品的不同反响，包括可能的负面反应，比如观众可能会忽视它，甚至哂笑它。我们可以将观众分成三种主要类型：当代观众、未来观众以及天国观众；尤其是前两种有大量分支，对委托人和艺术家都很重要。很多艺术作品都有多种观众，其不同方面的反应可能对应着不同的观众群体。赞助人委托创作的首要法则是吸引观众，首先呈现的是观众已经了解的信息，然后再呈现想要观众了解的信息。如果建筑的三大要素是位置、位置和位置，那么，赞助人的三大要素就是观众、观众和观众。

对于所有意大利文艺复兴时期宗教艺术作品的赞助人来说，一位重要的观众在天堂。在第五章（论述的是私人祈祷室），我们将要讨论，赞助人想要上帝和圣徒们看到他们的忠诚，希望委托艺术品能够有助于减少他们待在炼狱的时间。当然，赞助人知道，委托创作这种能够激励或促进宗教信仰的艺术作品，是一件善事，他们希望这种行为能为来世带来福泽。16 世纪初，保罗·科特西解释道：“红衣主教的教堂中的画作越博学精深，灵魂就越容易受到激励——通过观赏画中展现的故事，并激励自己模仿画中的行为。”[①]他举了

① Kathleen Weil Garris and John F. D’Amico, “The Renaissance cardinal’s ideal palace: a chapter from Cortesi’s De Cardinalatu,” in Studies in Italian Art and Architecture, 15th through 18th Centuries, ed. Henry A. Millon（Rome: American Academy in Rome, 1980）, 92. For discussion see Nelson, “cicli,” in Zambrano and Nelson, Filippino, 548, 576 note 173.

两个罗马绘画系列为例。其一是“红衣主教奥利维罗·卡拉菲在米涅瓦神庙遗址圣母堂的小教堂”内的系列画作（前文已经提到过）；其二是“由著名的西克斯图斯四世在梵蒂冈城建造的还愿教堂”中的系列画作。卡拉菲教堂和西克斯图斯教堂的赞助人肯定希望他们的艺术作品能够备受颂扬，而这些作品的确做到了。

那些委托创作宗教艺术作品的人，相信上帝的无所不知，相信上帝可以读懂每个人的心思。也就是说，上帝根本不需要看祭坛装饰画边框上的盾徽，或教堂墙壁上的题词，就可以认出作品的捐献者。因此，一直在艺术作品中展示个人标志的情形，恰恰说明，赞助人心中还有一批观众，也就是人间的观众。自然，在这些观众当中，只有极少部分是有权势的人物，大部分都不算富裕，而且有许多是女性。近年来的一些研究，关注了这些艺术品观众当中的年轻人、穷人，特别是女人。[①]赞助人希望与那些精英交流，特别是自己城市或地区的精英，这些人能够认出大量委托艺术品中的旗帜、匾牌以及标志。

弗拉·吉罗拉莫·萨沃纳罗拉也发现了这一点，1490 年代末期，他在佛罗伦萨大发雷霆，反对赞助人的这种自抬身价的行为：“你知道他们为什么要将他们的盾徽绣在圣衣的背面吗？因为当神父站在祭坛上的时候，所有人都能看到盾徽。”[②]对于那些想要确认或抬升自己地位的赞助人来说，当地的观众扮演了重要角色。观众们会走

---

① See, for example, Rubin, Images and Identity, 98–112, 180–81, 333, and Adrian randolph, “regarding Women in Sacred Space,” in Picturing Women in Renaissance and Baroque Italy, ed. Geraldine a. Johnson and Sara F. Matthews Grieco (Cambridge and New York: Cambridge University press, 1997) , 17–41, both with further bibliography.

② Girolamo Savonarola, Prediche sopra Amos e Zaccaria, ed. paolo Ghigheri (Rome: a. Belardetti, 1971–72) , 2:26.

进教堂、广场或卧室，他们会看到醒目的祭坛画、宫殿或者肖像，他们感受到这些作品的富丽堂皇。这种效果正是全意大利达官贵人所想要的，但是，并没有绝对的标准，只有观众才有发言权。实际经验与历史研究表明，同一种信息在不同观众群体和个人中所激起的反应各不相同。

信息经济学领域的学术研究，经常会忽略信息接收者的异质性。[①]然而，在当代社会，最职业的信息传播者——广告公司、市场营销人员以及公关公司——着重研究了这个问题，使得市场研究成为了一门科学。在意大利文艺复兴时期，很多艺术家、建筑设计师以及赞助人，都是优秀的直觉型市场研究者：他们明白不同的观众怎样接收信息。他们知道，观众在教养以及礼仪感方面存在差异。很多艺术委托品，包括普通大众能够看到的作品，都是面向精英观众的。正如上文提到的，科特西举了罗马的两个事例。安德里亚·蒙塔纳在 1489 年写给弗朗西斯科 · 贡扎加的一份书信中讨论了罗马的另一个事例——他为教皇英诺森八世装饰的祈祷室。这个项目的赞助人及任务规模给艺术家带来了荣耀，"大部分罗马人都欣赏了这件作品，包括很多尊贵的评判人"[②]。1546 年，绅士萨巴 · 卡斯蒂廖内爵士描写了宏伟宫殿的适当装饰，他还评论道，一些人更喜欢皮耶罗 · 黛拉 · 弗朗西斯卡或梅罗佐 · 达 · 弗利的作品，"这些艺术家的艺术奥秘更适合聪明人，他们对那些理解力较差的观众的吸引力则没这么高"[③]。

---

① See the classic text by David M. Kreps, "topics in information economics," in A Course in Microeconomic Theory, Part IV (Princeton: Princeton University Press, 1990) , 575–719.

② Creighton E. Gilbert, Italian Art, 1400–1500: Sources and Documents,2nd rev. ed. (Evanston, iL: Northwestern University press, 1992) , 13.

③ Robert Klein and Henri Zerner, Italian Art, 1500–1600: Sources and Documents (1966; Reprint, Evanston, iL: Northwestern University press, 1989) , 23.

代理人通常会将他们大部分精力投入到重大委托项目中去，比如重要委托人的项目。即使那是普通大众看不到的作品——比如萨巴·卡斯蒂廖内刚刚讨论的作品，它们只出现在著名人物的私人居所中——只有最重要的观众，亦即精英观众才有可能看到的。这个精英群体可能会有该艺术家的未来赞助人。然而，我们也会发现这种模式的例外情形：艺术家可能会为低微的观众付出巨大的努力。例如，瓦萨里详细叙述了佩里诺·德尔·瓦加接受了一个佛罗伦萨的壁画委托项目，“尽管其位置偏僻，给的价钱还很低”，但是，出于艺术的原因他接受了这个项目，“在壁画故事中，创新的机会以及壁画墙壁的巨大尺寸都深深吸引了他”[①]。这个项目还给了他自我宣传的机会。佩里诺的朋友希望这个项目“能让他在那些还不了解他的市民中建立起与他的才能相匹配的声望”。

有时候，尽管这种情况比较少，但是，委托项目针对的是“普通”社会大众。在塞巴斯蒂亚诺·塞利奥 1537 年在威尼斯发表的建筑论文中，他指出，画家们会为那些学识修养不太够的赞助人修改自己的作品。他讨论了透视调整或按照透视法，缩短画在天花板上的人物的重要性，但是他指出：“这个时代熟练的工匠会规避这种透视缩短做法，因为（实际上）这种技法不怎么讨好普通人的眼睛。”[②] 著名艺术家和赞助人知道如何根据最重要的观众的组成比例，调整委托创作的作品。

沃尔夫冈·肯普指出，研究者必须认识到，观众的反应是各不相同的。他们不仅会反映他们的背景和期望，还会反映特定艺术作品各不相同的“接触条件”（conditions of access）。这个概念是肯普

① Vasari, Lives, 2:166.

② Sebastiano Serlio, The Five Books of Architecture: An Unabridged Reprint of the English Edition of 1611 (New York: Dover Publications, 1982) , 66.

在“德国接受美学理论”（the theory of German reception aesthetics）的基础上建立的，它指的是“艺术作品展示的环境：使用媒介的传播特征；定位、形式与情境；以及包含的机构”[①]。研究观众对艺术作品反应的学者，需要记住，哪些人在什么情况下能看到这些作品。

我们应该明白，观众对同一件作品可能会有各种各样的反应，例如，对多纳泰罗的《大卫》，不同的观众（比如赞助人，赞助人家族中的女性成员，以及政府官员）在不同的环境中的反应，各不相同。这座雕塑在私人宫殿花园婚礼上的观赏效果，和在市政厅（1494年革命之后它被移到了这里）中的观赏效果，是断然不同的。[②]诚然，我们并不能断言，不同的观众，尤其是数百年前的观众，对特定艺术作品是什么反应。但是，如果他们的反应没有显著的差异，或是文艺复兴时期的艺术家和赞助人没有预见到这种差异，那才让人惊奇。

除了天国的观众和当代的观众，很多赞助人还考虑到了未来的观众。考虑到这一类额外观众，让我们发现了委托艺术项目的一个重要益处，这种益处使得艺术作品和建筑作品有别于其他形式的炫耀式消费。盛宴美食、锦衣华服、葬礼豪墓都是暂时的。但是，绘画、雕塑及建筑通常能够延绵百年，传承数代。在1400年代末期，阿诺罗·迪·伯纳多·巴尔迪在他的遗嘱中宣称，他在佛罗伦萨的

---

① Wolfgang Kemp, Review of John Shearman, Only Connect……Art and the Spectator in the Italian Renaissance（Princeton: Princeton University Press, 1992）, Art Bulletin 76, no. 2（1994）: 366. See Rubin, Images and Identity, on the importance of considering how and why observers engage in different types of seeing.

② For two quite disparate approaches to the different audience reactions to the work, see Francesco Caglioti, Donatello E I Medici: storia del David e della Giuditta（Florence: L. S. olschki, 2000）, esp. 101–52, 182–218, 291–319, and Adrian W. B. Randolph, Engaging Symbols: Gender, Politics, and Public Art in Fifteenth-Century Florence（New Haven and London: Yale University Press, 2002）, 139–92.

切斯特罗教堂捐建一个祈祷室的做法，应成为“其他捐献者的典范”[1]。很明显，他计划建造这个祈祷室及其装饰，就是为了提升自己的地位，并激励其他赞助者捐献委托艺术项目。我们希望，他在最后的遗嘱中再捐献一个委托艺术项目，但是他考虑的则是，观众们在他死后的反应。威尼斯人文主义者埃尔莫劳·巴尔巴罗，在1489年写给友人的书信中明确了这一点，他说，立石墓不是为了死者，而是为未来之人。[2]同样，今日给大学捐献大楼的人，尤其是那些年事已高，或者在遗嘱中留下了钱款的人，他们这样做也是为了未来之人。

正如文艺复兴时期的赞助人必须揣测目标观众的反应，当艺术史学家们想要确定艺术项目委托人的行为意图，以及不同类型观众对同一艺术作品的反应时，他们也必须揣摩推敲一番。如果我们想要了解艺术项目赞助的过程，同样也必须进行揣测。在揣测的时候，我们必须认识到，我们得到的任何结论都是综合了实证、理论以及推断得到的，并且关于某些委托项目的研究结论，必须要能够拓展延伸，从而解释别的类似的委托项目。尽管我们可能永远也找不到严格的文献资料，但是我们会努力理解艺术委托博弈中参与者们的动机和策略。玩家们的预期利益和观众的反应，组成了我们分析框架（这将是我们下一章的主题）中的两大关键因素。

① Alison Luchs, Cestello: A Cistercian Church of the Florentine Renaissance（New York: Garland, 1977）.

② Martin Gaier, Facciate sacre a Scopo Profano: Venezia e la politica dei monumenti dal Quattrocento al Settecento, trans. Benedetta heinemann campana（Venice: istituto veneto di scienze, lettere ed arti, 2002）, 93.

第二章 分析框架

——效益、成本以及限制条件

引言：成本效益分析

要想了解一个博弈游戏，我们首先要确认游戏的玩家。然后，我们估计每位玩家可能采取的行动，以及每位玩家可能取得的回报（这取决于另一位玩家的行为）。对于艺术委托博弈游戏来说，在评估赞助人的回报的时候，我们应该问这些问题：当他雇佣一位艺术家的时候，他想要获得什么样的好处？且他要付出多少成本？成本不仅包括创作某一件作品的财务支出，还包括艺术品可能获得的负面口碑。了解这些效益和成本，有助于我们解释这两位游戏玩家的选择——赞助人与艺术家，或者用前一章使用过的博弈论术语说，就是“委托人”与“代理人”。

成本效益框架能够很好地解释，为什么会出现委托艺术项目。尽管已发表的关于赞助人与历史遗迹的研究，为我们提供了效益（主要是社会效益）和成本（主要是经济成本）方面的珍贵信息，但是，这些数据通常非常分散，其涉及的研究的关注点也不在于此。文艺史学家研究这些效益和成本的时候，通常采用轶事一般的研究途径，而没有使用系统的研究方法。成本效益分析给了我们一个有用的框架，对这些回报进行系统研究，这个框架甚至适用于委托人和代理人凭直觉行事的情况。[①]这种分析是研究经济学中选择过程的基础，而当研究者需要将大量不能用财务术语衡量的因素，综合到一起的时候，这种分析尤为有用。

一个委托项目的经济成本能够带来相应的效益。对于一部成功地传达了某些理想特征的艺术作品来说，产生这种信息的成本必然是很昂贵的，至少要高到能威慑住那些选择不传达这种信息的人。例如，如果要传达的信息是财富与权力，富人与权贵会发现，传达这种信息成本十分高昂。如果所有赞助人都建造个人宫殿或树立青铜雕塑，将自己塑造为英雄，那么，最终得到的建筑物和艺术品能够传达出的有用信息将少之又少。除非所需花销，高到足以掏空那些选择进行规模较小的委托项目的赞助人的钱袋，否则很多赞助人都会进行类似的委托项目。传达这种信息除了有经济成本外，还有产生负面口碑的代价。即使我们能够支付起树立真人大小的青铜雕塑以将自己塑造成英雄的统治者或冠军运动员的费用，我们当中也很少有人这么做。任何赞助人，即使是最富有的富豪，也会避免沦为笑柄。宣传推广的中心法则是（将在下一章讨论），高成本（不管是经济成本还是社会成本，不管是实际成本还是潜在成本）必须产生宣传效益。意大利文艺复兴时期的赞助人想要获得价值，但他们不想找便宜货。

成本效益分析作了一个相当简单的假定：赞助人只有在预期

① Anthony Boardman et al., Cost-Benefit Analysis: Concepts and Practice,2nd rev. ed.（Upper Saddle River, nJ: prentice hall, 2001）.

（通过本能感觉或实际计算，根据社会标准或过往经验）效益会超过成本的时候，才会决定委托创作艺术作品。但是，在计算的时候必须考虑另一个重要因素：对赞助人和艺术家的限制条件。在意大利文艺复兴时期，这些限制条件是多种多样的，大部分情况下，它们都不是钱能够解决的问题。例如，在大多数教堂，即使是巨富也没有私人赞助主祭坛的权力。（但是，如果他真的获此殊荣，也就是说，他不受此条件限制，那么，这本身就令人信服地表明了他崇高的社会地位。）学者们经常会考虑建筑物的实际限制条件，比如，现场的物理条件，或某些材料的可用性。可以对这种研究方法进行拓展延伸，从而包含所有的委托项目和各种限制因素。这是开始研究一个委托项目，理清我们可用研究手段的有用方法。

在文艺复兴时期，通常不成文的礼仪规则带来了很多重要限制。这些礼仪规则微妙而复杂，因此了解这些礼仪规则，能够让观众们区分出精明练达的赞助人与生疏笨拙的赞助人，后者只能拙劣地东施效颦。今天，要想重现这些规则是很难的，但是，我们可以指出赞助人触犯社会规约所要付出的社会成本。假定大部分赞助人都恪守礼仪规则，了解这些限制条件，有助于我们确认是谁委托创作了无文献记载的艺术作品。例如，最近的一项研究令人信服地指出，狄赛德里奥·达·塞提涅亚诺在那不勒斯为某人创作的一组十二颗描绘罗马皇帝的大理石头像，肯定是为国王创作的。除了统治者，这组雕塑给谁都不合适，即使那些少数有经济能力购买这些雕塑的巨富也不行。①

一种不同类型的限制条件（我们在购物的时候都会遇到），是总体财务资源的限制。即使赞助人觉得某一项目值得花这笔钱，也

---

① Francesco Caglioti, “Fifteenth-century reliefs of ancient emperors and empresses in Florence: production and collecting,” in Studies in the History of Art:Collecting Sculpture in Early Modern Europe, ed. Nicholas penny and Eike D. Schmidt（Washington, dc: National Gallery of Art, Forthcoming）, 66–109, esp. 68–70.

就是说，预期的效益超过了预期的成本，但如果他认为，把现有的钱花在别的潜在委托项目上会更有价值，那他还是有可能放弃当前项目的。如果有位赞助人要用 1000 弗罗林装饰他的卧室或祈祷室，他会选择能够让他的资金发挥出最大效用的委托项目，但是，这是要受到限制的：他不能超过他的总体预算。经济学家称该过程为受限条件下的效益最大化。①

限制条件，再加上成本与效益，组成了我们分析框架的三大基本要素。该框架提醒研究者要提出一系列关键问题，并关注一些十分重要但经常被忽视的要点。系统考虑这三大要素有助于研究委托人和代理人做出的选择，从而对这些艺术委托项目进行评估和比较。

不幸的是，历史研究几乎没法让我们准确地探明某一个项目的所有效益、成本和限制条件。不仅大部分的文献资料已经遗失了（至少文艺复兴时期的文献是如此），而且很多无形的成本和效益根本没有书面记录。但幸运的是，很多委托项目的重要证据得以保存下来。当我们考虑这些文献资料提供的全面的证据的时候，我们就能得到强有力的结论了。

在深入地讨论效益、成本以及限制条件之前，我们将会说明这些因素是怎么加深我们对 15 世纪晚期的重要委托项目（图 2.1）——颇有权势的那不勒斯红衣主教奥利维罗·卡拉菲在罗马米涅瓦神庙遗址圣母堂的小教堂（由佛罗伦萨著名画家菲利皮诺·里皮以及一群伦巴第雕塑家装饰）——的理解的。②

① Edith Stokey and Richard J. Zeckhauser, A Primer for Policy Analysis (New York: w. w. Norton, 1978) , 134–58.

② On Carafa and his chapel, see Gail Louise Geiger, Filippino Lippi' s Carafa Chapel: Renaissance Art in Rome (Kirksville, Mo: sixteenth century Journal publishers, 1986) , and Jonathan K. Nelson, "I cicli di affreschi nelle cappelle carafa e strozzi," in Filippino Lippi, ed. Patrizia Zambrano and Jonathan K. Nelson (Milan: Electa, 2004) , 513–55, 579–83 cat. no. 39.

图 2.1　罗马新圣母玛利亚大教堂卡拉菲教堂

photoservice electa，米兰

罗马卡拉菲教堂

当卡拉菲想要在米涅瓦神庙遗址的多米尼加派教堂为自己建一间小教堂的时候，他想要建的可能是一座最负盛名的教堂。在整个意大利，赞助人和观众们都一致认为，最令人印象深刻的小教堂就是主祭坛后面的那间。这一点对米涅瓦神庙遗址圣母堂来说是毋庸置疑的，因为祭坛下面安放着最重要的多米尼加教派圣徒之一——锡耶纳的凯瑟琳的圣骨遗骸。按照当时的一贯做法，宗教修会把持着并意图继续把持这座教堂。①所以尽管卡拉菲当时是罗马最有权势的红衣主教之一，还是多米尼加教派的，但是，米涅瓦圣母堂里最著名的小教堂是不向卡拉菲开放的。如果卡拉菲想要获得这间小教堂的控制权，那他将遭遇强有力的限制。（值得一提的是，几十年后，美第奇家族最早的两位教皇——利奥十世和克莱门特七世——将自己的墓冢安放在了这里。在这个地方获得墓穴的难度正好彰显了赞助人极其崇高的地位。）

卡拉菲发现了一种展现他尊贵地位的不同方式。他使用宏大的规模和精良的设计进行盛大声明。1485 年，他购置了一座靠近右耳堂的小楼，然后在那里建造了一座宏伟的小教堂；这样他就替换掉

① For central Italy, see Christa Gardner Von Teuffel, "clerics and contracts: Fra angelico, Neroccio, Ghirlandaio and others: Legal procedures and the renaissance high altarpiece in central Italy," Zeitschrift für Kunstgeschichte 62, no. 2 (1999): 190–208. For Venice (where patricians did often obtain the right to burial in front of the high altar) and Florence, now see two essays in Lo spazio e il culto: relazioni tra Edificio ecclesiale e uso liturgico dal XV al XVI secolo, ed. Jörg stabenow (Venice: Marsilio, 2006): riccardo pacciani, "Il coro conteso: rituali civici, movimenti d' osservanza, privatizzazioni nell' area presbiteriale di chiese fiorentine del Quattrocento," 127–51, and Martin Gaier, "Il mausoleo nel presbiterio : patronati laici e liturgie private nelle chiese veneziane," 153–180.

了一座已有的纪念童贞玛利亚报喜的祭坛，或许是一间小教堂。空间的限制让卡拉菲做了一个更加大胆的决定：在他的主教堂附近，他还在拱壁中掏了一个拱形墓冢。这样，这位赞助人就得到了一座既可以用于墓葬又可以用于礼拜的令人尊崇的、颇负盛名的小教堂。为了让这座小教堂有别于那座中世纪教堂的主体建筑，卡拉菲委任一位技艺高超的建筑设计师——可能是多纳托·布拉曼特——设计了一个恢弘壮丽、风格新颖的大理石拱门。[①]拱门上题上了赞助人的名字，并用文字说明了该教堂的双重纪念意义。卡拉菲很明显不满意一开始纪念童贞玛利亚报喜的做法，于是，他运用自己的权威不同寻常地加上了第二位纪念人物。他的小教堂还纪念了——赞助人自己的祖先，多米尼加教派的重要圣徒之一。

红衣主教的地位还让他克服了大部分赞助人都会面临的限制，他获得了一位先前已经被别人雇佣的著名艺术家的效劳。在见卡拉菲前不久，菲利皮诺·里皮已经同意为佛罗伦萨首富菲利波·斯特罗齐，在佛罗伦萨新圣母玛利亚大教堂的小教堂绘制壁画了。但对卡拉菲来说很幸运的是，斯特罗齐需要与佛罗伦萨政治领袖洛伦佐·德·美第奇保持良好关系，而洛伦佐反过来需要卡拉菲的支持。那时洛伦佐正好想让自己十三岁的儿子乔瓦尼成为红衣主教，但是颇有权势的卡拉菲是可以阻止这项决定的。于是 1488 年，洛伦佐安排菲利皮诺为卡拉菲效劳，而斯特罗齐同意等待。为了获得他想要的艺术家，卡拉菲欠了别人一个人情，这点我们在 1490 年的一封有趣的书信中有所了解。在报告卡拉菲小教堂的壁画绘制进度的时候，洛伦佐的手下补充道：“我坚信，红衣主教 [卡拉菲] 会欠您 [洛伦佐] 一个人情的，而且他 [菲利皮诺] 会令红衣主教满

---

① Silvia Catitti, “L’ architettura della cappella carafa in santa Maria sopra Minerva in Roma,” Annali di architettura 16 (2004) : 25–43.

意的。”[1]实际上，年轻的乔瓦尼·德·美第奇获得了红衣主教头衔，后来他成为了美第奇家族的第一位教皇利奥十世。当然，卡拉菲教堂还给这位红衣主教带来了经济成本，文艺复兴时期的另一个实例比较适合说明这一点。瓦萨里写道，这座小教堂的估值达到两千达科特，这是一笔数额惊人的巨款，它可能包含了材料和劳力成本。[2]相形之下，富可敌国的斯特罗齐家族仅承担了菲利皮诺绘制壁画的斯特罗齐小教堂大约一半的装饰费用。[3]

文献资料没有列出卡拉菲为了得到并装饰这座小教堂所承担的其他成本，更没有记录他所得到的回报。这些我们必须从当时的社会常态和这个委托项目的性质去推测。毫无疑问，卡拉菲希望神明帮助他实现救赎。菲利皮诺绘制的祭坛壁画《童贞玛利亚报喜》，以视觉语言表达了他的这种愿望：圣托马斯将俯身跪地的红衣主教介绍给童贞玛利亚，而玛利亚似乎在转向赞助人并向他表示感谢。卡拉菲的这项伟大项目纪念的就是这两位圣人，1493 年的一份教皇诏书立刻将他最近完成的小教堂变成了这两位圣人的礼拜点。这份诏令的颁布是卡拉菲地位的又一反映，它让礼拜者在圣母和圣托马斯诞辰之日来教堂参加诞辰盛会。在圣母诞辰会上，圣天使兄弟

---

① Melissa Meriam Bullard, “The Magnificent Lorenzo: Between Myth and history,” in Politics and Culture in Early Modern Europe: Essays in Honor of H. G. Königsberger, ed. Phyllis Mack and Margaret C. Jacob (Cambridge and New York: Cambridge University press, 1987) , 49.

② Giorgio Vasari, Lives of the Painters, Sculptors and Architects, trans. Gaston du c. de Vere, ed. david ekserdijan (London: Everyman’ s Library, 1996) , 1:568 (Life of Filippino) . Vasari claimed, however, that the figure did not include the cost of assistants or of the expensive blue pigment. ducats had roughly the same value as florins.

③ For the Strozzi chapel, see eve Borsook, “documents for Filippo strozzi’ s chapel in santa Maria novella and other related papers,” Burlington Magazine 112, no. 813 (1970) : 738 note 20; and see the discussion in chapter 5 of this volume.

会会来卡拉菲教堂参加年度游行。而在圣托马斯诞辰会上，教皇本人会在祭坛上主持弥撒，红衣主教们也会参加弥撒仪式。每年的布道文通常是由卡拉菲赞助了其关于圣托马斯的研究的学者撰写的。红衣主教们在听这些布道的时候，他们可以欣赏到卡拉菲教堂描绘的圣托马斯的故事。其中一幅故事画《十字架的奇迹》，要从祭坛上看效果才最佳。①弥撒仪式结束后，红衣主教们会参观这座小教堂。

卡拉菲肯定希望圣托马斯和圣母能够知道菲利皮诺绘制的关于他们俩的壁画激励人们的善行。在前一章我们讲到过，保罗·科特西认为这座教堂的壁画对有博学之人的确能产生这种影响。红衣主教和博学的多米尼加派修士们肯定属于这类人。他们可以阅读拉丁语题词（肯定是由赞助人或赞助人资助的学者撰写的），他们还可以在描写圣托马斯的文字中辨认出它们的来源。博学的多米尼加派修士肯定也能领会得到：卡拉菲通过菲利皮诺《对异教徒的胜利》中的细节，表明了他支持对圣托马斯的这种解读。这位红衣主教在推扬人们对圣托马斯的崇拜的同时，还试图打动、影响并激励这些博学的观众。

卡拉菲还希望其他红衣主教们能够推选他为教皇。1492 年，他差一点就实现了这个目标，1503 年又是如此。尽管红衣主教们明显不是主要根据卡拉菲的艺术赞助行为做此决定的，但是，卡拉菲使用他的委托项目创造了一种个人形象：他配得上教皇之位。因此，他的小教堂内的装饰在很多具体特征方面，从祭坛壁画中下跪的捐

① The composition of the frescoed lunette above the Triumph of Saint Thomas appears oddly lopsided when viewed from within the chapel, but those looking at it from the high altar can see only the left-hand scene, the Miracle of the Speaking Crucifix. The miraculous painting itself is now in the carafa chapel in San Domenico, Naples, and may have been in the family’s possession in the late 1400s.

赠者和题词，到廊道和栏杆，都像极了罗马的西斯廷教堂——刚刚竣工的教皇西克斯图斯四世的小教堂。

用乔瓦尼·伯恩塔诺 1498 年的一篇论文的话说就是，卡拉菲的很多委托项目都表达了“富丽堂皇的特点”。这位作者是卡拉菲熟识的一位人文主义者和政客，很简明地指出了这位红衣主教在他的艺术赞助项目中得到的又一项基本回报。权贵们尤其想要“得到长期的声誉，对此人们的渴望是无止限的”[①]。在下一章我们会讨论到，要想展示富丽奢华需要付出高昂成本；伯恩塔诺认为，“富丽奢华乃金钱之果”[②]。尽管卡拉菲为卡拉菲教堂付出了 2000 达科特，但是，这算不上重大牺牲，因为我们可以推测，卡拉菲拥有的财富数额十分巨大。仅仅数年后，据说他又花了 15000 达科特，用于那不勒斯大教堂内一座小教堂的建造和大理石装饰。[③]文艺复兴时期的红衣主教都收入不菲，而卡拉菲本可以在他位于罗马的小教堂上花的钱更多。例如，他本可以为自己树一座自己的大理石雕塑，在那不勒斯的小教堂里他就是这么做的（图 2.2）。卡拉菲还委托别人创作了一幅戴带半身雕塑像的大理石浮雕，这幅浮雕创作在其一名家族成员的墓冢上，该墓冢位于那不勒斯另一座教堂。那他在罗马为什么没有这样做呢？

卡拉菲在罗马的小教堂，尽管在某些方面极尽富丽奢华，但是受到了其他因素的限制；因为卡拉菲必须保持礼仪体统。由于有付出惨重社会成本的风险，他决定不在他的罗马小教堂委托创作某些艺术作品，比如大型大理石半身雕塑。赞助人在西斯廷教堂只出现

---

① Giovanni Pontano, I libri delle virtù sociali, trans. and ed. Franceso Tateo（Rome: Bulzoni, 1999）, 180.

② Ibid., 164.

③ Diana Norman, “The succorpo in the cathedral of naples: ‘empress of all chapels,’” Zeitschrift für Kunstgeschichte 49, no. 3（1986）: 355.

图 2.2　托马索・马尔维托：奥利维罗・卡拉菲半身塑像，那不勒斯大教堂苏克尔波教堂
卢西亚诺泛艺术档案馆，那不勒斯

过一次，那一次是以下跪的姿势出现在佩鲁基诺的祭坛壁画（现在这幅壁画已经被米开朗基罗的《最后的审判》给取代了）中。可能红衣主教卡拉菲（他也想获得西克斯图斯四世的教皇之位）认为做出“僭越”教皇之举是不合体统的。在菲利皮诺的壁画中卡拉菲也只出现过一次——以下跪的姿态出现在祭坛壁画中；赞助人否决了再次设立肖像或雕像的想法，《对异教徒的胜利》的初期图纸反映

了这一点。卡拉菲很可能想要树立谦逊简朴的名声——那个时代的人们很赞赏这两种品质。这也可能是他明明知道在罗马购置一间宫殿要更划算一些却偏偏只租用了一间宫殿的原因。[①]卡拉菲这么做是为了避免触怒其他红衣主教。他呈现在世人面前的是，一个只对上帝的荣耀感兴趣，而不慕个人虚荣的形象，这是为自己博得教皇候选人资格的策略（但最终没有成功）。然而，他的这种做法是如此高明，以至于利用他及其家族的重要地位打动了当代和将来造访这座小教堂的访客。因此，作为回报，这项委托项目后来成为了意大利文艺复兴时期最重要的艺术委托项目之一。

社会效益

卡拉菲想要从他的委托项目中获得的东西不仅仅是具有像他这样崇高社会地位的赞助人的追求。这位来自那不勒斯的出身于贵族的红衣主教，与佛罗伦萨商人乔瓦尼·托尔纳博尼有着共同目标，后者在他 1485 年与戴维德和多梅尼科·兰达约签订的合同中，表达自己的目标。托尔纳博尼明确指出，他委托创作新圣母玛利亚大教堂内他的小教堂的壁画是“展现对上帝的虔诚与爱的行为，是为了提高他的家庭和家族，是为了改善上述教堂和小教堂”（图 2.3）。[②]当时流行着多年前的一段话，另一位佛罗伦萨赞助人兼商人，在写给后代的便函中说，他的艺术委托项目带给他“最大的满足和最大

---

① On the cost of housing, see d. s. chambers, “The housing problems of cardinal Francesco Gonzaga,” Journal of the Warburg and Courtauld Institutes 39（1976）: 21–58.

② D. S. Chambers, Patrons and Artists in the Italian Renaissance（Columbia: University of South Carolina press, 1971）, 173–75.

图 2.3　多梅尼科·兰达约：新圣母玛利亚大教堂托尔纳博尼教堂，佛罗伦萨
图片提供者：Photo Scala，佛罗伦萨，1997
◎版权所有：Photo Scala，佛罗伦萨

的愉悦，因为它们是为了上帝的荣耀，为了城市的光荣，为了我自己的名垂千古”[①]。

在《意大利 15 世纪的绘画与经验》(1972)——现代最具影响力的文艺复兴时期艺术研究之一——中讨论鲁切拉伊里的话时，迈克尔·巴克森德尔认为：“揣测个人顾客在委托创作绘画作品时候的动机是没有什么意义的。”然而，我们认为，通过确认他们预期的回报，我们可以更好地理解委托人和代理人（或者用巴克森德尔的话说，就是顾客与艺术家）所做的选择。例如，为城市争得光荣的愿望，会很自然地与市民赞助人产生共鸣。1406 年，锡耶纳的执政者们商量让塔代奥·鲍尔托利在市政厅绘制壁画“装饰小教堂并给我们的城邦带来荣耀”[②]。私人赞助人，是这本书的主要关注对象，他们既想从他们的天国观众那里获得回报，又想从他们的人间观众那里获得回报，我接下来将重点讨论的就是他们的人间观众。

无数的论文、书信以及遗嘱（这里我们每样仅举一例）都说明了艺术在建立和提升声誉方面的作用。人文学者莱昂·拜提斯塔·阿尔贝蒂在他的《论建筑艺术》一文中写道：“我们建造了如此伟大的杰作，它们在我们子孙后代眼中依旧宏伟壮观；同样，我们精心装饰着我们的亭台楼宇，既是为了个人的炫耀，又是为了彰显家族和国家的尊贵。”[③]这些言词恰好适用于他的祖先在佛罗伦萨圣十字教堂委托创作的艺术作品（这将在第六章论述）。阿尔贝蒂家族除了其他作品

---

① Michael Baxandall, Painting and Experience in Fifteenth Century Italy: A Primer in the Social History of Pictorial Style, 2nd rev. ed. (Oxford: Oxford University Press, 1988) , 2.

② Michelle o’Malley, The Business of Art: Contracts and the Commissioning Process in Renaissance Italy (New Haven and London: Yale University Press, 2005) , 105.

③ Leon Battista alberti, On the Art of Building in Ten Books, trans. Joseph rykwert, Neil Leach, and Robert Tavernor (Cambridge, Ma: MIt press, 1988) , 291.

外，还在这座教堂定制了一座非常耀眼的墓冢。他们可能是受到了商人菲利波·斯特罗齐的一番惊人论断的鼓舞，这番言论出自一份计划为他的一位逝世亲属建造墓冢的私人信件："荣耀属于我们而非逝者，将墓冢打造得华丽一点可以给我们自己带来光荣。"[①]毫无疑问，这些赞助人也会出于宗教信仰的考虑，做出他们的"艺术"决定。出于同样的理由，威尼斯贵族兼高级教士乔瓦尼·格利玛尼于 1592 年，在他的第一份遗嘱中命令出售他的遗产。他担心自己"触怒了上帝，因为他聚敛钱财，还把那么多本可以花在慈善事业上的钱财浪费在追求虚荣浮华上"[②]。然而，六个月后这位伟大的收藏家就改变了心意，"为了格利玛尼家族的荣誉"，他要求把宝石和奖章送给他的外甥。建筑遗迹、大理石墓冢，以及各种收藏品可以让赞助人获得崇高的——对于有些人来说是最高的——声望与荣耀的回报。

伯恩塔诺在写于那不勒斯的著作中，提到了"装饰物"（比如雕塑、绘画，以及织锦挂毯）的审美愉悦，但是，他没有称之为赞助人的动机。"它们看起来赏心悦目，它们给主人（即物品的所有者）带来荣耀，因为屋里的很多客人能够观赏到它们。"[③]伯恩塔诺解释了富丽奢华的委托艺术项目是怎么宣扬赞助人身份的，以及这些信息是怎么产生回响的："用这种方式建造的建筑，会吸引远近的访客来欣赏它们，会吸引诗人与作家来颂扬它们。"[④]的确，很多诗歌——

---

① Creighton E. Gilbert, Italian Art 1400–1500: Sources and Documents, 2nd rev. ed.（Evanston, IL: Northwestern University press, 1992）, 411–12. similarly, Pontano, I libri, 192, wrote about twenty years later that patrons of tombs must consider how best to preserve the fame not only of the person to whom the tomb is dedicated but also of the person who dedicated it.

② Evelyn Welch, Shopping in the Renaissance: Consumer Cultures in Italy, 1400–1600（New Haven and London: Yale University Press, 2005）, 292.

③ Ibid., 232.

④ Pontano, I libri, 184.

从16世纪开始，还有各种发表的书信、游记及论文——都提到了艺术作品。通常情况下——尤其是肖像塑像、墓冢，以及宫殿——赞助人自己也会被提及。得益于这些书面文献，他们声名远播。

在文艺复兴时期，我们发现了一个现在已经熟悉的概念：赞助人的名字总是跟著名艺术家联系在一起。在大约1569年，一份写给巴托洛米奥·阿玛纳提，一位雕刻家兼建筑设计师，古列尔莫·德拉·波尔塔这样描述他的一个论文计划：

> 论文将简短地讨论一些著名君主，他们慷慨大方，使我们很多同行的技艺达到了登峰造极的地步，比如高贵的朱利亚诺与伟大的米开朗基罗；鲁多维科·艾尔·摩洛公爵与莱昂纳多·达·芬奇；教皇利奥十世与乌尔比诺的拉斐尔；教皇尤利乌斯二世与布拉曼特；教皇保罗三世与安东尼奥·达·圣加洛；奥里亚总督安德烈亚·多里亚与佩里诺·德尔·瓦高……著名红衣主教安托万·皮里诺特·德·格拉维拉与莱昂纳（莱奥尼）·阿雷蒂诺……等等。[①]

鉴于赞助人对未来观众的重视，他们肯定预料到了他们现在不仅声名远播，而且名垂千古。今天的游客全都涌进博物馆和宫殿，欣赏恢弘富丽的文艺复兴的艺术作品，这些作品的赞助人通常都能找到。数百年后，这些游客仍能感受得到这些人惊人的财富与地位，

---

① Werner Gramberg, Die Düsseldorfer Skizzenbücher des Guglielmo della Porta (Berlin: Mann, 1964) , 1:126. The name of Michelangelo’ s patron is presumably an error for Lorenzo the Magnificent, Giuliano’ s brother. For mention of Morone, in a very rich essay on literary refer ences to art, see Giovanni Agosti, “scrittori che parlano di artisti, in Quattro e cinquecento in Lombardia,” in Barbara agosti et al., Quattro pezzi lombardi: (per Maria Teresa Binaghi) (Brescia: Edizioni L’ Obliquo, 1998) , 89 note 146.

因为他们在委托艺术项目上是如此铺张阔绰，慷慨大方。

艺术所带来的声望，对意大利中世纪晚期和文艺复兴时期的赞助人来说尤为重要。正如戈尔德斯韦特指出，有权有势、家财万贯的意大利家族缺少一些有价值的东西，这种东西必须能够出现在别的地方打动其他家族和普通大众。[①]擂台比武能够产生一定的效果，但是，这些体育活动只是对真正战斗的拙劣模仿，这些比武通常都带着北欧贵族的华贵庄严。意大利的商人们有令人尊敬的仆从，但在英格兰、法兰西以及德意志诸邦，缺少奴仆和成群精英追随者。

这种宣示地位的局面在佛罗伦萨尤为错综复杂，因为这种做法能够增进权势和尊贵。13 世纪末期，新成立的共和政府将旧贵族、旧富豪排挤出了最有权势的政府部门。[②]随着时间的推移，佛罗伦萨出现了一个新贵族阶级，他们模仿被剥夺了政治权利的旧贵族的行为，恰似 18 世纪末期，纽约的富人在习惯和装扮上模仿英格兰绅士和贵妇。文艺复兴时期富裕的佛罗伦萨商人，以及（较低的程度上）整个意大利的精英阶层，需要一种机制来确立并证明他们的新地位。艺术是一个绝妙的机会，它可以让个人宣扬他们的地位并确立他们的身份。

在佛罗伦萨，几个最重要的艺术与建筑赞助人来自被长期放逐的家族，比如阿尔贝蒂家族、美第奇家族以及斯特罗齐家族。在 1430 年代，在阿尔贝蒂家族被放逐后，人文学者利昂·巴蒂斯塔·阿尔贝蒂写就了他广为传读的著作《家族》一书。值得注意的是，在讨论花费在荣耀和地位上的钱财的时候，他称这些介绍到的艺术作品是

---

① Richard Goldthwaite, Wealth and the Demand for Art in Italy, 1300–1600（Baltimore and London: Johns Hopkins University Press, 1993）, 200.

② John M. Najemy, “Florentine politics and urban spaces,” in Renaissance Florence: A Social History, ed. Roger J. Crum and John T. Paoletti（Cambridge and New York: Cambridge University press, 2006）, 25–26.

“我们祖先”委托创作的。[①]他的这些言词，传扬了这些遗迹的声名，但是，这些艺术作品也传达了自己的信息：它们装饰着人人皆可目睹的族徽与标志。因此，委托创作艺术与建筑作品可以带来长期的宣传效益，这是其他形式的炫耀性消费所不能实现的。即便家族难续往日辉煌了，他们的族徽也不会从建筑上抹去。[②]

在所有大型城市皆可见权力的频繁更替变迁，这使得人们尤为关注自己的政治地位。佛罗伦萨最有权势美第奇家族，在不到百年间就至少被放逐了三次。倘若不是因为美第奇家族的崇高地位广为人知的话，他们被放逐的次数恐怕会更多，时间更长。尼可罗·马基雅维里认为，正是科西莫一世的谨慎、财富以及生活作风“使得他深受佛罗伦萨公民的爱戴，受到意大利乃至整个欧洲的君主的重视”[③]。

值得一提的是，刚刚结束短暂放逐回到佛罗伦萨，科西莫就建造了宏伟的城内宅第。由于他最近不在佛罗伦萨，美第奇家族的领导人尤其需要宣示自己家族在当地坚实牢固而不可或缺的地位。弗朗西斯科·圭恰迪尼在他 16 世纪初期的著作中，公允地预测道，科西莫委托创作的艺术作品将会使得他的声名万古长存。[④]艺术与建

① Patricia Lee Rubin, Images and Identity in Fifteenth-Century Florence (New Haven and London: Yale University Press, 2007) , 19.

② Ibid.,20. we find a parallel in modern-day philanthropy, given that donors’ names usually remain on buildings even after they encounter severe legal difficulties.

③ Niccolò Machiavelli, Istorie Fiorentine, ed. Franco Gaeta (Milan: Feltrinelli Editore, 1962) , 462.

④ Patricia Lee Rubin, “Magnificence and the Medici,” in The Early Medici and Their Artists, ed. Francis ames-Lewis (London: Birkbeck College, 1995) , 47. In a similar vein, Francesco Barbero encourged cosimo to donate funds to a Venetian church because that would contribute to his fame in both Venice and Florence; a. d. Fraser Jenkins, “cosimo de’ Medici’ s patronage and the Theory of Magnificence,” Journal of the Warburg and Courtauld Institutes 33 (1970) : 164. On magnificence, also see Rubin, Images and Identity, esp.31-42.

筑作品甚至让银行家和商人赢得了北欧封建地主士绅们的尊重。在接下来的数百年间，美第奇家族的国际地位与声望与日俱增，四处传扬。这甚至使他们在“婚姻市场”——欧洲文艺复兴时期结交权贵的成功阶梯——大获成功。1565 年，弗朗西斯科·德·美第奇一世娶了奥地利的乔安娜，她是神圣罗马帝国皇帝查尔斯五世的姊妹，著名的哈布斯堡家族成员。

宏伟的公共建筑有助于政治稳定，这一点亚里士多德就已经提到过，而加尔瓦诺·菲亚马在 1330 年代初期的一篇关于米兰领主阿佐·维斯孔蒂的著作中，也阐述了这一概念：“人们看着这些精美绝伦的宅第，全神贯注地伫立着，陷入热忱强烈的仰慕……正因如此，他们确信，这位权贵的权势是如此之盛，想要伤其毫发都是不可能的。”[①]一百年后，阿尔贝蒂表达了一种紧密相关的观点：美物对公众的特殊影响保护这些建筑免受毁坏。[②]科特西于 1500 年代初期为红衣主教们写的一本书称，美轮美奂的建筑“很容易让观赏者打消破坏它们的念头”，这本书还提到了数则闹事群众毁坏缺少建筑价值的建筑的实例。他建议他的读者住那些“端庄典雅、富丽辉煌使观者头晕目眩，赞叹不已”的房子。[③]

赞助人得到的另一个“政治”效益（可以引用古代的事例描述）吸引了乔瓦尼·鲁切拉伊的注意。这位佛罗伦萨建筑赞助人，在他的私人备忘录中指出，盖乌斯·屋大维“被推选为罗马执政官，这

---

① Paula Spilner, “Giovanni di Lapo Ghini and a Magnificent new addition to the palazzo Vecchio,” Journal of the Society of Architectural Historians 52（1993）: 458.

② Goldthwaite, Wealth, 219.

③ Kathleen Weil Garris and John F. d’amico, “The Renaissance Cardinal’s Ideal Palace: a Chapter from Cortesi’s De Cardinalatu,” in Studies in Italian Art and Architecture: 15th through 18th Centuries, ed. Henry A. Millon（Rome: American academy in Rome, 1980）, 89.

是他们家族的首例，因为他建造了一座美轮美奂的宫殿……这座宫殿承载着尊贵与声誉，因为它象征着秩序与法统，他明白正是这座宫殿让他获得了人民的青睐与爱戴。”[①]鲁切拉伊认为，恢弘华丽的委托项目还能带来更加普遍的“好感”。佛罗伦萨的商人们试图通过赞助项目提升自己的声望的时候肯定知道这一点。多年后，另一位在1460年代从事写作活动的佛罗伦萨作家，对一群在卢卡·皮蒂新家集会的反对美第奇家族的颇有权势的佛罗伦萨人作了这样一番评价：“他们承认美第奇家族有这种声望，而且他们也会造访美第奇的宅第从而增加这种声望。他们这么做是为了限制皮耶罗·[迪·科西莫]·德·美第奇，先前人们不管私事还是公事都习惯要找他咨询意见。”[②]那么，就像今天一样，某些访客可以增强主人的身份地位，并显示其政治背景。

波提且利在佛罗伦萨创作的《三圣贤之旅》(Adoration of the Magi)，说明了赞助人是怎么利用艺术博得当地统治者的好感的（图2.4）。[③]这幅画中有几个著名人物的肖像，包括科西莫·德·美第奇、科西莫的儿子皮耶罗·德·美第奇和科西莫的孙子洛伦佐与朱利亚诺。在当时和现在大多数观众看来，这些肖像表明，赞助人贾斯贝尔·德尔·拉马——一位小经纪人与美第奇家族关系密切。但实际上，德尔·拉马与美第奇家族并没什么重要联系，很明显，他只是想用这幅祭坛壁画取悦美第奇家族。洛伦佐是佛罗伦萨的实权统治者，而洛伦佐的兄弟朱利亚诺与赞助人同属一个行会。著作家们一般认为，在波提且利创作了这部作品后，1476年，人们谴责德

① Dale Kent, Cosimo de’ Medici and the Florentine Renaissance: The Patron’s Oeuvre (New Haven and London: Yale University Press, 2000), 220.

② For citation and discussion, see Rubin, Images and Identity, 12.

③ Rab Hatfield, Botticelli’s Uffizi “Adoration”: A Study in Pictorial Content (Princeton: Prince ton university press, 1976).

图 2.4　多梅尼科・兰达约：新圣母玛利亚大教堂托尔纳博尼教堂，佛罗伦萨
图片提供者：Photo Scala，佛罗伦萨，1997
◎版权所有：Photo Scala，佛罗伦萨

尔·拉马涉嫌欺诈。最后没人愿意出手帮助德尔·拉马，美第奇家族虽然乐于接受大家的奉承，但他们可能觉得欺诈行为确实有点令人反感。[①]

如果这位赞助人能够献给美第奇家族一点特别的东西，那他的遭遇可能就没这么惨了。例如，1621 年，尼可罗·阿维拉尼在曼图亚接受审判，他用自己收藏的几幅名画作为“礼物”献给费迪南多公爵，换取了他的宽恕。[②]贡扎加的公爵们，像其他艺术中心的统治者们一样，利用他们独特的地位委托艺术家创作画作和雕塑，然后将这些艺术品作为礼物献给更有权势的领导。这些艺术作品中，柯勒乔的《朱庇特之爱》(Loves of Jupiter) 是由费德里科（二世）· 贡扎加公爵献给神圣罗马皇帝查尔斯五世的，而布龙齐诺的《爱的寓言》(Allegory of Love) 是由科西莫·德·美第奇公爵献给法兰西国王弗朗西斯一世的，这些艺术作品不但表现了赞助人的深厚修养，还给他们带来了政治效益。同样，我们看到，洛伦佐·德·美第奇安排菲利皮诺为卡拉菲效劳，这样，这位红衣主教就欠了这位佛罗伦萨领袖一个人情。

---

① Though this dating and reasoning remain plausible, we should also consider that del Lama, immediately after his disgrace, would have had a good reason to ask Botticelli to include the Medici portraits.

② For this and other examples of forced gifts in exchange for political favors, see Guido Rebecchini, “Il mercato del dono. Forme dello scambio artistico a Mantova tra cinque e seicento,” in Tra committenza e collezionismo: studi sul mercato dell’ arte nell’ Italia settentrionale durante l’ età moderna, ed. enrico Maria dal pozzolo and Leonida tedoldi (Vicenza: Terra Ferma, 2003) , 113–22, esp. 115–17.

经济效益

委托艺术项目不仅仅能巩固并提升赞助人的身份地位。它们还有助于宣示政治关系，这通常能够带来经济效益：学者有可能得到一份肥差，商人可能被减免税负。在 16 世纪，我们发现有几位意大利赞助人，通过宅第外墙上的文字或标志宣示他们对统治者的忠心。例如，佛罗伦萨的拉芙利蒂尼家族和潘多尔菲尼家族都这么干过，米兰的利昂・莱奥尼也是如此。[①]就绘画作品而言，最明显的拍马屁方式就是，在画作中带上政治领袖的肖像，就像德尔・拉马想在波提且利的《三圣贤之旅》中做的那样。这种世故圆滑的做法，要由委托人自己做决定，若是代理人提出这种想法，他们要么会同意，要么会拒绝。

非常惹人注意的委托艺术作品，产生的经济效益要更直接一些。第七章讨论的一封书信，说明了利昂・莱奥尼华美的宅第、仆从以及马匹所产生的影响。它们让他的一位同辈相信，可以放心地将大量金银交给一位雕塑家。其他人对惹人注意、成本高昂的委托艺术项目的感觉肯定也是这样。艺术投资能够传达出事业成功和财务稳定的信息，有时候又宣示这些是不期报答的善义之举。这些信息在欧洲近代早期产生了强烈共鸣，因为那时候的经济活动必须仰赖信誉。意大利并非一个完全依靠现金的社会；不仅是大型银行、企业，甚至连小型商铺都会混合经营现金业务、易货贸易，以及借贷业务。尽管建筑工人收到的是常规的薪水，这要求赞助人手中必须要一定现金，但是，富人们希望商人允许他们赊欠大笔货款。“个人形象装

① For the Florentine examples, see Michael Lingohr, “palace and Villa: spaces of patrician self-definition,” in Renaissance Florence, 269. For Milan, with references to other examples in northern Italy, see chapter 7.

扮与家庭财产不仅是显示社会地位与社会威望的标志，”伊夫林·韦尔奇最近指出，“它们还是信誉的关键指标”①。我们认为，艺术与建筑具有类似功能。一个在市中心拥有豪宅，并且拥有一间装饰华丽的小教堂的人，交易人、丝绸商人、鱼贩，交易货物的时候，是比较愿意相信他或他的家人、仆人偿还钱款的承诺的。同样，一座在一楼不经营商铺的宅第，清晰地宣示了这家人的富足。（作为一项额外效益，至少在佛罗伦萨，仅作家用的建筑，是可以免除税费的，这是文艺复兴时期针对富人的一项税负减免政策。）②卡尔·马克思评论道，“奢华”是一种“商业需要”，是一种“展示财富的手段，最终成为了信誉的来源”。③

为了装阔气撑门面，赞助人一般不会售卖自己的房产。韦尔奇在分析一位 1400 年代的佛罗伦萨商人弗朗西斯科·卡斯泰拉尼的时候指出，他“为了维持自己的声望他被迫大肆挥霍……他的政治信誉和社会信誉从根本上依赖于他家人的衣食和送给朋友以及潜在盟友的礼物”④。只要有可能，卡斯泰拉尼就会使唤自己的仆人和朋友，秘密地进行借款和典当等行为，因为这些行为可能会暴露他窘迫的财务状况。可能正是出于掩盖短暂资金短缺状况（他希望是如此）的考虑，卡斯泰拉尼没有售卖圣十字教堂（城中最著名的教堂之一）内久负盛名、价值不菲的家族小教堂。⑤1486 年，菲利波·斯

---

① Welch, Shopping, 92.

② Lingohr, “palace,” 253.

③ As quoted in Pierre Bourdieu, Distinction: A Social Critique of the Judgement of Taste, trans. Richard Nice（Cambridge, Ma: Harvard University Press, 1984）, 287 note 21.

④ Welch, Shopping, 226–27.

⑤ Though it is possible that Francesco Castellani did not have the authority to make this sale, the need to keep up appearances probably kept many impoverished chapel owners from ceding their patronage rights.

特罗齐花了相当大的一笔钱（300 弗洛林；一名劳工至少工作 14 年才能挣到的工资），从一个没落家族手里购买了新圣母玛利亚大教堂内的一座小教堂。[①]这种出售活动，会立刻传达出危险的信息，而卡斯泰拉尼不惜一切代价也要避免传达出这种信息。

经济成本

委托艺术项目的经济效益是非直接的，难以衡量的。但是，它们的经济成本却是相当确切的。尽管原因通常不是现代观众猜测的那样的，但是，本文考虑的所有艺术项目的经济成本都是非常直接，且非常高昂的。直到 16 世纪，大型圣坛画的材料成本通常要比人力成本要高，甚至比著名艺术家的人力成本都要高。镀金木框通常比它们装饰的画作还要昂贵。壁画是一种最经济的墙面装饰，而挂毯则是最昂贵的墙面装饰，这反映了它们的材料成本。例如，在西斯廷教堂，教皇尤利乌斯二世向米开朗基罗支付了 6000 达科特的劳务费和拱顶壁画的材料费；尤利乌斯的继任者教皇利奥十世，为侧墙上十幅挂毯的草图或全幅图纸向拉斐尔支付了 1000 达科特，但是，这些挂毯作品，包括纺织和金丝银线在内的总成本，大约为 15000 达科特。[②]再看建筑项目，文艺复兴时期跟今天一样，支付给主要

---

① J. R. Sale, The Strozzi Chapel by Filippino Lippi in Santa Maria Novella（Ann Arbor and London: Garland, 1976）, 104–8. we estimate a “man-year” of unskilled labor at about 130 lire; see discussion in the introduction.

② Charles De Tolnay, Michelangelo II: The Sistine Ceiling（Princeton: Princeton University Press, 1949）, 109–10, appendix no. 90, 248–49; John Shearman, Raphael’s Cartoons in the collection of Her Majesty the Queen, and the Tapestries for the Sistine Chapel（London: Phaidon, 1972）, 13.

建筑设计师的费用占总成本的比例很小。

文艺复兴时期的大理石和青铜雕塑作品，比类似尺寸或更大尺寸的绘画作品的成本要高得多，这反映了材料价格的差异；这代表了时价的逆转。对于文艺复兴时期大多数赞助人来说，建筑是本书讨论的艺术种类中最昂贵的一种：一座宫殿的成本比一幅圣坛画的成本至少要高十倍，通常比这还要多得多。尽管我们难以确定准确价格，但是，我们可以找到大量关于文艺复兴时期的佛罗伦萨的信息。1473 年，博吉亚尼・吉亚菲格里亚齐估计他刚完成的宫殿——于 1460 年花 2000 弗洛林（一名工人工作 83 年的工作量）购买的半成品——成本为 5000 弗洛林（一名工人工作 212 年的工作量）。[①] 戈尔德斯韦特的计算：巴尔迪・布斯尼在 1487 年为了改造他们的宫殿，花费的成本需要一名工人工作 155 年；达・加利亚诺在 1520 年代建造一面新门面花费的成本，需要一名工人工作 103 年；巴尔托利尼从 1520 年到 1533 年为建造一座重要宫殿花费的成本，需要一名工人工作 611 年；而菲利波・斯特罗齐及其后嗣为了建造文艺复兴时期最大的宅第，截至 1506 年花费的成本，足够一名工人工作 1333 年。[②]这些成本以工人每年工作量为单位进行换算后，超过了今日最奢华的私人宅第。[③]

最初的赞助人通常活不到他们建筑落成之日。卢卡・佩蒂的情况就是如此，他抱怨“债务缠身，成千上万的弗洛林”，菲利波・斯

---

① Brenda Preyer, “around and in the Gianfigliazzi palace in Florence: developments on Lungarno corsini in the 15th and 16th centuries,” Mitteilungen des Kunsthistorischen Institutes in Florenz 48（2004）: 55–104, esp. 66.

② Richard A. Goldthwaite, The Building of Renaissance Florence: An Economic and Social History（Baltimore and London: Johns Hopkins University Press, 1980）, 399–400. For these buildings he evaluated a man-year of unskilled labor as 150 lire.

③ If an unskilled construction worker earned $40,000 per year, 155 man-years would be $6,200,000, and 1,333 would be $53,320,000.

特罗齐也是如此，他同时代的一个人称他被自己的宫殿“主宰奴役”了。[1]一些佛罗伦萨人甚至因为建筑楼宇而破产，例如，乔瓦尼·博奈不得不售卖自己刚刚完成的宅第。这些事情表明，赞助人为了宣示自己的财富与地位，愿意承担惊人的成本，这也是他们愿意承担的风险。

社会成本

除了要承担委托项目的经济成本，赞助人还得承担“社会成本”。这种情况通常发生在艺术作品传达出的信息与赞助人的期望不一致的时候。不算坏的情况是，观众可能会错过某一委托艺术作品的预期信息；最糟的情况是，艺术作品得到负面的口碑。艺术作品不能传达出赞助人预期信息的原因有四。第一，因某种原因不能完成的艺术作品，通常会使赞助人处境尴尬，颜面无光。在奥维多，大教堂工程委员会在一次会议上称，由于弗拉·安吉利科四十年前开始创作的系列壁画到现在仍未完成，委员会“颜面尽失”。[2]尽管没有文献记载当时锡耶纳人民的看法，但是，当这项雄心勃勃的“新大教堂”计划被弃置的时候，工程委员会的委员们肯定感到无比羞愧。

第二，归属权的急剧变化，比如，没收充公、政治失意、破产倒闭等常见问题导致的归属权变化，会不可避免地改变艺术品的意义。通常这种情况不仅会使原来的赞助人失去自我宣传的机会，甚

---

① For the quotes by Luca Pitti and Luca Landucci, see F. w. Kent, “palaces, politics and society in Fifteenth-century Florence,” I Tatti Studies 2 (1987) : 50.

② O’ Malley, Business, 107.

至还会损害他的身份地位。有时候，新赞助人会因由别人开始的艺术作品受益匪浅，教皇利奥十世就是如此，他的名字被醒目地题写在了拉斐尔的《赫利奥多罗斯的房间》（Room of Heliodorus）上；这个壁画系列是尤利乌斯二世委托创作的，在他活着的时候就已经快要完成了。

第三，图像的象征隐喻可能过于深奥复杂，让预期观众难以领会其中意图。例如，1475年，人文学者乔瓦尼·奥雷利奥·奥古维利参加佛罗伦萨的一场骑士比武的时候，他就没有看懂朱利亚诺·德·美第奇带来的绘画横幅。尽管他是以积极的口吻描述这件事情——“所有人都有自己不同的观点，谁的观点都和别人的不一样。这比图画本身有趣多了”——但是，赞助人可能会觉得这种象征隐喻上的暧昧不明是一种损失。[①]同样，想要展示渊博的知识可能会产生适得其反的效果，就好像一句妙语说在了不合时宜的场合，或是被听者误解了。16世纪末年，这种厄运正好降临在了巴托洛米奥·瓦洛里的头上。他决定用著名佛罗伦萨人物的雕像——石头底座加上雕刻的头像——装饰自己在佛罗伦萨的宫殿的门面，这种做法招致了当时的著作家们的猛烈抨击。有一位诗人指责说，这些雕塑冒犯了本该得到尊重的人物——他们像罪犯一样被钉在尖桩上。他还觉得这些雕塑非常丑陋。[②]

风格或质量很差劲的艺术作品是第四种，也是最重要的一种不能传达正确信息的例子。在写给皮亚琴察大教堂建筑委员会的一份书信中，莱昂纳多警告称，如果委员会的委员们急于挑选一位艺术

---

① Salvatore Settis, Giorgione’s Tempest: Interpreting the Hidden Subject, trans. Ellen Bianchini (Chicago: University of Chicago Press, 1990), 128.

② Robert Williams, “The Façade of the Palazzo dei ‘Viascci,’” I Tatti Studies 5 (1993): 225.

家为他们制作青铜大门，“你们就有可能挑选到一些技艺不纯熟的艺术家，你们的子孙后代可能会因此指责你们”①。莱昂纳多虽然有自己的私心，但其谨小慎微的态度却是很中肯的。实际上，公民委员会的一名成员在一次讨论市政厅新绘画的会议上，表达了几乎一样的观点：“如果该作品不够优秀……那么，它带来的更多是耻辱而不是荣耀，即便它是以低价购置的，那它也是毫无用处的。”②为了避免遭受这种厄运，委托人为这次委托项目寻找了一位著名代理人——菲利皮诺·里皮。

1490 年代的一位诗人斯特拉佐拉的一篇诗作说明了低劣艺术作品带来的高昂口碑成本，诗的题目为“金泰尔·贝利尼的油画传达了什么”。这首诗能够说明问题的句子是：“所有看到我拙劣画作的人 / 都会忍不住嘲笑我。”③这种反映就是赞助人最糟糕的噩梦，这正是巴托洛米奥·瓦洛里为他的宫殿门面付出的代价。尤其在佛罗伦萨，有学识的观众尤其会写作和发表文章，抨击他们认为不得体或低质粗劣的大型艺术委托项目。④但是，一件艺术作品即使得到了负面的口碑，还是有一线希望的。数十年或数百年后，赞助人死

① Leonardo da Vinci, Leonardo on Painting: An Anthology of Writings, ed. Martin Kemp, trans. Martin Kemp and Margaret Walker (New Haven and London: Yale University Press, 1989) , 257 no. 617.

② O’ Malley, Business, 104.

③ Gilbert, Italian Art, 193; Norman E. Land, The Viewer as Poet: The Renaissance Response to Art (University Park: Pennsylvania State University press, 1994) , 95–97, with reference to other “poems of blame.” For the many poems attacking the obsure painter ombrone, see agosti, “scrittori,” 88.

④ See, for example, Louis A. Waldman, Baccio Bandinelli and Art at the Medici Court: A Corpus of Early Modern Sources (Philadelphia: American Philosophical Society, 2004) , for the many criticisms of Bandinelli’ s Hercules; and Michael Wayne cole, “Grazzini, Allori and Judgment in the Montauti chapel,” Mitteilungen des Kunsthistorischen Institutes in Florenz, 45 (2001) , 302–12.

图 2.5　米开朗琪罗：黑夜，佛罗伦萨圣洛伦佐教堂新圣器收藏室
阿奇维·阿利纳里 / 布里基曼，佛罗伦萨

后的声誉通常在新观众眼中会有所提升，有时候是因为后来的观众不了解难堪之事的渊源，有时候是因为他们的口味更加宽容。今天，欣赏文艺复兴时期艺术作品的观众们，如果能够拥有一幅贝利尼的画作或瓦洛里的宫殿将会无比激动。

米开朗基罗创作于新圣器收藏室的大理石雕塑《黑夜》（Night）（图 2.5）的讽喻，让我们瞥见了佛罗伦萨 16 世纪多变的社会效益与成本。当委托项目开始后，我们发现代理人与委托人的目标像预期的一样是一致的。米开朗基罗在美第奇家族位于圣洛伦佐的葬礼教堂，创作了一系列颂扬美第奇家族的令人瞩目的艺术作品。在他预期篆刻在朱利亚诺·德·美第奇墓冢上的题词的草稿中，米开朗基罗描述了“黑夜”（Night）及其伴侣“白天”（Day）。这两尊雕塑本身就传达了这样的信息：黑夜与白天被朱利亚诺公众地惩罚了，因为它们导致了他的英年早逝。于是艺术家表现了“黑夜”断断续续睡眠的状态，并给她增添了乳腺癌的物理症状。①

然而，在雕塑作品完成前，科西莫·德·美第奇公爵成为了佛罗伦萨的独裁者。米开朗基罗反对他，于是他离开了佛罗伦萨，并留下新圣器收藏室内未完成的雕塑。许多年后，他写了另一首关于《黑夜》的诗，这首诗在瓦萨里 1550 年的《米开朗基罗传》（Life of Michelangelo）一书中得以发表。在这些诗句中，他运用了他自己的雕塑作品中暧昧不明的象征隐喻，并将它重新解释为反抗科西莫统治的宣言。《黑夜》再一次开口说话了，但“只要伤害和耻辱还在延续”，她宁愿不被唤醒。米开朗基罗的朋友多纳托·吉瓦诺蒂并非唯一一个认识到这篇文章“与我们的时代密切相关”的人。②如果很多观众接受了米开朗基罗对《黑夜》不同寻常的样貌的新解释，那么，这件雕塑作品就会给美第奇家族带来新的社会成本。相反，这部作品的艺术质量算得上是一种效益，它表明了米开朗基罗在修正主义领域的尝试。1500 年代末期，弗朗西斯科·博奇将《黑夜》列为佛罗伦萨四大优秀艺术品之一，美第奇家族颇有见识的赞助行为仍然得到了很多到访新圣器收藏室的游客的肯定。

---

① On the Night and its reception, see Jonathan K. Nelson, “The Florentine Venus and Cupid: a heroic Female nude and the power of Love,” in Venus and Cupid: Michelangelo and the New Ideal of Beauty, ed. Franca Falletti and Jonathan K. Nelson（Florence: Giunti, 2002）, 29–40, and Jonathan Nelson and James Stark, “The Breasts of Night: Michelangelo as oncologist?” letter to the editor, New England Journal of Medicine 343, no. 21（november 23, 2000）: 1577–78.

② For the poem（Girardi n. 247）, with discussion, see Michelangelo: Poesia e Scultura, ed. Jonathan K. Nelson（Milan: Electa, 2003）, 18, 168.

限制条件

社会成本和经济成本并非限制赞助人选择委托项目的唯一因素。赞助人的行为还受到其他很多条件的限制——我们可以用经济学术语将其称为“限制条件”。其中一些限制条件是绝对而普遍的，比如，小教堂只能够有一幅圣坛画。有一些限制条件仅适用于某些捐助人，不适合其他捐助人，因此卡拉菲能够诱使菲利皮诺放弃先前的委托艺术项目。有一些限制条件，比如禁奢法律，只要花一点钱就能克服。还有一些限制条件是可以触犯的，但要承担一定风险。如果这些是经济上的限制条件，那么，其风险就是生活水平下降或政治破产。如果这些限制条件是社会规范或其他社会性限制因素，那么，其风险是严重的社会代价。在下文中，我们将举例说明那些冒险尝试失败了最后自食恶果的赞助人。

对于文艺复兴时期的艺术项目来说，一些限制条件仅限于特定的艺术委托项目（比如基督教会、市民以及社会对内容或某位艺术家可用性的限制）。其他限制条件，比如有限的空间或经济资源，迫使赞助人在数个备选委托项目当中选择。尽管所有的赞助人都会面临各种限制条件，但是，位置较好的赞助人受到的限制要少一些。因此，如果某位赞助人能够委托其他赞助人无法委托的项目（比如拉斐尔的绘画或大教堂内小教堂的墓冢），除了艺术作品本身的效果外，就能有效地显示赞助人的身份地位。

赞助人想要从委托艺术项目中获取最大回报，艺术家在这当中扮演了重要角色，因此，他们也必须处理赞助人面临的限制条件。在寻找满足委托人需求的最佳解决方案的过程中，代理人必须在受到各种限制的情况下工作，既要提升效益，又要控制经济成本和社会成本。艺术家还要留意他（偶尔也会是她）自己的审美情趣。如果我们能够认识到某一个委托艺术项目的各种限制条件，那么，我们就能更好地体会到这位艺术家的伟大成就。

空间的限制、材料的限制或经济制约因素是相对比较直接的限制条件。最微妙的限制条件是各种礼仪规则。如果不被公众注意到的话，将自己呈现为高于自己社会地位的形象的回报是十分巨大的。古代和文艺复兴时期的著作家通常都会强调，委托艺术项目必须与赞助人的社会条件相符；很明显，他们认为触犯这些限制条件的诱惑是十分巨大的。菲拉雷特在他关于建筑的论文中，甚至提出了适合特定社会阶层的房屋规划。①伯恩塔诺举了一个古籍中很实用的例子，说明了一个委托项目是怎么招致嘲笑的。有一位叫李锡尼的理发师非常富裕且出名，他为自己建造了一座奢华的墓冢。但是，与他同时代的人都觉得这样一座高贵的墓冢与他低微的社会地位是不相称的。于是就出现了这样的嘲弄警句："李锡尼躺在大理石墓冢里，而加图只能躺在一座小墓冢里，庞培甚至连躺的地方都没有。那我们还能相信上帝的存在吗？"②

类似的事情发生在文艺复兴时期的诗人巴托洛米奥·阿拉贾齐身上，这个事例记载在他的同代人莱昂纳多·布鲁尼的一封有趣的书信中。布鲁尼见到工人们在奋力搬运米开罗佐为阿拉贾齐的墓冢（图 2.6）雕刻的雕塑（现在是著名雕塑）。其中一位工人高声喊道："让所有诗人都去死吧！"为什么？因为"这位刚去世的诗人，是一位众所周知的愚蠢而自负的家伙，他竟然为自己定制了一座大理石墓冢"③。布鲁尼进一步认为，一个人的声誉应该取决于他值得称赞的艺术作品，而不是一座墓冢，他尤其鄙视那些出身低微但却

---

① Fraser Jenkins, "cosimo de' Medici' s patronage," 168.

② Pontano, I libri, 182.

③ Gilbert, Italian Art, 166–67.

图 2.6　米开罗佐：阿拉贯齐墓冢雕刻，蒙蒂普尔查诺大教堂
图片提供者：Photo Scala，佛罗伦萨，1997

委托创作宏伟纪念碑的赞助人："我不知道，你要在纪念碑上篆刻什么行为，什么事迹，是要记录你的父亲赶着驴，载着货物，在集市四处转悠的事迹吗？"即便这样的赞助人能够支付艺术作品的创作费用，他的同代人也不怎么能接受这些艺术作品。从布鲁尼提到他的翻译作品《经济学》（Economics）并将它归因于亚里士多德："如果我们能够恰如其分而优雅得体地使用我们的钱财，那么，财富是可以给我们带来声望与荣耀的"，我们可以辨别出布鲁尼发表这番抨击言论背后的动机。①

很明显，布鲁尼认为阿拉贾齐墓冢的富丽堂皇已经过分了。在文艺复兴时期的很多观众看来，逝者的声誉，而不仅仅是财富，在建造豪华墓冢时会带来显著的成本差异。除非是真正的精英，否则对于一般人来说，很多墓冢除了经济成本外，社会成本也是十分高昂的。

即便是精英阶层也要谨慎小心。1400 年代中期的一则简短对话录的题目"反对抨击科西莫·德·美第奇奢华作风之人"表明，有一些人反对这位佛罗伦萨领袖大兴土木的作风。②这则对话录的作者铁穆特欧·马菲为科西莫的奢靡作风辩护，驳斥那些抨击科西莫在建筑上花费过多的人。马菲是奥古斯丁教会的一名教士，并非一位公正不阿的著作家。他在未发表的著作中支持 1456 年科西莫出资重建菲耶索莱的巴迪亚的决定，马菲的教会于 1439 年得到这片土地。1463 年，教皇派厄斯二世写信称赞科西莫的建造计划，但他也提到有人反对这些项目，反对者认为这位赞助人是一位独裁者。③1525 年，马基雅维里评论道，科西莫总是谨小慎微，因为他

① Quoted and discussed in Rubin, Images and Identity, 36.

② Fraser Jenkins, "cosimo de' Medici' s patronage," 165.

③ Enea Silvio Piccolomini, I Commentarii, ed. Luigi Totari (Milan: Adelphi Edizioni, 1984) , 1:353–55, also mentioned in Fraser Jenkins, "cosimo de' Medici' s patronage," 165.

知道越是卓越的作品越会招致妒忌。①瓦萨里写于二十五年后的《布鲁内莱斯基传》提供了一个具体事例。在这本书中我们了解到，科西莫否决了一项建造一座大型豪华宫殿的初期计划，“这是为了避免招致妒忌而不是出于成本的考虑”②。因此，规划中的委托项目的预期口碑成本，而非这些项目所需经济成本，是该项目的限制因素。科西莫认识到，富丽奢华的委托项目会激起人们的妒忌。艺术作品甚至会成为公众愤怒的焦点。佛罗伦萨人放逐洛伦佐之子，皮耶罗·德·美第奇后，他们没收了美第奇宫殿中的收藏品，还熔化了安农齐亚塔 SS 教堂内洛伦佐及其母亲的银像。③1507 年，执政的本蒂沃利奥家族被驱逐出博洛尼亚后，市民毁掉了他们的宫殿。④

赞助人明白，他们必须注意观众——与他们处于同一阶层的社会人群、他们的下属，尤其是他们的上级领导——的敏感性。例如，当特伦特的主教委托多西·多索创作一个壁画系列的时候，他拒绝了艺术家描绘罗马被劫掠的场景的建议。这位主教在 1531 年写道，如果教皇来这里参观的话，这样的场景会非常不合适。⑤在曼图亚侯爵委托蒙塔纳在“绘画室”（Camera degli Sposi）（图 2.7）创作的绘有他的家人、神圣罗马帝国皇帝以及丹麦国王画像的系列壁画完成

---

① Machiavelli, Istorie, 459, also mentioned in Fraser Jenkins, “cosimo de’ Medici’ s patronage,” 165.

② Vasari, Lives, 1:353. For a similar comment see his Life of Michelozzo, 1:379.

③ K.J.P. Lowe, “Patronage and territoriality in early sixteenth-century Florence,” Renaissance Studies 7, no. 3（1993）: 262. For other politically motivated attacks on art, see Richard C. Trexler, Public Life in Renaissance Florence（New York: Academic press, 1980）, 123–24.

④ William E. Wallace, “The Bentivoglio palace: Lost and reconstructed,” Sixteenth Century Journal 10, no. 3（Fall 1979）: 97–114.

⑤ Creighton E. Gilbert, “What did the renaissance patron Buy?” Renaissance Quarterly 51（1998）: 433, who rightly emphasizes that the artist, not the patron, proposed the subject.

图 2.7　蒙塔纳：贡扎加宫廷，曼图亚公爵宫绘画室

后不久，他就从曼图亚驻米兰大使那里收到一封满怀忧虑的书信。大使称，米兰公爵“对于大人您没有将他画进壁画的行为甚感不悦”[①]。侯爵回信称，神圣罗马帝国皇帝是他的上级领导，而丹麦国王是他内兄，所以，最后他并没有修改壁画。如果是神圣罗马帝国皇帝本人请求他加入一个人的肖像，曼图亚侯爵的回应会有所不同吗？

教会法规通常也会给委托人和代理人施加限制。[②]例如，小教堂的装饰必须认同并歌颂祭坛祭奠的神圣人物。尤其在特伦特大公会议（the Council of Trent）后，那些被认为可能令人感到不快的画像或雕塑可以被修改或销毁。威尼斯的保罗·维罗纳斯由于坚持维护《最后的晚餐》（the Last Supper）中的一些艺术细节，不得不面临审讯调查，尽管最后他并没有移除被认为不恰当的那几处细节，而只是改了画作的题目。[③]在罗马，米开朗基罗的学生达尼埃尔·达·沃尔泰拉不得不给《最后的审判》（the Last Judgment）中的几位人物加上衣服，在原来的画作中，主人是以裸体形象出现的。这些“不合礼节”的画像引来了人们对壁画的广泛批评，几乎招致了其毁灭。[④]

通常，负责监管特定教堂的监管机构，并不会授予某些最具声望的场所的赞助权。1447 年，卡斯特罗·库尔特西提出捐给佛罗伦萨的圣十字教堂公共工程委员会一笔高达 100 万弗洛林（约合一名工人 4154 年的工作量）的巨款，为教堂建造一面华丽的门面。他要求在门面上装饰自己的标志，但是，他的要求被拒绝了，于是库

① Gilbert, Italian Art, 131.

② See discussion in chapter 5.

③ Robert Klein and Henri Zerner, Italian Art 1500–1600: Sources and Documents (1966; Reprint, Evanston, IL: Northwestern University press, 1989), 129–132.

④ For this intervention, and sixteenth-century criticism of the fresco, see Bernadine Barnes, Michelangelo' s Last Judgment: the Renaissance Response (Berkeley: University of California press, 1998).

尔特西转移了自己的赞助目标：他出资在城墙外建造了一座新教堂——圣米尼亚托教堂。这座建筑在门面上装饰着他的家族盾徽，而在教堂里面，赞助人的遗体就埋葬在祭坛前的十字架下。[①]乔瓦尼·鲁切拉伊有权在佛罗伦萨市中心久负盛名的古老教堂——新圣母玛利亚大教堂装饰上自己的名字和家族标志。[②]

私人小教堂——委托项目和雕塑的主要展示场所——的赞助人会努力避免受到教士们的指责，除非可能令人不快的行为所能带来的预期效益，超过了惩罚措施所带来的预期损失。在第五章我们将看到，这些场所展示了主人大量丰富多样的标志象征：名字、盾徽、标志以及横幅，当然还有赞助人的画像或塑像。Fra Girolamo Savonarola 以及跟他想法一致的传教士，对在宗教绘画和宗教雕塑的框架或底座上添加家族或个人标志的行为，怀有强烈的反感。有几位改革者试图与他们认为是在教堂中极度炫耀墓冢之高贵奢华的行为作斗争。1530 年，威尼斯出台的一项法规试图减少这种奢华墓冢的数量，但是，圣徒、高级教士、统治者、贵族以及捐助者可以例外。[③]最后一个类别（即捐助者）可以包含所有赞助人，这使得这项法规变得空有象征意义。在 1542 年制定的关于圣地教堂墓冢的法规中，维罗纳主教 Gian Matteo Giberti 谴责那些在圣地建造精致奢华墓冢的人有“僭越”祭坛之嫌。[④]贵族们嘴上答应接受主教的

---

① Giampola Trotta, “Le Vicende Della ‘fabbrica,” in San Salvatore al Monte:Antiquae elegantiae per un’ acropolis laurenziana（Florence: Becocci Scala Editore, 1997）, 11.

② Rab Hatfield, “The Funding of the Façade of santa Maria Novella,” Journal of the Warburg and Courtauld Institutes 67（2004）: 81–127.

③ Martin Gaier, Facciate sacre a scopo profano: Venezia e la politica dei monumenti dal Quattrocento al Settecento, trans. Benedetta heinemann campana（Venice: Istituto veneto di scienze, lettere ed arti, 2002）, 59.

④ Kathryn B. hiesinger, “The Fregoso Monument: a study in sixteenth-century tomb Monuments and catholic reform,” Burlington Magazine 118, no. 878（1976）: 283–84; Gaier, Facciate, 59.

新法令，但还是一如往常地在教堂里建造墓冢。在米兰，1565 年，大主教 carlo Borromeo 颁布了针对今后建造的墓穴的严格新法规。尽管没有真的付诸行动，但他确实考虑过将利昂·莱奥尼打造的 Gian Giacomo de’ Medici 的精致华美的青铜墓冢，连同其他“虚荣的纪念物”从米兰大教堂移走，以儆效尤，给教区的民众树立榜样。①然而，赞助人肯定能够明白这种言论中隐含着口碑成本的威胁。

一些教堂和社会规约的约束性没有其他的教堂或规约的约束性那么强，也就是说，它们在执行的时候有一定灵活性，通常金钱可以使这种灵活性变得更强。灵活的规约，甚至那些必须用钱财才能买到的“法外开恩”，算不上限制条件。很多法规，只要付出一点钱财就能免于执行。例如，在整个意大利，措辞很严厉的“禁奢法”——禁止炫耀珠宝或蕾丝等虚荣行为——但实际上，仅仅让穿戴奢侈品的富人们缴纳一点罚款就了事了。当佛罗伦萨修订本邦的法律的时候，它允许出售消费限制豁免权。②用威尼斯俗语说，这就是一种“奢侈税”，它将公民法规从一个限制条件变成了一项成本。③在下一章我们将看到，支付这种成本的能力，成为了威尼斯富人们彰显身份的又一种手段。

对同一位艺术家的巨大需求，通常会造成可用性限制。艺术家们可以拒绝，也的确拒绝过不感兴趣的邀请，比如身份低下的赞助人的邀请。最成功，技艺最娴熟高超的艺术家，比如米开朗基罗、提香及拉斐尔，几乎只为最顶级的社会精英效劳。普通赞助人即使

---

① Hiesinger, “Fregoso,” 287; Gaier, Facciate, 61.

② Sharon T. Strocchia, Death and Ritual in Renaissance Florence (Baltimore and London, Johns Hopkins university press, 1992) , 62, 212, about funerary regulations.

③ Catherine Kovesi Killerby, Sumptuary Law in Italy, 1200–1500 (Oxford: Clarendon press, 2002) , 123.

肯为一个项目支付丰厚的酬劳，也请不到一位“超级明星”。[①]在历史上，超级明星级艺术家的委托项目是显示身份的有效象征。这种委托项目虽然成本高昂，但通常不是仅用金钱能买来的东西。著名艺术家的地位，在他的艺术作品中，产生了令人感兴趣的东西，从而为赞助人提供了仅仅艺术技艺不能保证的东西：增加辨识度并显示身份地位。[②]在某些情况下，写给 Ammanati 的书信提醒我们，精英赞助人的声誉与他们支持的艺术家的声誉密切相关。

在文艺复兴时期，某些材料的可用性也是一种限制条件。今天，富裕的赞助人几乎可以购买任何建筑材料，但在我们讨论的这个时期，有一些石料，比如彩色大理石或斑岩，只能从遥远的国家或古代遗迹中得到。能够获得这些建筑材料表明赞助人要么拥有强大的人脉，要么拥有强盛的权势，或者二者兼而有之。例如，1585 年，教皇西克斯图斯五世禁止在罗马境内及周围开采斑岩。[③]这项限制条件，迫使大部分赞助人购买仿制的斑岩，或者购置低质样品。那些无视教皇禁令的人，不仅能够得到最精美的产品，还能通过这种藐视教皇的行为，显示自己崇高的身份地位。

法律法规给委托艺术项目施加了“容许性限制”。在佛罗伦萨的大街上，私人建造的高塔不能高过市政厅；在佛罗伦萨圣弥额尔教堂，只有顶级行会才有权在外边立柱上装饰他们赞助人圣徒的塑像。[④]一个限制所有委托艺术项目基本的限制因素是地点。尽管富

① Sometimes, of course, a patron of middling status ordered a work by an artist who later became a superstar, e.g., del Lama’ s commission of Botticelli’ s Adoration of the Magi.

② Rab Hatfield, “The high end: Michelangelo’ s earnings,” in The Art Market in Italy,15th–17th Centuries, ed. Marcello Fantoni, Louisa c. Matthew, and sara F. Matthews-Grieco（Modena: Franco Cosimo Panini, 2003）, 1996.

③ Suzanne B. Butters, The Triumph of Vulcan: Sculptors’ Tools, Porphyry, and the Prince in Ducal Florence（Florence: L. s. Olschki, 1996）, 1:43.

④ Najemy, “Florentine politics,” 21–32.

裕赞助人可以为宅第、墓冢或小教堂找到各种背景环境——而且在房子里卧室和前厅有很多墙面可以悬挂或绘制绘画作品——但是这些地方中只有少数地方是较有声望的，而声望总是首要考虑因素。地点对艺术项目的限制并不均衡，它带来了一种宣传成本的差异。这种地点成本差异，通常发生在公共场所的艺术委托项目上。例如，在重要街道上，仅仅用金钱是购置不到大量可供开发的土地的。因此，理想的建造环境能够传达出赞助人非常积极的信息，比如属于一个古老家族，或者得到教会或市政当局的支持照顾。

在给定的地点，空间本身就是一个重要限制因素；一间小教堂只容得下一座祭坛，而私人宫殿的门上只能安放一座半身塑像。通过为这些场所挑选或定制一件艺术作品，赞助人“用尽”了这种机会。这是有一定成本的，但这种成本没办法用经济学术语描述。对于艺术品来说，空间也是一项重要限制因素。一幅画作只能容纳有限的信息，比如特定人物的肖像或赞助人生活中的场景。绘画作品可以用人物肖像向一些高贵的公民表达敬意，但这种致敬也是有限度的，要避免画中的故事迷失方向，荣誉被贬低，或美学质量大打折扣。

理论上说，赞助人一般会选择效益超过成本的艺术委托项目。然而，如果总成本和总效益的限制因素是捆绑在一起的——例如，在一间小教堂能有且仅能有一座祭坛——那么，他们会选择能够满足限制条件且总效益与总成本差最大的委托艺术项目。对于财力不那么雄厚的赞助人来说，经济成本是首要考虑因素。经济成本也会影响到富裕的赞助人——这是本文讨论的群体——但是对他们来说，经济成本不怎么值得考虑。他们寻求身份地位上的效益，这种效益只有那些颇具盛名的，而不只是成本高昂的项目才能带来。因此，在数百年间涌现出数目惊人的青铜塑像、祭坛壁画及富丽奢华的宫殿。它们是显示身份地位的有效象征，接下来我们就要探讨这一主题。

第三章　尊贵身份理论
——尊贵与宣传

引言：尊贵身份

大部分意大利文艺复兴时期的赞助人，不仅渴求获得崇高的身份地位，还希望向同时代以及未来的观众宣扬自己的地位。这种“宣传”不单是一种愿望，通常还是一项社会义务。作为精英阶层的一员，赞助人必须彰显自己有别于地位较低阶层的身份，一言一行都要符合所属阶层的特点。正是由于这两个原因，艺术赞助活动才广为流行。所有炫耀性的艺术委托项目成本都极其高昂，所以除少数公民外，其他人都无法负担。当然，某些艺术品的经济成本相对其他花费而言不算太高：大部分绘画作品比良驹、华服便宜得多。[①]

① For a discussion of costs, prices, and markets, with references to further literature and databases, see Michelle O' Malley, The Business of Art: Contracts and the Commissioning Process in Renaissance Italy, (New Haven and London: Yale University Press, 2005) ; Evelyn Welch, Shopping in the Renaissance: Consumer Cultures in Italy, 1400–1600 (New Haven and London: Yale University Press, 2005) ; and Guido Guerzoni, Apollo e Vulcano. I mercati artistici in Italia 1400–1700 (Venice: Marsilio, 2006) .

但前一章讨论的社会成本，使得通常只有巨富、权贵才能获得炫耀性的艺术委托项目。因此，尊贵荣耀成为艺术委托游戏玩家的一项重要回报，他们为获得这项回报所采用的策略的花费，在他人眼里简直是天文数字。

对尊贵荣耀的渴望，鼓舞人们进行“自我塑造”。在一项著名研究中，文艺理论家史蒂芬·格林布拉特认为，英格兰文艺复兴时期，人们会极力将自己“塑造成一位绅士或贵族”，这一言论也适用于整个欧洲，就像埃德蒙德·斯宾塞在《仙后》（The Faerie Queen）中描述的意图一样。[①]文艺复兴时期发行了大量手册，帮助读者“成功走出社会身份的迷宫，最终赢得这场社会等级游戏”[②]。获胜的条件则是使自己区别于地位较低人群的行为和理念。最近几十年，很多学者研究了赞助人是如何利用艺术委托项目塑造人物形象，并将这个形象有效地传达给他人。[③]精英阶层也会想方设法（在艺术上和社会上）揭露身份地位比较低下的人——从而彰显自己的优越。[④]本章我们将专门讨论，委托艺术项目如何提升赞助人的社会地位，从而彰显他们的优越性。其次，我们将研究艺术作品如何传

---

① Stephen Greenblatt, Renaissance Self-Fashioning: From More to Shakespeare（Chicago: University of Chicago Press, 1980）, 169.

② Ibid., 163.

③ See, for example, Mary Rogers, ed., Fashioning Identities in Renaissance Art（Aldershot, UK, and Brookfield, Vt: Ashgate, 2000）, and Wim Blockmans and Anthenu Janse, eds., Showing Status: Representation of Social Positions in the Late Middle Ages（Turnhout: Brepols, 1999）.

④ Diane Owens Hughes, “earrings for circumcision: Distinction and purification in the Italian renaissance city,” in Persons in Groups: Social Behavior as Identity Formation in Medieval and Renaissance Europe, ed. Richard C. Trexler（Binghamton: Medieval & renaissance texts & studies, 1985）, 155–177, and ruth Mellinkoff, Outcasts: Signs of Otherness in Northern European Art of the Late Middle Ages（Berkeley: University of California press, 1993）.

达精挑细选或言过其实的赞助人信息，也就是说，冒一些风险进一步强化优越性。

皮埃尔·布迪厄在《尊贵身份：品味评判的社会批判》（Distinction: A Social Critique of the Judgement of Taste）的研究中，揭示了人们如何通过展现自己的洞察力或“品味”来彰显身份。①他的研究成果最初发表于 1979 年，最近被誉为 20 世纪最重要的十本社会学著作之一。布迪厄分析了当时的法国社会，他认为，鉴别文化中各种象征的能力能够提升一个人的“文化资本”或“象征资本”，能帮助人们区分“尊贵”与“鄙俗”。布迪厄研究了一系列“创造和积累象征资本的技巧”，比如参观博物馆、购置家具，以及家庭娱乐。②在这些活动中他发现，购买艺术品是体现“个人品味”的具体证据，这是最无可指责也最难以效仿的积累形式，它是（以天生的“优越性”、个人的“权威性”或“文化”的形式呈现的）权力的独特象征标志的内化。③

布迪厄的“技巧”中，只有少数几个适用于意大利文艺复兴时期。我们可以认为一位伟大赞助人委托创作的艺术作品是其毕生得意之作，但我们难以证明与他同时代的人也认为这些艺术作品是他“个人品味”的表现。然而，帕特丽夏·鲁宾最近曾说，毫无疑问，拥有某件物品可以向 15 世纪的观众传达主人的知识与修养。“同时，鉴赏力是知识的一种表现形式……像现在一样，它还是体现阶级差

---

① Pierre Bourdieu, Distinction: A Social Critique of the Judgement of Taste, trans. Richard Nice (Cambridge, Ma: Harvard University Press, 1984) .

② Pierre Bourdieu, Distinction: A Social Critique of the Judgement of Taste, trans. Richard Nice (Cambridge, Ma: Harvard University Press, 1984) . For the “ten most important sociology books” honor, conferred by the International sociological association, see http://www.ucm.es/info/isa/books/books10.htm.

③ Bourdieu, Distinction, 282.

异的一种机制。”[①]早在15世纪初期，著名学者帕吉奥·布拉乔利尼就已认识到，与他同时代的人将古董文物看作收藏家“积累象征资本”的手段。《论尊贵》(On Nobility)中，有人指出："我们的主人在书中读到，古代的杰出人物喜欢用雕塑、绘画以及祖先的塑像装饰宅第，以颂扬其声名与血统，于是他想将自己的宫殿打造得华美尊贵，并提高自己的地位，但他没有祖先的画像，因此他购置了这些价格低廉的雕塑，希望这些新奇的收藏品能让他的声望在子孙后代中永垂不朽，流芳百世。”[②]帕吉奥认为理当如此自我褒扬，他还指出，即便那些没有布迪厄口中具备“天生优越性”的贵族血统的人，也会购置艺术品来提升身份地位。如果观众认同赞助人购置或委托创作艺术作品的标准，那么，赞助人辨别质量的声誉便会提高。乔瓦尼·鲁切拉伊年纪稍幼于同时代的布拉乔利尼，他吹嘘有几件“出自过去数百年间最优秀艺术大师之手的”艺术作品。[③]他是赢家，他由衷地感到自豪，他的声望也得到了提升，至少现代观众看来是如此。现存的文献资料表明，有几位赞助人和收藏家，比如“伟大的”洛伦佐·德·美第奇，在同时代人眼中，其身份地位已显著提升。

为了解释艺术委托游戏的玩家如何成功地获得预期的社会身份

---

① Patricia Lee Rubin, Images and Identity in Fifteenth-Century Florence (New Haven and London: Yale University Press, 2007), 17. For examples of how works of art, especially ancient pieces, signaled the knowledge of their owners, also see ibid., 165–168, and Paula Findlen, “possessing the past: The Material World of the Italian Renaissance,” American Historical Review 103, no. 1 (1998): 83–114.

② Dale Kent, Cosimo de’ Medici and the Florentine Renaissance: The Patron’s Oeuvre (New Haven and London: Yale University Press, 2000), 240. Poggio himself argued that nobility is found not in objects but in wisdom and virtue.

③ Creighton E. Gilbert, “What did the renaissance patron buy?” Renaissance Quarterly 51 (1998): 411.

效益，本章将探究尊贵与信号传递理论。这两点有助于解释为什么值得付出某些花费，以及花这些钱的人是怎样让目标观众看到这些花费的。尊贵与信号传递系列理论最早出现于 20 世纪 70 年代初期，如今在欧洲近代早期研究领域以及经济学研究领域都极具影响力。然而，学者们没有指出这些关于信息传播的当代理论的根本相似性。1552 年，锡耶纳贵族亚历山德罗 · 皮科洛米尼在关于尊贵奢华的论文中解释道："只有那些花钱创造了伟大作品的人才能称为'尊贵'。"[①]他关注的是公共展示，比如"建造庙宇、门廊和剧院"，以及在"公共节日和公众喜剧"中展示。但皮科洛米尼也曾提到："可以在私人场合（这出现得较少）展现尊贵，这些场合包括：婚礼、派对、宴会以及贵宾接待会、市区和乡间住宅的开支、家庭装饰与家具，以及其他能够展现富丽与奢华的场合。"[②]按照这个标准，很多成本高昂、令人瞩目的艺术委托项目都称得上尊贵奢华，在此我们只关注一种类型——建筑——通常在古代和文艺复兴时期关于尊贵奢华的文章中都有讨论。

现今很多人认为，这些论述尊贵奢华的文章只不过是为炫耀性消费辩护罢了，但 A. D. 弗雷泽 · 詹金斯在 1970 年的一篇重要论文中，着重强调了尊贵奢华的"尊贵"品质。从亚里士多德开始，很多史料强调豪奢的消费是权贵的独特品质。经济历史学家纪多·吉尔佐尼最近开展了一项研究，探讨发展于 16 世纪的尊贵奢华理论如何使高贵消费有别于奢侈消费。我们认为，豪奢消费能彰显尊贵，其依据是数百年后提出的极具影响力的信号传递理论。关于这个话

① Guido Guerzoni, "liberalitas, Magnificentia, splendor: The classic origins of Italian Renaissance lifestyles," in Economic Engagements and the Arts, ed. Neil De Marchi and Craufurd D. W. Goodwin (Durham and London: Duke University press, 1999), 337, and Guerzoni, Apollo e Vulcano, 109–110.

② Guerzoni, "liberalitas," 337, and Guerzoni, Apollo E Vulcano, 109–110.

题，迈克尔·斯宾塞在助他获得了诺贝尔经济学奖的经典著作《劳动市场信号》(Market Signaling)(1974)中，《地位、收入与消费》一章开篇评论道："很多年前维布伦指出，人们将炫耀式消费用作显示财富以及（根据推断）权力与地位的手段。"[①]如果斯宾塞回顾略早于维布伦、研究视觉艺术的著作家，那他肯定会说，"尊贵奢华的"委托艺术作品也能传达相同的品质。然而，经济学家并没有将信号传递理论延伸拓展到某一历史时期，也没有考虑艺术委托项目。即使是文艺复兴时期论述尊贵奢华的作家，对大型公共场合的消费支出也十分感兴趣。本章最后一部分，我们将把信号传递理论应用于"尊贵"人群的炫耀式艺术委托项目。

尊贵奢华

意大利从中世纪到文艺复兴时期，在政府形式完全不同的地区，富人与权贵会理解并利用尊贵奢华理论。这个术语出自亚里士多德，他将其定义为"一种与财富有关的品质……这种品质体现在恰当的巨额花费上"[②]。有一重要段落很多著作家（最著名的是托马斯·阿奎那）都争相翻译过，其中亚里士多德建议，尊贵奢华的人应该建造两种建筑：纪念众神的公共建筑，以及与其财富相称的豪宅大院。[③]

① A. Michael Spence, Market Signaling: Informational Transfer in Hiring and Related Screening Processes (Cambridge, Ma: Harvard University Press, 1974) , 62.

② A. D. Fraser Jenkins, "Cosimo de' Medici' s patronage and the Theory of Magnificence," Journal of the Warburg and Courtauld Institutes 33 (1970) : 162–170.

③ Paula Spilner, "Giovanni di lapo Ghini and a Magnificent new addition to the Palazzo Vecchio," Journal of the Society of Architectural Historians 52 (1993) : 453–465, esp. 458.

他还指出这种行为能实现另一面效果：由于尊贵奢华代表的是合乎道德、能使公众受益的消费方式，所以“所有这些事情都能够给赞助人带来声名与威望”。

1498年，活跃于那不勒斯的著名学者兼政治家乔瓦尼·伯恩塔诺，在一篇论述尊贵奢华的短文阐述了这些主题。他的观点与15世纪大部分著作家（包括佛罗伦萨的利昂·巴蒂斯塔·阿尔贝蒂和马泰奥·帕尔米耶里、波伦亚的乔瓦尼·沙巴蒂诺·德吉利·阿利安迪及威尼斯的乔瓦尼·卡尔蒂尔纳）表达的观点一致。伯恩塔诺鲜少提到同时代意大利的例子，他指出，科西莫·德·美第奇在佛罗伦萨通过以下方式展现其尊贵奢华：“建造庙宇、别墅以及后来的图书馆……他是第一个建立奉献个人财富支持公益事业，美化祖国的传统的人。”[①]这段话阐述的观点与半个世纪前铁穆特欧·马菲的观点类似，有人抨击科西莫大兴土木，挥霍无度，马菲则为科西莫辩护。[②]马菲是他的支持者，他列出了科西莫委托建造的大量建筑，并宣称“所有建筑都令人赞不绝口，可以将它们热情推荐给子孙后代，因为他们从科西莫建造修道院和庙宇的豪奢大方中，可以看到卓越的神性，他们会想，我们对上帝如此虔诚，我们对上帝充满了感激。”马菲还指出，科西莫利用他奢华的艺术委托项目，满足了彰显自己尊贵地位的需要：“他呈现出来的形象必须比城里其他市民要更睿智，更尊贵，同样，他从中获得的回报也比别人更多。”与前面章节讨论的文艺复兴时期的著作家不同，马菲没有提到，这些尊贵奢华的建筑在支持科西莫成功掌控佛罗伦萨政坛中，发挥了重

① Giovanni Pontano, I libri delle virtù sociali, trans. and ed. Francesco Tateo (Rome: Bulzoni, 1999) , 188.

② For this and the next two quotes, see the translation and discussion in Fraser Jenkins, “cosimo de’ Medici’ s patronage,” 165–66.

大作用。

毫不奇怪的是，不仅仅是国家领袖，精英阶层的私人公民也会利用奢华的艺术委托项目彰显自己的身份。菲利波·斯特罗齐可能是 15 世纪佛罗伦萨最重要的建筑赞助人，在他的一本传记中，他的儿子洛伦佐写道："如果壮丽辉煌、宏伟气派的项目——尤其是公共或私人建筑项目——能够展现尊贵奢华，而人们又能从中看到这种品质，那么，人们就会说菲利波不仅表现得尊贵奢华，而且在这方面他超越了所有佛罗伦萨人。"①洛伦佐列举出一长列的菲利波的委托项目证明自己的观点。最出名的事例是，菲利波决定建造一座恢弘富丽的宫殿，这种宫殿"将给他自己以及意大利国内外的亲戚们带来荣耀"②。从菲利波的亲戚们写给他的书信中，我们可以确定这位赞助人实现了自己的目标。最重要的是，乔瓦尼·斯特罗齐援引了某位"大人"（据推测可能是德尔科莱·埃斯特公爵）的观点。这位权威人士将这座正在建造的建筑和美第奇家族在佛罗伦萨的宫殿作对比，随后宣称菲利波的宫殿"比洛伦佐的宫殿还要恢弘气派"③。

愤世嫉俗的读者绝不可断言，文艺复兴时期的赞助人委托大型公共工程项目只是为了颂扬自己和家人。在某些情景中，以下观点是具有误导性的：认为论述尊贵奢华的文章只是为贪婪和虚荣作歌功颂德式的辩护，认为虚伪的人文学者写这些文章只不过是为了维护富有的赞助人的利益。近来研究表明，在佛罗伦萨为公益事业奉献金钱的愿望，使人们更加欣赏这座城市深沉的美景，这种观点

---

① Lorenzo di Filippo Strozzi, Le Vite degli uomini illustri della Casa Strozzi, ed. pietro stromboli（Florence: Landi, 1892）, 72.

② F. W. Kent, "'più superba de quella de lorenzo': courtly and Family Interest in the Building of Filippo strozzi's palace," Renaissance Quarterly 30（1977）: 311.

③ Ibid., 315.

已经传播到了其他城市。[1]帕尔米耶里在《论公民生活》(On Civil Life)一书中，讨论了尊贵奢华这一主题，他解释了私人艺术委托项目和私人行为是如何贡献惠及所有公民的美景的。甚至私人拥有的豪奢之物(比如"豪华的宅第"和"珍贵的私人财产")也应该与公益事业放在一起考虑，因为它们"非常适合城市的总体美化环境，还创造了公共美景，这些美景能创造公共的宏伟、荣耀以及美德。"[2]阿尔贝蒂在其不朽著作《论建筑艺术》(On the Art of Building)中，强调了精致建筑的普遍价值："当你建造一面精致的墙或一个雅致的门廊，并装饰上门、柱以及屋顶的时候，善良的市民们会大加赞赏并感到由衷的喜悦……因为他们知道，你使用自己的财富不仅极大地增加了你自己的尊荣，还给你的家族，你的子孙后代，以及给整个城市增添了荣光，"[3]低收入者与富人对他们的城市都怀有强烈的自豪感，他们有一个共同愿望：提升这个城市的声望，让这个城市看起来更美好更繁荣。这种自豪感起到提升赞助人品质的效果。

当然，并非所有人都同意这种观点。在那不勒斯，伯恩塔诺的观点就与特里斯塔诺·卡拉乔洛相左。一部分原因，是担心世袭稳定性以及伦理和宗教动机，他提出人们的行为要谨慎严密、节俭朴实。[4]同样，第五章将提到，很多教士反对私人市民通过盛大的公共项目自吹自擂，抬高身价。

让文艺复兴时期的赞助人和现代学者感到合宜的是，伯恩塔诺

---

① Jill Burke, Changing Patrons: Social Identity and the Visual Arts in Renaissance Florence (University Park: Pennsylvania State University press, 2004), esp. 35–37, and Rubin, Images and Identity, esp. 19–42.

② Rubin, Images and Identity, 40.

③ Leon Battista Alberti, On the Art of Building in Ten Books, trans. Joseph rykwert, Neil Leach, and Robert Tavernor (Cambridge, Ma: MIt press, 1988), 4.

④ Giuliana Vitale, "Modelli culturali nobiliari a napoli fra Quattro e cinquecento," Archivio storico per le province napolitane 105 (1987): 27–103.

指出了能够让一座建筑物体现尊贵奢华的一些特质。他认为，“那些努力追求尊贵奢华感觉的人必须优先考虑外观”[①]。建筑物“最重要的是展现出奢华的感觉，但是要展现得有价值。因为价值本身主要包含装饰、大小、材料的高品质以及工程的持久性”。同一时期，阿利安迪提出了尊贵奢华的建筑基本相同的几点特质；他省略了持久性，但是增加了可以称为“物质享受”的价值。[②]半个世纪前，卡尔蒂尔纳解释道，在威尼斯，家族的价值体现在宫殿的大小、建筑材料及艺术质量上，尤其体现在光线充足的庭院，以及大门的尺寸和形状。[③]他与历史上很多作家的观点一致，认为尊贵奢华既需要宏大的规模，又需要显著的美感。

还有一个重要要求：建筑必须“适合”，适合某位主人的建筑通常并不适合其他主人。所有文艺复兴时期的作家一致认为，奢华富丽的宅第要想传达对赞助人有利的信息，就必须像阿尔贝蒂写的那样，“与主人的尊贵身份相符”。[④]同样，阿利安迪认为，建筑必须“符合主人的条件与状况”[⑤]。尊贵奢华可能会表现得太过分，尤其是处理不当的时候。一些作家用道德术语阐释这个问题。在佛罗伦萨，帕尔米耶里认为：“如果有人想要建造豪庭美宅彰显其尊贵

---

① Pontano, I libri, 178. similarly, see Alberti, On the Art of Building, 291: “it is preferable to make the parts that are particularly public or are intended principally to welcome guests……as handsome as possible.”

② Rupert Shepherd, “Giovanni sabadino degli arienti and a practical Definition of Magnificence in the context of renaissance architecture,” in Concepts of Beauty in Renaissance Art, ed. Francis ames-lewis and Mary Rogers (Aldershot, UK, and Brookfield, Vt: Ashgate, 1998) , 52–65.

③ Kornelia Imesch, Magnificenza als architektonische Kategorie: individuelle Selbstdarstellung versus ästhetische Verwirklichung von Gemeinschaft in den venezianischen Villen Palladios und Scamozzis (Oberhausen: Athena, 2003) , 176.

④ Alberti, On the Art of Building, 291.

⑤ Shepherd, “Giovanni sabadino,” 53.

奢华的品质，但他之前并不具备那种美德，那他只会招致指责。”[1]换言之，操作不当的豪奢行为带来的回报可能寥寥无几，甚至会产生负面影响。在前面章节我们看到，不遵守基本礼仪规则的人，要承担负面口碑的代价。伯恩塔诺警告称，如果受托创作的艺术作品与赞助人的社会地位和经济地位不“相称”，那他就可能遭人耻笑。[2]他再次引用了亚里士多德的话："巨额花费只适合那些有相符收入的人（这些收入可以是通过自己努力获得的，也可以来自祖先或人脉关系）以及那些出身高贵、声名卓著之人：因为这些花费能够给他们带来尊荣和声望。”（《尼各马可伦理学》，Nichomachean Ethics，1122b）生活在贵族统治的城邦里的作家们，通常用贵族血统和财富来衡量豪奢之物是否恰当。卡尔蒂尔纳解释了在威尼斯文艺复兴时期，艺术委托项目应如何与身份地位相称：通过继承得到财富的贵族应该比通过自己努力积累财富的人更多地展示自己的尊贵奢华。[3]（这句格言在随后的时代一直阻碍着新兴富人。）另一方面，15世纪中期的锡耶纳作家弗朗西斯科・帕特里齐和15世纪末期的威尼斯作家多梅尼科・莫罗西尼都明确提出："共和制国家的贵族家庭的住宅应该大同小异，这样才能传达相似的统治阶层印象。”[4]尽管他们认为这种家族应该展现自己的尊贵奢华，但是只有精英群体的成员才能这么做。

帕特里齐、莫罗西尼以及其他一些作家认识到，追逐身份地

---

① Richard A. Goldthwaite, "The Florentine Palace as Domestic Architecture," American Historical Review 77, no. 4（october, 1972）: 990.

② Pontano, I libri, 182.

③ Imesch, Magnificenza, 176.

④ See discussion in Michael lingohr, "Palace and Villa: Spaces of Patrician self-Definition," in Renaissance Florence: A Social History, ed. Roger J. Crum and John T. Paoletti（Cambridge and New York: Cambridge University press, 2006）, 267.

位的竞争向来是十分激烈。文艺复兴时期，在“效仿斯特罗齐”的激烈竞争中，赞助人不得不花费巨额，甚至是无法承受的惊人巨款来维持社会地位。如果其他赞助人为了彰显自己的尊贵奢华花费了100000弗洛林，那么，一位生意兴隆但只花费了90000弗洛林的商人是得不到什么好处的。为了追求极致，他可能会花费110000弗洛林，这转而又促使其他人奋力将花费提高到120000弗洛林。[①]在这里，人们竞争的是，如何美化城市，如何颂扬上帝，以及如何提升自己和家人的声望。乔瓦尼·波特罗在1588年出版的《三本书论城市因何而伟大》(Three Books on the Causes of the Greatness of Cities)中，讨论了在意大利这种竞争的重要性及其成果。“富绅在城市里能够见到尊贵的人，也被这些尊贵的人注视着，他必须比在乡下与牲畜在一起，与乡巴佬一起聊天时，更加慷慨大方，因为存在竞争，而他必须努力赶上其他人……这样，建筑和艺术作品肯定会不断增加。”[②]尽管这看起来像是积极的发展趋势，但与波特罗同一时期的人却指出一个巨大风险。阿尼贝勒·罗梅伊在1591年评论道，一些不太富有的贵族“难以忍受最富裕的贵族在生活方式、衣着及其他外在事物上虚荣浮华与自大傲慢”[③]。尽管建筑和艺术作品不断增加，但是，它们仍然引发了过多的攀高结贵现象。1584年，西尔维奥·安东尼奥诺曾哀叹道：“现在工匠想与市民平等，市民想与富绅平等，富绅想与贵族平等，而贵族想与君主平等，这超越了理想与

① Robert H. Frank and Philip J. Cook discuss, in The Winner-Take-All Society: Why the Few at the Top Get So Much More Than the Rest of Us (New York: Free press, 1995) , a more extreme version of this phenomenon. There are very high returns to the professional golfer or the topflight litigator who is just a little bit better than his or her competitors.

② Quote taken from the 1598 edition of Giovanni Botero, Della ragion di stato e delle cause Della grandezza delle città, ed. luigi Firpo (Bologna: Forni, 1980) , 350 (II.x) .

③ Guerzoni, “liberalitas,” 363; Guerzoni, Apollo E Vulcano, 128.

尺度，是不可容忍的，这会让上帝不悦，会导致成千上万的罪孽。”①

当然也有解决方法，即辨别各种花费类型，使其中一些花费比其他类型的花费更合乎道德或更恰如其分。皮科洛米尼将“日常生活，比如送礼、付款、施舍以及家庭开支”的经济交易，当作“慷慨”的例子。另一方面，豪奢的行为传达出“奢侈和高贵”，所以“需要考虑三个方面：消费者、消费金额以及消费对象”。②因此这些消费开支成为使精英赞助人有别于其他人的信号。正如亚里士多德所言，尊贵奢华只有“那些出身高贵或声名卓著之人”才能得到。

信号传递

要想创造尊贵奢华，玩家们必须兼备技能与机巧。文艺复兴时期，负责富丽豪奢艺术作品的赞助人和艺术家必须谨慎选择开支水平，调整艺术委托项目，使其传达出合适的信息。他们还要了解观众理解艺术品的能力。幸运的是，精英阶层作为赞助人最重要的观众群体，他们对评价艺术作品的质量、创作成本以及是否适合其赞助人非常娴熟。本小节我们将探究信号如何产生，以及怎样理解信号。

1427 年的一次布道演说中，伯纳迪诺讨论了公共标志怎样成为有效信号。“我们通过什么知道商店的呢？他们的标志……我们通过标志知道这是羊毛商的店铺。”我们对放贷人、葡萄酒商、旅馆老板以及酒馆老板的了解也是如此。③这种标志是必要的：那时佛罗伦萨有 1540 间店铺。①但是，仅仅知道一位商人经营什么业务是不够

① Guerzoni, “liberalitas,” 339; Guerzoni, Apollo E Vulcano, 127.

② Guerzoni, “liberalitas,” 337; Guerzoni, Apollo E Vulcano, 110.

③ Welch, Shopping, 137.

的。伯纳迪诺解释道，很多商人在货物的重量和质量上作假。[2]同一时期，利昂·巴蒂斯塔·阿尔贝蒂警告称："这个世界充满了骗子、伪君子、小人、莽夫、吝啬鬼。世上所有事情都是不确定的。人们必须高瞻远瞩，谨慎警觉，必须小心欺诈、诱骗，以及背叛。"鲁宾说："表象是有欺骗性的。但它们也是有价值的。"[3]哪些指示信号能够帮助消费者？这些信号又是怎样传达极其重要但难以传达的信息（比如供应商的诚信度以及他的货物的质量）呢？例如，某些方面的质量（如耐久度）不易检查时，销售高质量货物的经销商，该如何将自己与销售劣等产品的经销商区分开呢？

信号传递经济理论解决了如何在信息不对称的现代市场上，传播难以传播的信息这一问题。传统经济学假设决策者是无所不知的——他们充分了解自己购买的东西，不管这东西是待售的商品，是提供服务的个人，还是显示自己才能的人。有时候，很容易收集到必要的信息，例如，人们频繁购买某种商品的时候，或者某位教授的课程按时开设，且出勤率很高的时候。但是，即便在发达经济体中，还是有很多有价值的信息不能传达到所有感兴趣的群体。获取信任的需求使得商人不得不进行炫耀性消费——这些消费开支并不会提高他们货物的质量。例如，意大利文艺复兴时期，药剂商在其商铺基础设施上的投入会相对较大。卢卡·兰迪尼在佛罗伦萨为别的药剂商工作时，一年能挣 300 弗洛林，但是当他开了自己的商铺之后，他哀叹道："仅仅橱柜就要花费 50 弗洛林"。韦尔奇认为，这种花费以及盛放药材的彩色陶罐的费用，向"顾客和上级监督管理机构证明，药剂商拥有合适的有效的药材"[1]。这是一个很好的

① Ibid., 140. By 1561, the number of shops had increased to 2,172.

② Ibid., 71–72.

③ For this comment and the alberti citation, see Rubin, Images and Identity, 4.

信号传递的例子：尽管漂亮花哨的容器并不一定盛放着或适当保存着更好的产品，但它们传达了关于药剂商的可靠信息。因此，漂亮花哨的包装是很重要的。文艺复兴时期与现今一样，顾客在购买之前需要查看质量标志。按照同样的逻辑，一座高贵奢华、古典风格的宫殿对于商人的作用，可能就跟今日时髦华丽的企业总部的作用一样。它传达出很多信息，用强力的成功信号吸引着顾客。另一方面，一座极其普通的建筑对文艺复兴时期的赞助人来说可能是社会灾难，对现代公司来说则是商业灾害。

通常销售者比消费者更了解他们的产品，这就造成了信息的不平衡。因此，销售者需要创造标志或信号，宣传其产品的重要特性（比如耐久性）或宣传自己的重要品质（比如诚信度）。从最抽象层面来说，假设某个人拥有（或者他拥有的某样产品具备）一种理想特性，我们称之为“X”。假设没有 X 的人，发现自己创造某种特定信号 Y 的成本，比拥有 X 的人要高得多。那么，如果有人观察到某人拥有 Y，那他就会倾向于认为这个人也拥有 X。

这条从差异成本推得的基本原理，是《“柠檬”市场》（The Market for “Lemons” 这篇文章帮助乔治・阿克洛夫赢得一项诺贝尔奖）这篇极具影响力的论文的基础。[②]二手汽车的车主知道汽车在寒冷的早晨能否起动，但是潜在的购买者并不知晓。汽车无法起动的车主想将汽车处理掉；因此想要购买二手汽车的人也会评估，二手车由于长久使用质量应该比较低下——这就是一颗柠檬。这种情况对于拥有好车的车主是不利的，因为信息无法传递给外行的人。但此时信号传递理论就能发挥作用了。一位可以评估可靠性的二手

---

① Ibid., 158.

② George Akerlof, “The Market for ‘Lemons’: Quality, Uncertainty and the Market Mechanism,” Quarterly Journal of Economics 84, no. 3（1970）: 488–500.

车经销商能够提供全权保证，那他便宣示了其产品的高质量，当然这只有在汽车状况良好的条件下才是经济可行的。

意大利文艺复兴时期，伯纳迪诺以及很多人都说过，城市需要消除消费者对上当受骗的恐惧。普遍的解决方法是为经过认证的货物提供证书。[①]例如，米兰丝绸行业协会规定，所有丝绸布料都必须在行会会所盖章，而购买者必须在三日内提交商品进行检查。如果材料有瑕疵或作假，顾客可以获得全额退款外加 25% 的赔偿。证书或印章就传达了难以传达的信息。售卖假货代价是高昂的，同样，为车况很糟糕的汽车提供全权保证，其代价也很高。

“差异成本”的概念易于延伸扩展到非经济问题。例如，如今在网上发布文章很容易也很廉价。一个通用搜索引擎呈现某个陌生网站上的一篇艺术史研究文章时，潜在的读者对文章的质量一无所知。专家可能会怀疑其作者无法通过著名的渠道发表论文，因此他对这篇文章会非常审慎。相反，除非作者是一位很有能力的学者，否则他很难在著名学术期刊上发表论文。因此，对于发表在重要出版物上的论文，读者会期待它们能够基于扎实的研究呈现新颖的结论。能力较低的学者，在著名期刊上发表论文时，面临的困难，便是一种显著的差异成本。因此，著名出版物就彰显着质量。学者在重要期刊上发表大量文章，或者经过著名出版社出版书籍，能够为自己赢得尊重，甚至可以赢得那些根本没有阅读过这些著作的读者的尊重。

信号传递这个概念能帮助解决很多现实难题。考虑以下三个事例。文艺复兴时期的药剂商为什么要用彩色陶罐和家具，宣示其产品质量及其专业化程度呢？无诚信的药剂商不也可以拥有同样的陶

---

① Welch, Shopping, 73.

罐和长凳吗？因为随着时间推移，无诚信的药剂商产品的低劣质量会变得尽人皆知，销售额随之暴跌，他的高额投资就会化为泡影。当代有一广泛的研究难题：为什么那些有闲钱的公司仍然坚持分派股息，而不是回购股票，尤其是分红的税费比资本收益的税费要高很多的时候。[①]经济学家说，成本很高的分派股息行为表明公司前景良好，因为减少分红会使人非常尴尬。因此，现在只有前景光明的公司才会坚持分派股息。本书引言中提到了最著名的信息传递的例子：即便是没什么学习兴趣的学生，也会努力学习，争取获得著名文理学院的学位。这是因为，获得学位宣示了积极的品质，比如动力和决心。

斯宾塞用数学术语严格证明了为什么炫耀性消费能有成效，也就是说，为什么更加富裕的人为它支出的成本要低很多。举一个大部分读者都熟悉的例子，如果某次学术会议的发言人穿着名牌服装出现，那么观众就会认为她很富裕。即使是一位收入平平的副教授，也会凑五千美元购买一套这样的衣服，但是她日常生活水平的牺牲会比她那些继承了遗产的同事们要大得多。对于富人来说，购买昂贵服装这种标志的成本非常低。

经济学家将差异成本很低的艺术委托项目称为“廉价交谈”。普遍来说，以低廉的价格就能获取的语言、行为或工具，传达不了于使用者有利的信息。[②]引用荷马的一大段希腊语文章，的确令人印象深刻。但在演讲中，偶尔插入一两个拉丁术语，仅能表明演讲者想要打动听众。聪明的演讲者想要打动观众，还应善于传达这样

---

① A higher tax rate on dividends generally applied in the United States until 2003. once the two tax rates were equalized, many companies, such as Microsoft, began paying dividends.

② Vincent P. Crawford and Joel Sobel, “strategic Information transmission,” Econometrica 50, no. 6（1982）: 1431–51.

的信息：他们的演讲不是廉价的。在意大利文艺复兴时期，宣示精英地位要承担很高的风险；这种“交谈”就不是廉价的。

文艺复兴时期艺术作品的信号传递

去意大利游玩的现代游客，可以看到文艺复兴时期宏伟的祭坛画、雕塑或宫殿，由此断定这些作品的赞助人拥有大量资源。但是，在这些作品的创作时期，它们肯定传达了更多的信息——赞助人符合高贵奢华的标准。某个艺术委托项目如果偏离了赞助人的地位，那么他将承担高昂的社会成本，这种成本保证了作品能够宣示身份地位，而不仅仅是财富。

信号传递的关键是差异成本，它保证了艺术作品或者其特定属性不是廉价交谈。第一章提到，保罗·维特利让画家不要表现某位家族成员的骑士勋章，因为那时候这种头衔实在太多了，它无法在精英阶层中体现优越性。[①]同样，诗人阿雷蒂诺拒绝了无薪俸的头衔（但却接受了一条漂亮的金项链），因为“一位骑士没有收入，正如一面墙失去十字架，这会令所有人都感到气愤”[②]（图 3.1）。用经济学术语来说，这些评论者认识到，骑士头衔的差异成本已经降得很低，以致这个群体的成员身份无法彰显身份地位。他们担心观众们可能会将这个群体当作廉价交谈，或者更糟的是，认为这个群

① Julian Kliemann, Gesta Dipinte. La grande decorazione nelle dimore Italiane dal Quattrocento al Seicento（Milan: silvana, 1993）, 85.

② Pietro Aretino, Il primo libro delle lettere, ed. Fausto nicolini（Bari: Laterza, 1913）, 25（Letter of 17 September 1530）; with this line the poet quotes himself from Il Marescalco（act V, scene II）; Pietro Aretino, Teatro, ed. Giorgio petrocchi（Milan: Mondadori Editore, 1971）, 71.

图 3.1　提香：彼得·阿雷蒂诺肖像，弗里克收藏，纽约
◎弗里克收藏，纽约

体是想通过能够显示头衔的标志索求地位。这种索取行为如果被确认的话，将会拉低申索者的身份地位。维特利是一位非常精明的赞助人，他要求加入其他高贵的头衔；目标观众大概会明白这些头衔很难获得。同样，如今一位受人尊敬的学者的履历上，可能会列出在普林斯顿大学发表的演讲，而省略在不出名的研究机构发表的演讲。除了财富外，炫耀式的艺术委托项目还需要文化和品味；因此，创作出来的艺术品便可显示赞助人的文化和品味。

通常情况下，仅仅靠金钱不足以委托各种艺术作品，而且某些艺术作品还可能不适合赞助人，所以很多艺术委托项目还显示了赞助人的身份地位。我们已经知道，某位赞助人可能可以通过一条信息显示自己崇高的地位，而如果其他人效仿的话，将很可能会承担负面口碑带来的高昂社会成本。凯旋式入城游行，包括临时的街边装饰，以及永久的书面记录，就是很明显的例子。非常富有的普通市民可能也能承担这种盛大活动的费用，就好比现今的公司 CEO 可以请一个乐队在董事会会议开始时表演《向领袖致敬》(Hail to the Chief)，但如果观众与这样的荣誉不相配，那这种活动只会招致嘲笑。

考虑到种种成本，在观看文艺复兴时期凯旋式入城游行的围观群众中，即便是消息不灵通的群众，也能知道被庆贺的领导人的重要地位。有一个例子很典型，但不常见（因为大多文献资料都没有记载），即 1585 年，萨伏伊的卡洛・埃曼努尔勒一世公爵和他的新娘奥地利的凯瑟琳的凯旋式游行。[①]公爵代表与负责执行这个项目的政府官员之间的书信，详细描述了九座不同城市入城活动的筹备

---

① Marta Alvarez González, “pageantry and the projection of status: The Triumphal Entries of Catherine of Austria (1585) and Christine of France (1620) in turin,” Mélange de l’ École française de Rome: Italie et Méditerranée 115, no. 1 (2003) : 29–50.

事宜。这些书信表明了萨伏伊公爵对参与者身份、地位、角色以及服装的高度重视。那时，萨伏伊还不是一个大国，它想要表明，他们有能力举行可与欧洲大国媲美的凯旋式入城活动。这次活动正是在萨伏伊准备开战，积极争取皇家头衔时举行的。他们证明了自己可以用皇家才有的视觉化语言，即讽喻、古代风格的装饰以及古典的神明，来表现自己的能力。

大量关于文艺复兴时期入城游行活动的文献资料，主要关注以服饰、雕塑及绘画拱门表现学问精深的绘塑项目。学者们列举了选择性披露信息的例子（我们称之为方向指示，这是下一章要讨论的主题），解释了这些活动如何推广对统治者有用的信息。这些分析通常没有评估实际目标观众的理解情况。如果看到观看萨伏伊游行的学者（包括出席游行的大使们）所作的描述，欧文·帕诺夫斯基会深感失望；令人意外的是，他们对这些绘塑兴趣乏然。赞助人自己也是如此，大部分的观众的感觉可能都一样。但所有人都感受到了游行的宏伟壮观，并且认识到，举办这样一场游行需要巨大的财富、技巧以及权势。

凯旋式入城游行宣示了萨伏伊家族的总体品质和崇高地位。萨伏伊家族的出身和联姻使其有能力举行这些盛大活动，而且他们具备恰当呈现这些活动的良好修养。尽管需要熟练的策划者避免象征和礼仪方面失礼的尴尬，但这些细节并非由萨伏伊家族自己安排。

想必，我们可以用相同的方式解释绝大部分的绘画和雕塑项目。赞助人想表明他们可以“进行谈话”，他们想以总体外观打动观众，但是他们预计很少有人会欣赏这些信息的细节。凯旋式入城游行的罕见性表明，除非是地位最尊贵的人，否则很难举办这种活动，这确保了它们作为精英地位象征的有效性。对于比较普遍的游行，比如与葬礼有关的游行，赞助人必须花费越来越多的物资，才能彰显自己家族的独特性和优越性。因此，佛罗伦萨的富裕赞助人在葬礼上的花费，通常比在祭坛画和壁画高得多，而他们现在就因这些祭坛画和壁画闻名。15 世纪，比较著名的葬礼需花费 300 到 700 弗洛林（约为一名工人 20 年的工作量）。一些特别的葬礼则花费更高，如美第奇家族、阿尔贝蒂家族以及斯特罗齐家族的葬礼，其花费相当于一名工人超过 60 年的工作量。①

葬礼很多元素如棺盖、蜡烛，以及遗体的公开展示，都包含在最高级的墓冢的设计里。但对凯旋式入城游行而言，仅凭金钱则无法让赞助人获得这种个人纪念方式。因此，墓标的类型和安放方式是一种被社会接受的，并且广泛应用的，允许个人彰显自己独特身份的机制。毫不奇怪，佛罗伦萨的教堂跟其他城市的教堂一样，为墓穴制定了一系列的法规。②尽管小教堂的地面上常出现较大的长方形大理石板，但最简单也最常见的是小型地板墓标。独立式墓碑几乎闻所未闻，墙壁式墓冢也非常少见，石制棺盖或拱门的出现，丰富了象征信号，提供了更多展现崇高地位的元素。

很多普通观众在 15 世纪就明白了艺术史学家最近才明白的事实：即使是非常富裕、有权势的私人赞助人，也很少用装饰着雕像的壁碑纪念。这种类型的墓冢（比如布鲁尼的墓冢）在现代艺术著

---

① Sharon T. Strocchia, Death and Ritual in Renaissance Florence (Baltimore and London: Johns Hopkins University Press, 1992) , 59, 77, 122, 292 note 55, provides details on several exceptional funerals: for the Acciaiuoli in 1353 (5,000 florins or 131 man-years) ; the Alberti in 1377 (3,000 florins or 84 man-years) ; the Medici in 1429 (3,000 florins or 96 man-years) ; the Tornabuoni in 1432 (1,056 florins or 32 man-years) ; and two ceremonies for the Strozzi in 1491 (1,222 florins or 61 man-years) . We estimate a "man-year" of unskilled labor at about 130 lire; see discussion in the introduction.

② Andrew Butterfield, "Monument and Memory in early Renaissance Florence," in Art, Memory, and Family in Renaissance Florence, ed. Giovanni Ciappelli and Patricia Lee Rubin (Cambridge and New York: Cambridge University press, 2000) , 135–62.

作中频繁出现，使人误以为这种雕像在文艺复兴时期并不算高级。我们现在认识到，15 世纪的佛罗伦萨，几乎所有带雕像的纪念性墓冢都属于教会或当地政府的高级官员。再看非纪念性墓冢，几乎所有塑像代表的都是四大精英群体中的成员：律师与医生，高级神职人员（以及其他重要宗教人物），以公费埋葬的“人民公仆”，骑士与贵族。简而言之，如果人们能够看到逝者的遗容，特别是如果人们能够瞻仰（而不是俯视）他的遗体，那么，逝者的地位就像他的埋葬地一样十分崇高。

精心选择墓碑材料，也帮助意大利文艺复兴时期的赞助人标榜自己的地位。1539 年，费拉拉作家利里奥·格雷戈里奥·吉拉尔迪在一篇文章中指出，只有粗俗的平民才埋葬于土地。他认为大理石墓冢适合一般市民，斑岩和青铜棺材适合“贵族与君主”。[①]与这思想类似，1575 年，威尼斯的乔瓦尼·普列里抱怨为他们家族两位总督规划的墓冢。他认为：“现如今，最杰出的人物再也不埋葬在伊斯特拉石棺中了。”[②]由于身份仅为医生的托马索·拉乔恩的墓冢，使用了这种材料，所以这种材料再也不适合地位更高的人物的墓冢了。

不管是否因为经济成本、地位限制，还是由于品味和学识的要求，信号的差异成本越高，艺术委托项目就越能彰显自己与其他项目的差异性和优越性。时间通常是真正精英的忠实伙伴，它让效仿他们的成本变得更为高昂。布迪厄认为：“那些具有最强大、独特力量的事物是能够最清晰地证明……其主人品质的事物，因为拥有

① Kathryn B. Hiesinger, “The Fregoso Monument: a study in sixteenth-century tomb Monuments and Catholic reform,” Burlington Magazine 118, no. 878（1976）: 284 note 9; and Martin Gaier, Facciate sacre a scopo profano: Venezia e la politica dei monumenti dal Quattro cento al Settecento, trans. Benedetta Heinemann Campana（Venice: Istituto veneto di scienze, lettere ed arti, 2002）, 212.

② Gaier, Facciate, 211–12. Bourdieu, Distinction, 281.

它们需要时间和才能，这种才能需要投入很长时间，它就像绘画或音乐修养一样，不能快速获得或通过代理获得。”[①]在委托具有这种“独特力量”的项目的竞争中，能够长久保持财富和影响力的家族便有独特的机会。正如拉夫曼在第六章所说的，在很长历史时期内都非常杰出的家族，能够通过在优越的位置获得墓冢，来彰显自己与其他家族的差异性。随着时间推移，这种作品不断增值，因为即便一位新兴的暴发户商人能够获得具备最高级材料和类型的墓冢，他也不能将墓冢放在与其祖先类似的墓碑附近。在第七章，海姆斯达特勒·迪·迪奥（Helmstutler Di Dio）说明了利昂·莱奥尼如何获得具有极其独特力量的“事物”——埋葬在米兰皇家教堂的圣母教堂（Santa Maria della Scala）的权力。这种荣誉只属于查尔斯五世王朝中的最杰出的人物。以上两个例子中，赞助人都获得了仅凭金钱得不到的东西，只有拥有崇高的地位才能得到，因此这两个委托项目都传达了这种难以传达的特质。最有效的信号是其他人无法企及的信号。

① Bourdieu, Distinction, 281.

第四章　挑选与夸大信息
——选择性宣传与夸大宣传

引言：选择性宣传与夸大宣传

在前一章，探究了意大利文艺复兴时期艺术赞助人使自己区别于其他人采用的策略。这些策略通常是使用显眼的举动和气派的姿态宣扬财富与地位。本章将探讨委托人觉得有必要传达更明确信息的情况，比如，与著名领袖的关系或战斗胜利。但是，信息的明确并不要求赞助人必须正直，而且意大利文艺复兴时期很多艺术委托作品传达出来的信息，都旨在鼓吹赞助人的声望。这种自我塑造行为体现了两种策略：选择性宣传和夸大宣传。选择性宣传策略适用于传达部分真相的信息。夸大宣传策略指的是艺术委托作品夸大赞助人的成就或品质。

现代观众都认为，专业艺术家对美的追求的过程是自由随性的。意大利文艺复兴时期，虽然其中缘由很多，但是，委托人及其观众都获得了高等“艺术许可证”。他们通常希望，艺术作品不仅仅能愉悦眼球，还要能提升观众的道德境界。他们认为，画出来的历史应该同写出来的历史一样，激励观众励行善行，勿施恶行。人们接受了宣扬善行的角色——即身先垂范，树立榜样。这种艺术作品的现代等价物，可能就是公众人物的颂词。没人想听毁誉参半的事情。积极的事情总是能吸引大部分的注意力，而负面的事情则会被忽视或省略。这种做法就是选择性宣传，这是古典华丽修辞确立已久的惯例。当这些积极的方面被放大时，就是夸大宣传。本章第三节将论述夸大宣传策略，其重点是艺术中的这种修饰手法。第二节将论述选择性宣传策略，它假设，绘画和雕塑的目标观众认为有关赞助人的信息是正确的，比方说，其中一尊塑像表现的普通人，真的领导其军队取得了重大胜利，而另一尊塑像中表现的贵族，真的有带着贵族血统的祖先。

选择性宣传和夸大宣传几乎一直伴随着信号传递。鉴于其成本，所有著名的艺术委托项目便自动成为信号，至少是标榜财富的信号，有时候还能显示更多信息。差异成本是这三种机制获得成功的动力。这种成本保证了观众接受的消息都非比寻常，否则就传达不了什么信息。如果所有人都能发起一项展示自己胜利勋章，并宣扬自己在战场上取得胜利的活动，且没有人站出来质疑他，那么这种活动就是毫无价值的，即便对真正的胜利者来说也是如此。但是对真正的英雄（以及对模仿这些英雄并夸大宣传的人）来说比较幸运的是，除少数人外，对于大多数人，扭曲事实的成本非常高昂。而其他少数人是有这种信息可以传达的。这种不对等即代表差异成本，正是这种差异成本使得选择性宣传策略能够奏效。

选择性宣传

采用选择性宣传策略，玩家可以显示明确、真实并且重要的特征，同时忽略其他重要信息。[①]因此，使用选择性宣传策略的人，与仅使用信号传递策略的人有两大方面不同。首先，他们会宣扬明确的，通常也很详细具体的信息，比如与某个显赫家族的密切关系，或者与某次战争胜利的密切联系。例如，弗朗西斯科·萨塞蒂（Francesco Sassetti）宣传他与洛伦佐·德·美第奇的密切关系，而雅格布·佩扎罗则告诉观众们，他领导军队战胜了土耳其人。换言之，他们宣扬的不仅仅是雄厚财富或崇高地位等一般特性。

其次，采用选择性宣传策略的人会忽略一些重要信息，赏心悦目的图画可能会移除这种信息。例如，设想一位出身低微但功成名就的普通人，委托创作一幅只提到自己的职业但不涉及出身的肖像画；而一位头衔高过财富，沦落到为生计奔波忙碌的贵族，则会选择截然相反的做法。德罗梅科·基尔兰达尤（Domenico Ghirlandaio）绘制于弗朗西斯科·萨塞蒂教堂（佛罗伦萨圣三一教堂 Santa Trinita，1480—1485）的壁画《圣弗朗西斯规约的确认》（图 4.1），表现了赞助人着重体现经过选择的关键特征，而故意省去其他特征

---

① The concept was first presented in Richard J. Zeckhauser and David V. P. Marks, "Sign posting: The Selective revelation of product Information," in Wise Choices: Games, Decisions, and Negotiations, ed. Richard J. Zeckhauser, Ralph L. Kenney, and James K. Sebenius (Boston: Harvard Business School press: 1996) , 22–41. paltering, seeking to mislead but not lying outright, is frequently accomplished through the selection, revelation, and concealment of signposting. See frederick Schauer and Richard Zeckhauser, "paltering," in Santa Fe Institute Workshop on Deception, ed. Brooke harrington (Stanford: Stanford University press, forthcoming) .

图 4.1 德罗梅科：圣弗朗西斯规约的确认，佛罗伦萨圣三一教堂萨塞蒂礼拜堂
阿奇维·阿利纳里 / 布里基曼

的方式。[1]壁画的前景部分，三个小孩和家庭教师在走上一段台阶。服饰和详细的特征让这些人物栩栩如生，不知情的观众可能会认为，赞助人在自豪地展示自己的孩子。如果这就是实情，那么这幅绘画

① For the chapel and patron, see Eve Borsook and Johannes Offerhaus, Francesco Sassetti and Ghirlandaio at Santa Trinita, Florence: History and Legend in a Renaissance Chapel (Doorn spijk: Davaco, 1981) , and Jean K. Cadogan, Domenico Ghirlandaio: Artist and Artisan (New Haven and London: Yale University Press, 2000) , 93–101, 230–31.

就是信号传递策略的标准范例。但事实上，壁画中的小孩是佛罗伦萨的政治领袖洛伦佐·德·美第奇的孩子，而壁画中最高处的椅子上便是洛伦佐的肖像。

洛伦佐得到了两位最信任的支持者的襄助。离观众较近的，是这幅壁画的捐助人弗朗西斯科·萨塞蒂，他经营着美第奇银行日内瓦分行，与儿子一起出现在壁画中。洛伦佐右边是安东尼奥·普奇。数年前，也就是1478年，美第奇家族在佛罗伦萨的敌对派系派人暗杀了洛伦佐的兄弟朱利亚诺，并试图刺杀洛伦佐这位美第奇家族的领袖，当时这些盟友就坚定地站在洛伦佐身边。萨塞蒂利用这幅教堂壁画宣示了这一危险的忠诚事迹。然而，这幅画也省略了一个有关赞助人与美第奇家族关系的重要事实。在萨塞蒂委托创作这幅壁画时，他几乎快将美第奇银行日内瓦分行经营破产了。当然，不管是文艺复兴时期还是现代的观众，都不会想看到壁画展示令人尴尬的事件或情景。此外，萨塞蒂知道，可能也希望他同时代的人知道，赞助人面临经济危机或社会危机时，几乎不会委托重大的教堂装饰项目。因此，萨塞蒂可以混进赞助人这个圈子，而不引起不知情观众的质疑。在这件委托创作的艺术作品中，萨塞蒂不采用寻常方式，而是要求其代理人将积极的品质——守护、尊重以及忠诚——展现给佛罗伦萨的国家元首。这个时期，萨塞蒂非常需要美第奇家族的支持。

15世纪80年代初期，安东尼奥·普奇委托波提且利创作绘画系列《纳斯塔吉奥·德吉利·昂斯提的故事》，歌颂儿子的婚礼。他儿子的婚姻是洛伦佐·德·美第奇安排的，洛伦佐的盾徽出现在婚礼场景的显眼位置。与萨塞蒂教堂一样，婚姻介绍人的盾徽这个不同寻常的细节，表明赞助人想进行选择性宣传。根据波提且利的记录，婚礼上宾客的选择揭示了安东尼奥·普奇的政治背景。他再次同弗朗西斯科·萨塞蒂一起出现。这一次他们真正地站在洛伦佐的兄弟朱利亚诺的身边，他是数年前凶杀案的受害者。因此，这幅绘画不是展现历史事实，而是以绘画的形式向美第奇家族致敬。所以这幅绘画没有提到当时已经成为重要政客的普奇，在几十年前还是位不起眼的基尔特公会会员就不足为奇了。[①]

绘画和雕塑是运用选择性宣传策略的重要机会，因为可用空间、美学因素以及艺术传统等各种因素的综合，不可避免地制约了作品能够传达的赞助人信息的总量。因此，像萨塞蒂这样的文艺复兴时期的赞助人，会利用艺术宣示自己的重要关系，但对令人难堪的事情却只字不提。选择性宣传模型要求，提供信息必须承担某些重大成本，比如时间、空间或金钱。如果不付出这些成本，那么观众就会对某一著名事件或重要人物关系的缺失产生疑问，就像读到对父母只字不提的厚厚的自传一样，然后他很可能就自然认为，不提这些信息是为了掩盖相关不幸或不光彩的事。

现代广告业有很好的关于信息成本的例子。电视上广告宣传的汽车如果不提马力或后备箱大小不会引起疑问。提供这种细节信息会增加额外的时间成本，从而产生经济成本。但如果代理商的制造商在简介中漏掉了这些事实，那么，潜在的顾客可能就会认为，汽车的马力应该很小，后备箱也应该不大，因为增加这些信息的成本并不高。

传递信息的事物及其观众，也为创意表达增加了额外成本。信息传播需要妥善组织，要有吸引力，要能激起观众的兴趣，艺术质量和艺术统一性的重要性，通常超过其他考虑因素。例如，假设那

---

① For the portraits, and the Pucci ties with the Medici, see Patricia Lee Rubin, Images and Identity in Fifteenth-Century Florence (New Haven and London: Yale University Press, 2007), 224–226, 247, 260–261.

条汽车广告是原来两倍长，为免于其质量和统一性不合格，“经销商”也会不加入两倍的信息。同样，文艺复兴时期的肖像画中，委托人可能想表现他的学识、物产、军事胜利以及显赫的人脉关系，然而代理人为了保证艺术统一性，很可能无法加入所有信息。一个壁画系列可以轻松包含数个歌颂往日辉煌的场景，但如果这样的场景太多，画面就会变得零碎而杂乱。艺术传统和美学因素限制了所委托艺术作品信息的传达，这就可以使赞助人避免提到重要但不光彩的信息。

选择性宣传尽管很普遍，但却不是文艺复兴时期的艺术规范，这主要是因为大部分的艺术委托项目都不会传达赞助人的具体信息。通常，仅仅能够辨认赞助人身份的，可能是通过装饰祭坛画画框的家族徽章，也可能是通过祭坛画中的肖像辨认出来的。如果一件艺术作品在信号传递或选择性宣传过程中，表现出不同寻常的变化，那么委托人与代理人关系就更耐人寻味，因为赞助人可能会给予艺术家更详细的指示。如果现代观众忽视了这些偏离传统的特征，那他们就会忽略部分信息。

有“形象问题”的赞助人，通常会采用选择性宣传策略提升自己的声望，萨塞蒂就是一个很好的例子。这种动机肯定适合恩里科·罗维尼。现今人们对他了解最多的是，他是乔托在帕多瓦的私人小教堂竞技场小教堂（the Arena Chapel）创作的系列壁画的赞助人。[1]罗维尼发现自己的地位非常不利。一个当地家族的历史侮辱了他的平民出身，而且但丁在《神曲》（Divine Comedy）中记录了恩里科的父亲是地狱中的高利贷者之一。为了反驳这些诽谤中伤，

① Laura Jacobus, “a Knight in the Arena: Enrico Scrovegni and his ‘true Image,’” in Fashioning Identities in Renaissance Art, ed. Mary Rogers (Aldershot, UK, and Brookfield, vt: Ashgate, 2000), 17–26.

家族生意经营得红火兴旺的小罗维尼，为这座小教堂委托了不少于三幅肖像画。其中最著名的壁画《最后的审判》（Last Judgment）（图4.2）中有一个细节，乔托这样描绘赞助人：他象征性地将这座小教堂献给圣母——献给她这座建筑的模型。旁边一座华丽的墓冢处，是穿着骑士盛装的赞助人，骑士是他获得的头衔。人们不用进入教堂就能看到建筑的门面，那里有罗维尼委托创作的本人独立式塑像，将自己标榜为一名骑士兼这座小教堂的创立者。

在他的小教堂中，罗维尼没有放置任何让人联想到他的财富来源的东西，但是他僭越当时的社会规约，尽情宣扬自己最显著的品质。诚然，他的同城市民可能对这位出身低微之人，这位第二代高利贷者展示个人肖像的行为表达了反对意见，特别是当他出现在伊甸园的时候。但是将自己置于天使之中也不完全是一个谎言。如果罗维尼评估了被嘲笑和被揭发的风险，那他肯定认为这些风险是值得承担的，因为他当时已经声名狼藉了。因此，他向当代和未来的观众选择性地宣传自己积极的方面。（现在只有很少的学者才关心他为其艺术委托项目付出的代价，这肯定能让罗维尼含笑九泉了。）不提及个人财富来源的策略，在一些非贵族赞助人中非常普遍，尤其是贵族群体也是其目标观众的时候。海姆斯达特勒·迪·迪奥在第七章解释道，16 世纪 50 年代，雕塑家利昂·莱奥尼为他在米兰的宅第设计的门面中，多处提及他广博的学识和他与神圣罗马帝国皇帝的关系，但是，我们在其他地方都没有看到他作为一名“纯粹的”艺术家，谋得自己的声望与财富。他反映了可供选择的、更加崇高的地位，而当时他刚获封骑士。其他艺术家的宅第，比如乔治奥·瓦萨里在阿雷佐的住宅，以及费德里科·祖卡里在佛罗伦萨的住宅，则是自豪地宣示主人职业的象征标志。

精明的赞助人使用巧妙的手段表达对自己有利的信息。15 世

图 4.2　乔托：最后的审判，帕多瓦竞技场礼拜堂
阿奇维·阿利纳里，佛罗伦萨

纪70年代，佛罗伦萨总理巴托洛米奥·斯卡拉计划建造城市宫殿，这本身就是显赫财富的标志。斯卡拉出生在佛罗伦萨之外，出身特别低微，他一点也不想显露自己的背景。因此，他选择性地宣传一项能够彰显自己与其他人差异性的品质：他的渊博学识。更具体地说，就是他的著作。他的府邸采用古典样式，庭院中的浮雕表现的是他效仿伊索写就的寓言故事。[①]大部分访客根据斯卡拉提供的暗示，都会觉得这座府邸的主人很有修养，很有创造力。只有睿智的精英才能发现，这座庭院提到了禁欲主义作家以及赞助人本人的著作，这些精英大概是赞助人眼中最重要的观众。目标观众与赞助人学识的互补，让斯卡拉煞费苦心的谋划变得有价值。

绘制肖像是进行选择性宣传的绝佳机会，因为它们关注的是精心挑选的背景中的主题。因此，政治领袖可以描绘自己的扈从，而且他们通常就是这样做的，从而展示自己宫廷的庄严宏伟，以及他给予大臣的恩宠、关切。由于系列壁画一般规模宏大，领袖便有更多的机会可以进行选择性宣传。一些艺术委托项目，如第二章讨论的安德里亚·蒙塔纳的“绘画室”（Camera degli Sposi），或者本诺佐·戈佐利创作于佛罗伦萨美第奇宫的《三圣贤之旅》，展现了领袖的强大盟友和人脉关系。它们宣示了被描绘的人物，而不仅仅是赞助人的重要性和权威性。他们都受益于这种人们乐于接受的颂扬方式。

个人通常会利用肖像画选择性地宣传自己的个成就。托马索·朗

---

① Patrica Lee Rubin, “patrons and projects,” in Renaissance Florence: The Art of the 1470s, ed. Patricia Lee Rubin and Alison Wright (London: National Gallery publications, 1999) , 70–71. She also argues that other contemporary palaces in florence signal qualities of the patronal families, from the powerful Pitti to the discreet Boni.

戈恩在威尼斯的赞助项目，展现了大规模的选择性宣传。[1]托马索·乔诺帝出生于拉文纳，后来成为纪多·朗戈恩的医生，纪多·朗戈恩允许托马索使用他的贵族姓氏。托马索·朗戈恩教授过哲学、药学、天文学及数学，他还喜欢称自己为“语言学家”，引起大家注意他的文学知识（语言学知识）修养。他花 1000 达科特的巨款，重建圣朱利亚诺教堂（the Church of S. Giuliano）的门面。新建的门面上有一座青铜塑像，它是著名艺术家亚历山德罗·维多利亚的作品（图 4.3）。赞助人静坐着，手中拿着一根树枝，膝盖上放着一本便笺簿，他的肖像周围是古奥的希腊语、拉丁语以及希伯来语铭文。尽管作品的确切含义难以捉摸，但称静坐者为“语言学家托马索·朗戈恩”（Thomas Philologus Ravennas），这几个单词在他的雕像下边尤为醒目。在这部作品中，赞助人聪明地运用了他的特殊地位。他在威尼斯没有什么政治权力，既非本地人又非贵族，这意味着他想建造的自我颂扬式纪念物，不会对威尼斯有权势的议员构成威胁。此外，医生不受禁奢法管束。然而，朗戈恩不停地超越极限，但并非总是能够成功。1552 年，议会否决了他重建圣杰米尼安诺教堂（S. Geminiano，当时正对着圣马可大教堂，现在已经损毁了）门面的请求，这可能是因为捐助人想增添一尊雕像。但坚持和金钱是会得到回报的。第二年，类似的请求得到附近圣朱利亚诺教堂的支持，但是这项引人注目的委托项目除了给朗戈恩带来了回报，也带来了负面关注。有一位作家嘲笑青铜雕像下的古奥的标题，还有一位作家认为，如果医生都能使用伊斯特拉石制作门面，那么，共和国总督的墓冢就要用更加高贵的石料（可能是大理石）建造了。对

---

① Martin Gaier, Facciate sacre a scopo profano: Venezia e la politica dei monumenti dal Quattrocento al Settecento, trans. Benedetta heinemann campana (venice: Istituto veneto di scienze, lettere ed arti, 2002), 207–38, 476–86.

图 4.3　亚历山德罗·维多利亚：托马索·朗戈恩半身塑像，威尼斯圣朱利亚诺教堂
阿奇维·阿利纳里，佛罗伦萨

朗戈恩来说比较幸运的是，材料升级的情况并没有发生。和罗维尼和莱奥尼不同的是，朗戈恩在雕像和铭文中提到了自己的职业。这成为了很长一段时间里医生、法学家及律师的墓冢的传统。尽管朗戈恩不是贵族，但他有一个颇受尊重的职业，这个职业能给他带来荣耀和财富，因此他选择性地宣传它。

在艺术委托项目中，在有关职业成就意料之外的选择性宣传背后，通常隐藏着有趣的故事。在威尼斯的弗拉里教堂（Church of the Frari），提香创作的祭坛壁画中，主教雅格布·佩扎罗跪在左前方，而他们家族其他成员则跪在画面右边。①这幅壁画没什么奇怪之处。但在提香的《佩扎罗祭坛画》（图 4.4）（1518）中，佩扎罗身后的人物却让人感到困惑：一位士兵举着一面带佩扎罗家族徽章和教皇徽章的巨大军旗，他转向两个男人，一位是黑人，一位戴着伊斯兰头巾。这组人物暗指雅格布在 1503 年扮演的角色。当时教皇亚历山大四世任命他为队长，帮助十字军从土耳其人手里夺取了圣莫拉岛。此外，赞助人于 1547 年去世，他的墓冢被安置在一幅祭坛画附近，画上附有铭文，开头为："雅格布·佩扎罗，帕福斯主教，战胜了土耳其人。"雅格布与其堂兄贝内德托·佩扎罗胜利地夺得了圣莫拉岛的荣誉，这揭露了两个委托项目背后出人意料的细节。雅格布知道，大多数进入这座教堂的威尼斯人都会看到贝内德托显眼的棺椁，它遮住了从教堂正厅进入圣器收藏室的大门。此处，铭文和画像歌颂了贝内德托在圣莫拉岛取得的胜利。佩扎罗家族的这两位成员，都使用艺术作品选择性地宣传他们在同一场战斗中取得的军事胜利，他们可能想要赢得同时代人以及我们这些未来观众的称赞。

传记性绘画和雕塑系列也提供了选择性宣传的机会。1330 年，阿雷佐大教堂主教纪多·达拉迪的兄弟，委托艺术家为纪多·达拉迪创作纪念碑，它包含十六块叙事画板。这些画板歌颂了在达拉迪

① Rona Goffen, Piety and Patronage in Renaissance Venice: Bellini, Titian, and the Franciscans (New Haven and London: Yale University Press, 1986) , chapter 4.

图 4.4　提香：佩扎罗祭坛画，威尼斯弗拉里圣母教堂
阿奇维·阿利纳里，佛罗伦萨

的英明领导下，阿雷佐城的长治久安，并描绘了他的前任的糟糕统治。[①]我们相信，如果委托创作的艺术作品中包含传记性场景，那么赞助人肯定选择或者赞成了这种做法。大部分史实资料都遗失了，锡耶纳大教堂（the Siena Cathedral）图书馆却保存了一份平图里乔于 1502 年签署的关于壁画的合同。这些壁画记叙了红衣主教平图里乔的叔叔教皇派厄斯二世的生活。根据他与代理人签订的协议条款，委托人挑选了他想要描绘的这位教皇的生活场景。[②]

选择性宣传指的是，不仅要包含经过挑选的细节，还要省去一些关键信息。不幸的是，如果为了提高某人的声誉而忽略某个场景，那这个场景便几乎是不可能留下记录。但第九章，西尔弗提供了一个有意省略信息的令人信服的例子。彼得·保罗·鲁本斯为法兰西遗孀王后玛丽·德·美第奇创作了一个壁画系列，描绘了玛丽的生活场景，这些场景都是为了歌颂她而精心挑选的。《王后离开巴黎》（The Departure of the Queen from Paris）描绘了赞助人生活中一个比较难堪的事件，但在最终计划中被《摄政之福》（Felicity of the Regency）替代了。赞助人希望这些画作能够使自己索取王位的行为合法化——她要与儿子路易十三世争夺王位（但最终失败了）。

当精英玩家遇到麻烦时，选择性宣传便是很好的应对策略。捐助人委托多梅尼科·兰达约和其工作室创作了《马拉泰斯塔祭坛画》（Malatesta Altarpiece）（图 4.5），被描绘了一个不同寻常的情节。[③]大约在 1493 年，伊丽莎贝塔·阿尔多凡蒂尼发现自己的处境异常危

① Rona Goffen, Piety and Patronage in Renaissance Venice: Bellini, Titian, and the Franciscans（New Haven and London: Yale University Press, 1986）, chapter 4.

② Michelle O’Malley, The Business of Art: Contracts and the Commissioning Process in Renaissance Italy（New Haven and London: Yale University Press, 2005）, 182.

③ Cadogan, Domenico Ghirlandaio, 270–73; Jonathan K. Nelson, “Jockeying for position: Donor portraits in Ghirlandaio’s Malatesta Altarpiece,” forthcoming.

图 4.5　多梅尼科·兰达约及其工作室：马拉泰斯塔祭坛画
里米尼城市博物馆，里米尼

险，于是她委托创作了这幅画作。她是里米尼城领袖罗伯托·马拉泰斯塔的情妇，仅有两个儿子——潘多佛四世和卡洛。1482 年罗伯托去世后，他的兄弟伽利托和雷蒙多成为两位小男孩的监护人，并与伊丽莎贝塔一起担任里米尼的摄政者。潘多佛在 1492 年写的一封书信，阐述了接下来的戏剧性发展："卖国贼伽利托和他的儿子们计划将我和母亲以及我妻子碎尸万段，但是，感谢上帝，他们最终自食恶果。"①谋杀和背叛事件发生后，曾经的领袖的情妇伊丽莎贝塔就成为了唯一的摄政者和监护人。同年，她试图利用艺术手段维护并巩固她在里米尼的地位。

文艺复兴时期的观众都比较熟悉赞助人肖像的惯例，当他们看到《马拉泰斯塔祭坛画》时，他们会发现一些非常奇怪的特征。壁画的前景部分，相比其他三个人物——潘多佛、潘多佛的妻子及其兄弟，伊莉莎贝塔呈现的形象要大很多。此外，她占据画面左侧，这是凸显身份的位置（即在圣人的右边）。文艺复兴时期，几乎所有包含男女赞助人的祭坛画中，男性赞助人的形象都要高大一些，而且一般要跪在左边。这幅画作的例外情况表明，委托创作的赞助人便是壁画所描绘的女士。文艺复兴时期其他艺术作品中，女性赞助人的形象从未高过其他人物，但是伊丽莎贝塔需要选择性地宣传自己在里米尼的显赫地位。她没有选择独自出现，而是跟两个儿子一起出现，这两个儿子就是她把持该城大权的正当理由。

讽刺的是，这些肖像画的质量并没有达到她的期望。伊丽莎贝塔拒绝支付超过 24 弗洛林的尾款——约等于总费用的 20%。1496 年，佛罗伦萨接管的诉讼官司裁定，由于画作质量较低，伊丽莎贝塔只需要支付 10 弗洛林。仲裁人认为，应该根据实物创作里米尼大

① Antonio Cappelli, "pandolfo Malatesta ultimo signore di rimini," Atti e memorie delle R.R. Deputazioni di Storia Patria per le provincie modenesi e parmensi, 1（1863）, 427.

人们的肖像，但这些画像与他们本人或其样貌不相符。[①]伊丽莎贝塔认为，如果观众不能很容易地辨认出左边的女人，那这幅祭坛画就不能实现其大部分预期功能。伊丽莎贝塔想用这些祭坛画宣示她身份地位的具体方面——她的政治权力，鉴于她获得权力的手段不同寻常，这便是更重要的特质。对她来说，法院的判决虽然在经济上是有利的，但并没有实现她使自己权力合法化的目标。1496年，伊丽莎贝塔向威尼斯政府表达了自己的忧虑：她的儿子潘多佛去年已经成年，他想要谋害她及其兄弟卡洛。后来她真的在这一年去世了，一时间潘多佛鸩杀生母的谣言四起。

能够进行选择性宣传的艺术委托项目，对需要掩盖丑闻的赞助人来说极具吸引力。那些需要重整声誉的赞助人，比如佛罗伦萨的萨塞蒂和帕多瓦的罗维尼，不得不冒险这么做。银行家萨塞蒂比较谦虚低调，只是表达了敬意。罗维尼身为高利贷者，家族受尽诋毁侮辱，因此他冒了更大的风险，在多个情景中颂扬自己。这些做法可能提高了他的地位，但是还不够：他在流放中去世。对于职业或家族出身，米兰的莱奥尼将观众的注意力引向他的渊博学识，而威尼斯的朗戈恩则选择忽略跳过。这两位做得都很好。里米尼的伊丽莎贝塔和巴黎的玛丽冒了更高的风险。她们都想保住对权力的索求，并委托创作画作帮助自己实现目标，但是她们都失败了。

不管是歌颂成就不足的雇主，还是告诉某位精英人物希望与之合作，还是向公众索求统治权，一场精心谋划的选择性宣传都是传达预期信息的绝佳方式，它让赞助人可以传达正面信息，掩盖其他信息，并且曝光几率较小。观众们通常并不知道一幅壁画或肖像省略了非常重要的信息。如今，当我们重新评估叙事性艺术作品的创

---

① For the document, and a different interpretation, see Cadogan, Domenico Ghirlandaio, 272, 377–78.

作背景时，我们不仅要确定表面描绘的东西，还要查证没有叙述的重要信息。

夸大宣传

有些人觉得仅仅宣示总体特征，或选择性宣传精选的特征远远不够。他们想要传达更有利的形象，而以上两种策略都无法表现出来时，他们会选择夸大事实。销售商用误导性或高度夸大的方式，表达某些有利的重要特征，这便是“夸大宣传”。文艺复兴时期，艺术的本质是美化并理想化自然世界，但即使是这一时期的艺术，也有两大因素约束夸大者：威慑与信誉。如果观众发现言论被过分夸大，销售商或赞助人的名誉就会大大受损或完全受损。社会学家欧文·戈夫曼有一项开创性研究：《日常生活中的自我呈现》（The Presentation of Self in Everyday Life），他认为，戴着假面具可能会“立刻招来羞辱，有时候还会导致永久的名誉损失”，这将进一步降低某人的总体信誉。[①]以吹气球为例，吹的体积越大，得到的回报就越多，但达到临界点，气球爆炸了，它的体积也重归于零了。

意大利文艺复兴时期的艺术作品有很多夸大言论的例子，这些言论会抬高赞助人或者肖像画中人物的声望，但部分言论被揭穿，最终会导致像气球爆炸一般的耻辱。画家菲利波·里皮在斯波莱托大教堂（the Cathedral of Spoleto）修建的墓冢属于第一类情况。[②]

① Erving Goffman, The Presentation of Self in Everyday Life (Garden City: Doubleday, 1959) , 59.

② Jonathan K. Nelson, “profilo biografico,” in Filippino Lippi, ed. Patrizia Zambrano and Jonathan K. Nelson (Milan: Electa, 2004) , 58–63.

墓冢上的铭文称，“豪奢者”洛伦佐·德·美第奇支付了墓冢的费用，而且墓冢上镌刻着美第奇家族的盾徽也不足为奇。这座墓冢还展示了里皮家族的盾徽，所有东西看起来都整齐有序。但遗憾的是，这位画家的家族没有族徽。大约 1490 年，他的儿子菲利皮诺·里皮专为这种场合发明了族徽。至于这些盾徽，我们可以推测，尽管洛伦佐肯定同意了这项计划，但提出计划的一定是菲利皮诺。加入族徽夸大了菲利波和菲利皮诺·里皮的地位，而且还可能夸大了洛伦佐的地位。

一旦被发现夸大宣传，便可能遭受毁灭性的名誉损失。这使得赞助人和艺术家都必须小心谨慎。14 世纪晚期，弗朗西斯科·萨凯蒂讲述了乔托如何将一件浮夸过度的事情扼杀在摇篮中。[1]乔托是著名的艺术家，他拒绝了一位手艺人的委托项目，这位手艺人希望乔托为他创作一幅带虚构盾徽的画作。由于这位赞助人无权获此荣耀，所以乔托的做法实际上是帮了他大忙。这种过度夸大的行为可能会被揭穿，赞助人便会成为众人的笑柄。

这件事正是发生在 16 世纪，当时虚构辉煌的家族历史和家族盾徽已变得十分普遍。许多作家对这种夸大宣传、沽名钓誉的行为或捶胸哀叹或冷嘲热讽。安顿·弗朗西斯科·多尼在《南瓜》(La Zucca）中，写了一篇与他显赫祖先（包括教皇多尼一世和教皇多尼二世）的有关的令人捧腹的文章。[1]16 世纪中叶，佛罗伦萨雕塑家本维努托·赛里尼抨击他的对手巴乔，说他“给自己加上班迪尼

---

① Franco Sacchetti, Il trecentonovelle, ed. valerio Marucci (Rome: Salerno Editrice, 1996), 181–83 (Novella LXIII) .

② See Louis A. Waldman, Rewriting the Past: The Memoriale Attributed to Baccio Bandinelli and the Culture of Forgery in Early Modern Europe, forthcoming. We thank professor Waldman for sharing this material, and for his valuable suggestions to this chapter.

利的姓氏……实际上却既没有显赫家族，也没有族徽。”[①]瓦萨里论及班迪尼利的《艺苑名人传》中，也持有类似的揭露真相的态度。谈及这位艺术家在佛罗伦萨圣母领报教堂的墓冢时，瓦萨里引用了《圣母怜子像》下方的铭文“巴乔·班迪尼利”。数页后，他狡猾地以讨论这位艺术家的姓氏作为这篇传记的结尾，“因为这位艺术家的姓氏并不总是一样，它是会变化的”[②]。瓦萨里的负面反馈，在社会上被放大了，它表明了夸大宣传、弄虚作假的潜在负面影响。

但是如果换作歌颂自己的家族，很多人会觉得潜在的效益高于这些风险。第三章已提到，萨伏伊用都灵凯旋式入城游行，成功宣示了其毫无根据的主张：他们的血统承继自萨克森家族。1585 年他们在都灵建造了一座拱门，拱门上竟然出现了萨克森的贝托尔多，据说他是萨伏伊血统的开创者。[③]这种夸大宣传的做法传达了强有力的信息，因为其他人轻易无法模仿。夸大一部分事实并进行隆重展示的能力，是非常重要且极其罕见的特质。

对于销售商或赞助人来说，假设人们相信其传播的信息，那么，这些信息夸大得越厉害，它的价值就越高。然而夸大的程度越高，销售商面临被揭穿的风险就越高。如果目标观众认为宣传者几乎不需要为夸大信息承担成本，比如弄虚作假行为不会被发现，那么被

---

① Benvenuto Cellini, Due trattati in Opere, ed. G. G. Ferrero (turin: utet, 1971) , 596.

② Giorgio Vasari, Lives of the Painters, Sculptors and Architects, trans. Gaston du c. de vere, ed. David Ekserdijan (London: Everyman’ s Library, 1996) , 2:309, 305. on p. 304, vasari could not resist adding that the Pazzi family granted the use of their prestigious chapel to Bandinelli “without divesting themselves of the rights of ownership and of the devices of their house that were still there.” on Bandinelli’ s self-fashioning, also see Waldman, Rewriting.

③ Marta Alvarez González, “pageantry and the projection of Status: The Triumphal Entries of Catherine of Austria (1585) and Christine of France (1620) in Turin,” Mélange de l’ École française de Rome. Italie et Méditerranée 115, no. 1 (2003) : 46–48.

传达的信息，即便真实可靠，也会被低估。美国总统公共关系办公室通常会宣称一场毫无建树的峰会成果颇丰。慢慢地，观众们就会给这种浮夸不实的言论打上折扣。当所有人都夸大信息，而消费者自动低估听到的信息时，销售商就不得不进一步夸大信息。以国家领导人对峰会成果发表意见为例，如果真正的成果是 93 分（百分制），官方通讯社发布了这个数据，那么公众就会认为它只值 88 分。如果声称成果是 97 分，那么公众就会认为它值 92 分。但在极权政体中很可能鼓吹到 99 分，精明的公众就会觉得不对劲，然后将分数打折到 70 分。过度夸大会使合理性降低。

文艺复兴时期的观众普遍会给肖像画打上折扣。观众希望肖像画是理想化的，希望画中人物身材苗条，皮肤光滑，尽管作家经常称赞这种肖像画“太栩栩如生了，它只是不会开口说话而已”。彼得罗·阿雷蒂诺为埃莉奥诺拉·贡扎加画的肖像，以及提香为伊丽莎贝塔·马索拉画的肖像都太“逼真”了，人们甚至能看出静坐者内在的美德。[①]这种评价反映的是修辞学传统而非视觉传统，它可能将粗心的现代观众带入歧途。

我们发现，关于文艺复兴时期艺术夸大宣传的做法，人们期望这么做，也能接受这种做法，而且这种做法也确实比较普遍。即便按照目标观众的标准来看，有些做法确实是过度夸大，赞助人也很少被拆穿或惩罚。这也不足为奇，因为观众忽视了过度夸大的做法，而且关于什么夸大程度会触怒观众，并没有清晰的界线。我们可以将文艺复兴时期观众的期待与我们观看“基于真实故事”拍摄的好莱坞电影时的期待做个比较。导演们总是呈现英俊帅气的男主角和漂亮优雅的女主角，向我们叙述精简美化过的故事，故事结局又总

① Norman E. Land, The Viewer as Poet: the Renaissance Response to Art（University Park: Pennsylvania State University press, 1994）, 89.

是让人振奋。文艺复兴时期的画家和雕塑家肖像或塑像中的创作的人物形象，比现实中更威严气派。与他们同时代的人，适当对这种美化粉饰打上一点折扣，而今天的观众也应试着这么做。尽管有很多人称赞兰达约的《老人的肖像》(Portrait of an Old Man)（图 4.6）很符合“现实主义”特征，但实际上，草图中赞助人的蒜头鼻更加明显。①

有时候，我们能从某件肖像作品的文献资料中，看出哪些是夸大的部分。1617 年的一封信件中，曼图亚的卡特里纳・德・美第奇向她的兄弟科西莫二世大公抱怨，当地的一位艺术家将她的鼻子画得太大了。波伦亚画家亚历山德罗・蒂亚里尼随后又为她画了一幅肖像，这位画家显然是更称职的代理人，他赢得了卡特里纳丈夫曼图亚公爵的夸赞：“相比其他画家，你为她画的肖像都是最好的，因为你在保证相似度的前提下，美化了她的相貌。”②很多年前，这座城市中一幅更著名的肖像也进行了夸大修饰。1534 年至 1536，提香为伊莎贝拉・德・艾斯特画了一幅 55 岁左右的肖像画，但是，阿雷蒂诺认为画家把她画丑了，于是她要求画家重新画一幅。然而第二部作品（图 4.7）中，代理人将她画得像小姑娘一样。伊莎贝拉在一封书信中拆穿了这件事，她说自己以前没有这么漂亮。③并不是说她真想要画家把自己画得多准确：这幅肖像是根据早前弗朗西亚所画的肖像创作出来的，而弗朗西亚的肖像画又是以科斯塔根据真人

---

① Cadogan, Domenico Ghirlandaio, 276–77.

② Carlo Cesare Malvasia, Felsina Pittrice: vite de’ pittori Bolognese (Bologna: Guidi all’ ancora, 1841) , 2:130. for the letter of 1617, and discussion of the portrait, see Molly Bourne, “Medici Women at the Gonzaga court, 1584–1627,” in Italian Art, Society, and Politics: A Festschrift for Rab Hatfield (florence: Syracuse university press, forthcoming) .

③ Rona Goffen, Titian’ s Women (New Haven and London: Yale University Press, 1997) , 91. 18.

图 4.6　多梅尼科·兰达约：老人肖像，巴黎卢浮宫博物馆
阿奇维·阿利纳里，佛罗伦萨

图 4.7　提香：伊莎贝拉·德·艾斯特，维也纳艺术历史博物馆
阿奇维·阿利纳里/布里基曼，佛罗伦萨

创作的肖像画为基础。所以，整个过程就像绘画版的“打电话”游戏。简而言之，提香为了取悦顾客，既颠倒了时间，又夸大了事实。毫无疑问，伊莎贝拉希望她的迷人形象能够留在观众脑海中，数百年后，她的目标实现了。

文艺复兴时期的赞助人和观众都认为，为了传达特定类型的信息，会对肖像进行理想化处理，尤其是重要人物的肖像。他们的目标不仅仅是表现实际外貌，还要体现高贵、高雅、高尚的形象。如果进行精确描绘，只有很少人能够达到这一目标，因此不管谁委托创作艺术作品，文艺复兴时期的礼仪感都要求在肖像、圣画，以及叙事场景中进行一些美化粉饰。例如，尽管《圣经》已清楚说明圣母玛利亚是穷人，但在画作中，圣母玛利亚通常都是穿着长袍。衣衫褴褛的圣母玛利亚形象是唐突无礼的——她的衣着必须与其圣母身份相配。同样的道理，吉拉尔迪·钦齐奥警告作家们不要效仿荷马，因为他曾经写到一位公主和她的女仆去河边浣衣。[①]不管是在艺术中还是文学中，世俗者、基督徒和古代贵族必须看起来有所区别。

1544 年，尼科洛·马特利写了一封有趣的信，讨论米开朗基罗在创作美第奇家族“领袖”位于佛罗伦萨圣洛伦佐教堂新圣器收藏室的雕塑（图 4.8）时，在真相与形象之间的权衡量度。这篇文章经常被引用，而且总是脱离情景使用，这表明了马特利对适当夸大委托创作的艺术作品和文学作品的看法。

① For a discussion of this passage, in Cinzio’s Discorso intorno al comporre de i romanzi (1554), see Deanna Shemek, Ladies Errant: Wayward Women and Social Order in Early Modern Italy (Durham and London: Duke University press, 1998), 83.

图 4.8　米开朗基罗：朱利亚诺公爵，佛罗伦萨圣洛伦佐教堂新圣器收藏室
阿奇维·阿利纳里 / 布里基曼，佛罗伦萨

他们说诗人是阿谀小人和撒谎骗子，对于这种观点我并不否认，但是我们可以考虑一下他们为什么要这样做。米开朗基罗要雕刻的是地位显赫的美第奇家族的尊贵大人们，所以他没有直接描绘洛伦佐公爵和朱利亚诺大人本来的面貌，而是描绘他们的身材、比例、端庄、优雅、华丽——他认为这些能够给两位大人引来夸赞，从而让欣赏他们的观众惊奇赞叹。因此，如果著名作家在真相上添油加醋，他们只是为了让它们[主题]更加适合未来的观众。①

马特利没有指责米开朗基罗背离事实，而是指出，艺术家和作家的根本目的就是赞颂他们的赞助人。此外，最终的作品也能提升他们的声望，让人们知道他是一位有用的代理人。熟悉肖像画上这些惯常做法的观众，可能会给夸大了的信息打上折扣。他们明白这些艺术作品不是为了精确地描绘表观样貌，而是让观众了解“更高的真相”。美化修饰已经成为惯例了，所以，赞助人不会青睐那些呈现其真实面貌的艺术家。

这些肖像反映了一种跟故事创作类似的艺术概念，瓦萨里的《艺苑名人传》中，第二部分的序言阐述了这一概念：“指出人们的对策：导致幸运或不幸的缘由。这才是故事的灵魂，这教会了人们如何生活，让他们变得小心谨慎。”②这个观点出自西塞罗，他认为，故事“阐明了真相，赋予生命以回忆，给予生活以指导”③。按照

① Niccolò Martelli, Il primo libro delle lettere di Nicolo Martelli (florence: Anton Francesco Doni, 1546) , 48–49.

② Cicero, De Oratore (II.ix.36) , as quoted and discussed in Patricia Lee Rubin, Giorgio Vasari: Art and History (New Haven and London: Yale University Press, 1995) , 152.

③ Ibid., 151.

这种思路，描绘历史事件或名人显贵的画作也应给人以教益。所有言论主张都自然而然被打上折扣，为了重视并应对这种问题，夸大事实的做法是合算且必要的。

16 世纪 40 年代，瓦萨里阐述自己的观点时，专业历史学家保罗·乔维奥给了他重要建议与支持。约 1534 年至 1535 年，在一份书信中，他讨论了在保证不过分失真的前提下，适度夸大事实的必要性："大家都知道，历史必须真实可信，人们决不能肆意篡改历史，但是，作家可以有限度对人们的过错夸大宣传或轻描淡写，或者反过来，对他们的美德拔高褒扬或贬低淡化——这是作家的古老特权。"[①]尽管乔维奥容许一些夸大，但很明显，他并不喜欢这种做法。歌颂教皇保罗三世的坎榭列利亚宫（图 4.9）的百日庆典室内，有瓦萨里创作的系列壁画，他以其为例，印证了自己的观点。瓦萨里写道，其中一个场景描绘了"保罗三世给基督教世界带来了广泛和平，尤其是神圣罗马帝国皇帝查尔斯五世与弗朗西斯的和解，他们俩也出现在壁画中。从这幅壁画可以看到化干戈为玉帛的喜人画面。"[②]对于文艺复兴时期熟悉复杂视觉码符的观众来说，这种将寓言人物与肖像混合的做法表明，这幅壁画重现的并不是虚构的历史。乔维奥解释道，根据修辞学规则，赞扬是以美德为基础的，来自现实生活的事件只是担当道德品质的范例。通过关注美德，人们可以"用挥舞旗帜的方法赞颂某位人物，掩盖他所有过错，而不用担心陷入谎言的泥淖"[③]。这种挥舞旗帜的做法，让画家可以为赞助人歌功颂德，从而在适度夸大事实的情况下完成历史绘画。

---

① Ibid., 163.

② Vasari, Lives, 2:1041–42.

③ Julian Kliemann, Gesta Dipinte. La grande decorazione nelle dimore italiane dal Quattrocento al Seicento（Milan: Silvana, 1993）, 46.

如果委托人或代理人决定采用夸大事实的宣传方法，可以通过四项策略防止被吹嘘膨胀的气球爆炸，产生适得其反的效果。第一，夸大的程度必须可以直接控制。第二，夸大宣传者必须利用媒介，比如艺术描写，人们鼓励在艺术描写中进行大量修饰美化，因此即便这种做法被拆穿，也不会受到惩罚。第三，夸大宣传者可以避开聪明的观众，从而避免自己的小伎俩被发现。这些聪明的观众指能够轻易估计出作品夸大程度的人，因此，赞助人不会让艺术家在他们可以看到的艺术作品中大肆夸大事实。第四，将夸大宣传变成模糊的言论，而非明确的言论。举例来说，如果公司的首席执行官宣布，人们对新产品的兴趣十分浓厚，那么，这就是一条模糊的言论，而且难以驳倒。相反，明确的言论是可以验证的，比如手头新产品的订单超过了一定数量。如果被发现言论不实，赞助人会非常难堪。发表言论的顶头上司，即例子中公司的董事会，可能也会无地自容。明确的言论就像尖锐的利器，它们能够刻画确切的点，也会刺破被吹嘘膨胀的气球。瓦萨里为教皇保罗三世创作的系列壁画，对明确的事件进行了一般性描述，因此他发表的是“模糊的”言论，而非“明确的”言论。此外，壁画作为艺术作品，自然会有一些美化修饰，少了任何东西都会显得不正常，不合适。但是，如果夸大宣传无需承担成本，也就是说，如果所有言论都很容易被原谅，并且所有人都能随意地言过其实，那么这些言论就无法实现其目的：夸大宣传将无法使有辨识力的观众相信，某人的成就比实际成就更大。只有使观众相信这一点，夸大的做法才算成功。

弗朗西斯科·贡扎加（本书第八章提到的伯恩的论文的论述对象）就是一位夸大宣传者，他做得大胆露骨，可是他最终成功了。他运用艺术手段，将一场对抗法国人的战斗的错综复杂的结果夸大成重大胜利。这一事件中，正是模糊的信息给他提供了机会。勋章

CONSTA
NTIA
OPTIMÆ
INGENIA
PUBLICÆ

图 4.9　乔治·瓦萨里：和平缔造者保罗三世，罗马坎榭列利亚宫百日庆典室
阿奇维·阿利纳里 / 布里基曼，佛罗伦萨

与绘画（最著名的绘画是蒙塔纳的《胜利的圣母玛利亚》，Madonna of Victory）从未说过贡扎加的军队战胜了法兰西国王查尔斯八世。然而，这些绘画给人一种独特的印象：意大利人取得了这场战斗的胜利。当时很多观众并不这么认为，但是他们很少有人生活在贡扎加的曼图亚大本营附近，他们的言论要么永远没人听到，要么很快被遗忘了。这些壁画实现了其目标：它们显著地提升了弗朗西斯科·贡扎加的声望。

威尼斯“海军总司令”海军上将温琴佐·卡佩洛的墓冢传达的信息，比弗朗西斯科·贡扎加的壁画更加清晰明确，但它仍然比较模糊，不会冒犯威尼斯人的礼仪感。[①]卡佩洛生平最著名的事，是1538年（去世前两年）在普雷维扎战斗中惨败给土耳其人。1542年，他的儿子（名字也为温琴佐）计划建造一座豪华墓冢，并在威尼斯城中心重要的圣玛利亚佛尔摩沙教堂（图4.10）正面大门上，为他父亲塑像，以此恢复这位海军上将的声誉。题词中将他比作古代伟大的海军上将，并将战争失利归因于“命运”。[②]因此，卡佩洛的儿子用艺术成功地夸大了他的声誉，并为他糟糕的成就提供了可以接受的解释。

16世纪70年代，詹巴蒂斯塔·泽罗蒂委托皮奥·恩里亚·奥比齐创作了一幅壁画（这幅壁画创作于朱塞佩·贝图西负责的一个项目之后），将视觉艺术上成功的夸大宣传表现得淋漓尽致。[③]壁画

---

① Gaier, Facciate, 178–206, 465–470.

② According to the Venetians, their fleet had been betrayed by their supposed ally, admiral Andrea Doria, who led the fleet of the holy Roman emperor.

③ Kliemann, Gesta Dipinte, 116–18.

图4.10 多梅尼科·格拉齐奥利·达·萨罗：温琴佐·卡佩洛塑像
威尼斯圣玛利亚佛尔摩沙教堂
阿奇维·阿利纳里，佛罗伦萨

中的场景，描写了赞助人的祖先生活中的重大事件，此外，壁画下方还有题词，书面参考资料和贝图西写给皮奥·恩里亚的赠言。但这些题词都是凭空想象的，并非学术性脚注，因此可以将整个系列壁画看作一部绘画小说。尽管赞助人及其顾问用明确的标志夸大了事实真相，现代观众一定可以发现它有过度夸大嫌疑，但是没有证据表明，这个系列壁画产生了适得其反的效果，或者被嘲笑过。奥比齐家族的私人别墅使其可以掌控壁画展示。对不了解这个家族真正起源的人，什么都不必解释。对那些聪明的人，这个壁画系列可以解释为一种宏大的象征。此外，奥比齐家族也意识到，很多家族都会改写他们的家族历史，所有人都最好不要自找麻烦。成功的夸大宣传远胜过信号传递或单纯的引导性宣传，它要求赞助人和艺术家牢记艺术赞助项目的首要规则：了解所有观众。

本书第二部分将探讨应用信号传递、选择性宣传，以及夸大宣传策略的案例。由于信号传递更加重要，应用更广，将占用两个章节，选择性宣传和夸大宣传分别占用一个章节。这些案例研究，将为我们用分析性概念构成的骨架增添血肉，因此，对这些案例历史分析的丰富程度将覆盖它们的方法论基础。不管这些艺术品是否运用了信号传递、选择性宣传或夸大宣传等策略传递信息，差异成本都是艺术委托博弈游戏的驱动力。尽管（或者说正是由于）赞助人和他人都面临各种限制条件，相对较低的成本让他们可以获得效益，从而保证了正面回报。成本、效益以及限制条件这三个因素，组成了分析赞助人回报的理论框架。

第二部分　赞助人的回报

Part Tow

THE PATRON'S PAYOFF

第五章　佛罗伦萨私人祈祷室
——传递信息的天堂

◎ 乔纳森·K. 纳尔逊　理查德·J. 泽克豪瑟

引　言

赞助人在大教堂里修建惹人注目、装饰精美的私人祈祷室，能够完美传递如下信息：他们腰缠万贯，位高权重，身边的朋友都不能与之相提并论。①这种方式十分有效，因为购买和装饰私人祈祷室需要耗费巨资。且不看令人咋舌的花销，平民老百姓也几乎不可

---

① For recent studies in English on private chapels, with extensive bibliography, see Jill burke, Changing Patrons: Social Identity and the Visual Arts in Renaissance Florence (University Park: Pennsylvania State University press, 2004) , and Jonathan K. nelson, "Memorial chapels in churches: The privatization and transformation of Sacred Spaces," in Renaissance Florence: A Social History, ed. Roger J. Crum and John t. Paoletti (Cambridge and New York: Cambridge University press, 2006) , 353–75, 582–84. An earlier version of some the material in this chapter appeared in Jonathan K. nelson and richard J. Zeckhauser, "A renaissance instrument to Support nonprofits: The Sale of private chapels in florentine churches," in The Governance of Notfor-Profit Organizations, ed. Edward l. Glaeser (Chicago and London: University of Chicago press, 2003) , 143–80.

能有这样的祈祷室。祈祷室的主人也因此在财富、地位上与他人划出楚河汉界。祈祷室作为宗教建筑，其价值更甚。它的装饰恢弘而虔诚。赞助修建祈祷室的人希望通过慷慨解囊，使自己早日获得救赎，因此上帝是这些祈祷室的首要受众。但上帝无需凭借家族徽章或是刻在祈祷室门口和内墙上的各种铭文，便能认定谁是真正的赞助人，所以这种展示个人或家族地位的行为，其实际受众是平民百姓。本章将着重介绍这种行为向公众传递的信息。

赞助人希望向公众传达本不易传达的信息，即宣扬自己及家族的社会地位，而地位主要源自财富和社会关系，但这两种特质难以直接表露，而且宗教领袖还号召人们保持谦逊和低调。因而他们展现自己地位和财富的念头，将自己与其他看似相同的人划清界限的欲望变得十分迫切。而修建私人祈祷室便是传达以上信息、展现自己高贵地位的绝佳方式。其他形式诸如举办盛大宴会、修建宫殿或精心安排葬礼，同样也能达到这一目的，但修建私人祈祷室花销却小很多。一间装饰精美的私人祈祷室能够传达大量信息，因此对社会上最富有的群体，抑或是其他富裕的赞助人而言，都是很划算的传递信息的媒介。普通访客均可辨认这些赞助人的名字、徽章和标志。祈祷室首要的尘世受众，即与赞助人处于同一社会经济阶层的人，则能看出更多名堂。他们深谙这一方式的限制：比如，在极富盛名的教堂里拥有一块宝地困难重重，寻求一位赫赫有名的艺术家来协助修建也并非易事。这些贵族对欣赏定制艺术品的手艺和品位也颇有造诣，这一品质至今仍为人所称赞。如今存放在博物馆中、文艺复兴时期的大多数圣坛装饰画和墓碑雕刻作品，都曾用于装饰私人祈祷室。与其他招摇的消费方式相比，祈祷室还有一个明显优势：它几乎不会遭受负面评价。祈祷室的艺术藏品和建筑风格都被赋予了宗教性质，大多数还是不容置喙的宗教意象，因而赞助人往往不会遭受质疑和反对。不过神职人员却常批评赞助人，他们认为展示徽章和人物画像的行为不甚妥当，甚至是无礼、炫耀的行径。但对大多数赞助人来说，遭受这样“最低规格”的攻击，与拥有华丽的祈祷室所带来的利益相比根本不值一提。在有名望的教堂中修建富丽的祈祷室，对极富人群之外的人而言，确实是一笔不小的开销，它不仅包括获得赞助权的费用，还包括为祈祷室配备宗教用品、装饰以及雇佣弥撒人员的费用。但高价自有其好处：祈祷室成本越高，其所处的位置越优越，传达信息的效果就越显著。赞助人能够通过斥资修建的祈祷室及其装饰风格与他人区分开，而参观者则可通过教堂的地位和祈祷室所处的位置知晓赞助人的社会地位。同时，祈祷室的细节也能表露很多信息，这些细节包括艺术品的尺寸和精巧程度、材质的成本，以及艺术家的独特风格。从中世纪晚期开始，人们对私人祈祷室的需求上升，这一变化促使宗教建筑发生了彻底变革。

祈祷室的功能

本章将讨论佛罗伦萨 250 年内促使赞助人修筑祈祷室的原因、祈祷室的成本及其修筑过程。我们的故事从 13 世纪晚期开始，当时圣十字大教堂（Santa Croce）和新圣母大教堂（Santa Maria Novella）开始兴建一大批私人祈祷室，一直到 16 世纪 30 年代早期才告一段落。[①]当时文艺复兴时期的佛罗伦萨成了公国，同时美第奇（Medici）

① The discussion of these churches in the fourteenth century derives from Ena Giurescu, “family chapels in Santa maria novella and Santa croce: architecture, patronage, and competition”（ph.d. dissertation, New York university, 1997）. for the sixteenth century, see marcia b. hall, Renovation and Counter-Reformation: Vasari and Duke Cosimo in Sta. Maria Novella and Sta. Croce, 1565–1577（Oxford: clarendon, 1979）.

家族加紧对地方教堂的控制，尤其在出售和装饰私人祈祷室上更严加管理。

民众难得到这些私人祈祷室做礼拜，甚至它们的主人也不常去。这种私人祈祷室主要用于举办纪念弥撒和观光游览。此外，赞助人及其家族成员通常葬于此。①本章讨论的祈祷室占地面积小，有些如圣斯皮里托大教堂（Santo Spirito）（图 5.1）一般，成浅壁龛样式，更多的则是箱式空间。②这种箱式空间三面是墙，第四面则是一扇金属门。这一构造与新圣母大教堂和圣十字大教堂（图 5.2 和 5.3）

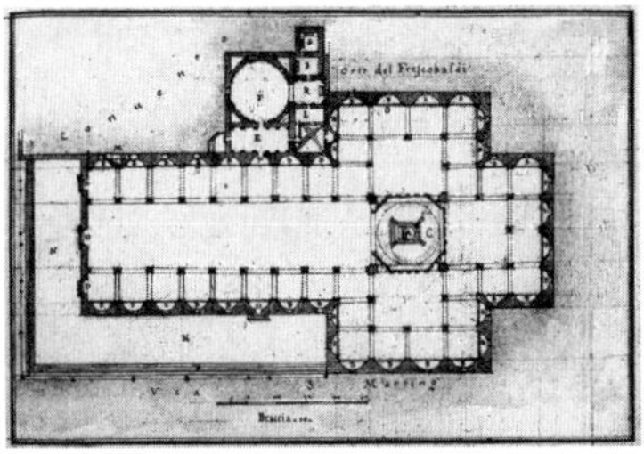

图 5.1 18 世纪，佛罗伦萨圣斯皮里托大教堂平面图
佛罗伦萨艺术史博物馆

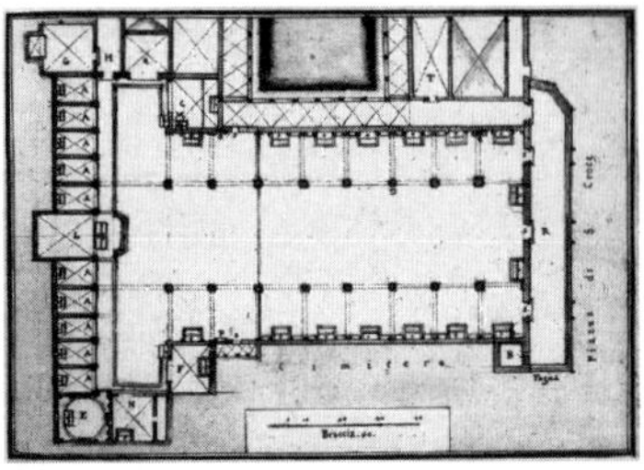

图 5.2 18 世纪，佛罗伦萨圣十字大教堂平面图
佛罗伦萨艺术史博物馆

① On the desire for intramural burials, and the ecclesiastical regulations that permitted it, see Samuel K. cohn, Jr., The Cult of Remembrance and the Black Death: Six Renaissance Cities in Central Italy (Baltimore and London: Johns Hopkins University Press, 1992) , and robert Gaston, "liturgy and patronage in San lorenzo, florence, 1350–1650," in Patronage, Art, and Society in Renaissance Italy, ed. f. W. Kent and patricia Simons (Oxford: Clarendon, 1987) , 111–34.

② For the church history and decorations, see Cristina Acidini Luchinat and Elena Capretti, eds., La chiesa e il convento di Santo Spirito a Firenze (Florence: Giunti, 1996) .

图 5.3 佛罗伦萨圣十字大教堂的耳堂和十字结构
伦敦布里吉曼艺术图书馆
◎圣十字大教堂，佛罗伦萨 / 布里吉曼艺术图书馆

最初的构造一致。大多数祈祷室修筑在大教堂的耳堂，还有一些修建在侧廊，如圣洛伦索大教堂（San Lorenzo）和圣斯皮里托大教堂（Santo Spirito）。[①]13 世纪晚期到 14 世纪早期，处于领导地位的托钵僧最先在佛罗伦萨修建带有大量私人祈祷室的教堂。新圣母大教堂的道明会教堂中，耳堂有四个箱式祈祷室（图 5.4），稍晚时期的圣十字大教堂，其方济会教堂的耳堂则有十个。这两座教堂在最早批的祈祷室修建时，就参与其中。中世纪晚期，富裕的新兴阶层和具有地位意识的商人们对私人祈祷室趋之若鹜。到 14 世纪晚期，这种祈祷室风靡欧洲，在富裕的商业化城市尤为流行。甚至南欧中世纪晚期和文艺复兴时期的教堂墙侧，都布满了私人祈祷室。就形式而言，这些赞助人并非完全拥有这些空间，只是获得了赞助权（ius patronatus）而已。主祭台仍归教堂的宗教权威所有，如某一教会。[②]教堂还常将其他祈祷室转让给包括兄弟或宗族亲戚在内的个人或家族，兄弟会或贸易协会之类的组织团体也拥有一些祈祷室。有了这些权利，赞助人不仅可以安排私人礼拜仪式和私人葬礼，甚至可以选择主持仪式的神职人员。[③]

出于实际考虑，这些空间是私有财产。祈祷室可以传给子嗣，

---

① For San lorenzo, see Gaston, "Liturgy."

② See Christa Gardner Von Teuffel, "Clerics and Contracts: Fra Angelico, Neroccio, Ghirlandaio and others: legal Procedures and the Renaissance High Altarpiece in Central Italy," Zeitschrift für Kunstgeschichte 62, No. 2 (1999): 190–208.

③ Nn ius patronatus, see ibid., and burke, Changing Patrons. Though the purchasers of chapels received private property in return, they were regularly described in renaissance italy as benefactors, and we refer to them by that term, and alternatively as donors or patrons.

图 5.4　佛罗伦萨新圣母大教堂右侧耳堂及菲利波·斯特罗齐的祈祷室
佛罗伦萨保罗·巴切里尼摄

赞助权也可转售。赞助人为了宣扬所有权利，便用铭文、旗帜和徽章装饰祈祷室的入口。家族徽章、纹章和箴言也融入各类装饰，如壁画、彩色玻璃、大理石墓碑和圣坛背壁的雕刻画，以及用于圣餐仪式的工具，如蜡烛架、香炉和圣餐杯等。圣坛背壁的雕刻画、壁画和墓碑上常有赞助人的画像。这些极其显眼的标志将祈祷室划作“私人领地”。

这一时期的文献、书信和教堂文件等书面记录，都极少介绍人们参观私人祈祷室，除非宗教节日等特殊的日子。显然，在这一时期，人们不常集会。很难想象，当时的商人会像如今很多信徒到家族教堂做礼拜一样，在上班路上顺便到祈祷室做个礼拜，或在周日参加弥撒。这种箱式的祈祷室位于耳堂，在圣坛屏之后，女士禁止入内，但其去世后可埋葬于此，通常即便男士也只能看见紧闭的大门。[①]尽管如此，参观者还是可以透过栏杆一窥装饰精美的祈祷室。他们很容易分辨出价格不菲的部分：祈祷室的规模、位置、建筑风格和装饰。他们也能一眼判定祈祷室的赞助人，因为这实在太显眼不过了。即使远观祈祷室，他们仍能看到墓碑和圣坛上的雕刻画，不过帷幔与百叶窗通常会遮挡住主体图案。[②]圣坛上的雕刻画在节假日会揭开轻纱，如果弥撒在圣坛举行，便能一睹风采。平常就只能通过墓碑和圣坛雕刻画的规模、材质、设计元素和徽章，来彰显赞助人的财富和虔诚。

赞助人喜欢举行一些特殊活动，这些活动所提供的有效激励将促使更多人来到教堂，祈祷室的装饰也便会为更多人所知晓。以礼

---

① On rood screens and chapel gates see hall, Renovation.

② For Northern Italy see Alessandro Nova, “Hangings, Curtains and Shutters of Sixteenth-century lombard Altarpieces,” in Italian Altarpieces: Function and Design, 1250–1550, ed. Eve Borsook and Fiorella Superbi Giofredi (Oxford: Clarendon, 1994), 177–89.

拜奖励为例，1344 年，一教皇诏书昭告信徒，如果在圣托马斯（Saint Thomas）的节日前往新圣母大教堂参加弥撒，就可以减少 515 天在炼狱中受罚的日子。当天的弥撒在宏伟的斯特罗兹祈祷室（Strozzi Chapel）举行，这一祈祷室就是为圣徒所建。[1]在特定的祈祷室参加弥撒就能获得赦免，这自然就提升了其声望，也促使私人纷纷购买和装饰祈祷室。由此可见，教堂的工作人员精通博弈论技巧。

文艺复兴时期，银行家和商人通过赞助私人祈祷室，承担了大部分教堂装修费用，同时通过购买赞助权，为教堂的修筑做出了巨大贡献。佛罗伦萨与其他意大利城市一样，为修筑私人祈祷室而修建和改造了众多教堂，这不是因为人口增长，而是基于大量的流动财富，以及人们想要彰显地位的欲望。佛罗伦萨的富人利用私人祈祷室来传达信息，而其他公民则是重要的、独具慧眼的观众。此外，神职人员和教堂修建委员会的非神职人员都充分了解这种信息传达的过程，他们利用富人提高知名度的需求，来修建自己的教堂。（类似的策略还有很多，比如现今美国的大学为确保修建大楼资金充裕，也将捐献者的名字刻在大门上。）因此，就修筑和装饰祈祷室而言，赞助人、教堂人员和修建委员会都充当着委托人和代理人的重要角色。所有公民也从中获益，因为在这场复杂博弈下修建的宏伟的教堂，提高了城市的魅力和尊严。

本章讨论的赞助人都十分富裕，他们在财务报告上申报的资产为 5000 至 10 000 弗罗林。当时的社会环境下，政府高级官员年薪为 100—150 弗罗林，商业银行的经理年薪为 100—200 弗罗林。[2]因此，拥有祈祷室的赞助人，其净收入一般是经理年薪的 25 倍，有的甚

---

① Giurescu, “Family Chapels,” 207.

② Richard A. Goldthwaite, The Building of Renaissance Florence: An Economic and Social History (Baltimore and London: Johns Hopkins University Press, 1980) , 349.

至更富裕。如果以具体年份来看，还可以把他们的财富与全职员工的工资相比。1427 年，科西莫・德・美第奇（Cosimo de’ Medici）声称拥有 100 000 弗罗林的资产，相当于全职员工人均年工资的 3192 倍。其他财政记录则表明，一些显赫的赞助人更是富甲一方：尼克罗・迪・雅各布・阿尔贝蒂（Niccol ò di Jacopo Alberti）在 1377 年的资产高达 340 000 弗罗林（相当于全职员工人均年工资的 9481 倍），菲利波・斯特罗齐（Filippo Strozzi）在 1491 年的资产则高达 116 000 弗罗林（相当于全职员工人均年工资的 9481 倍）。[①]这些腰缠万贯的佛罗伦萨人，通过别具一格的祈祷室，与一般富裕的人划清界限。此外，这三个家族不同年代的家族成员都在各自相同的教堂里赞助修建和装饰祈祷室。这种代际赞助模式也易于使人分别出他们各自尊贵的血统。

购置和装饰祈祷室的开销

购置华丽的祈祷室所需的高昂费用，使这笔买卖成为有效传递信息的方式。塞缪尔・科恩（Samuel Cohn）研究了 1276 年至 1425 年间六个意大利城市将近 3400 例遗嘱，他发现“这段时间内，购置一间祈祷室的平均费用为 208.9 弗罗林——比大多数人逝世后留下

---

① We estimate a man-year of unskilled labor at about 130 lire; see discussion in the introduction. For the declared worth of many prominent florentines, see Anthony Molho, Marriage Alliance in Late Medieval Florence (Cambridge, Ma: Harvard University Press, 1994) . For Niccolò Alberti, see Sharon t. Strocchia, Death and Ritual in Renaissance Florence (Baltimore and London: Johns Hopkins University Press, 1992) , P. 77, and chapter 6 below. For Filippo Strozzi, see Richard A. Goldthwaite, Private Wealth in Renaissance Florence (Princeton: Princeton University Press, 1968) , P. 60, 63.

的遗产总数还高”[①]。尽管只有极少数提交了遗嘱的人能够拿出 200 弗罗林购置祈祷室，但对那些有权有势的大亨来说，这笔费用根本不算什么。在这场通过购置祈祷室来传递信息的博弈中，每个群体都希望能与比自己地位低的群体划清界限。为此，最富有的人会购置顶尖教堂中最昂贵、最声名显赫的祈祷室。15 世纪晚期，佛罗伦萨的彼得罗·德尔·托瓦利亚（Pietro del Tovaglia）曾解释道：“如果我在人间居所也就是我在城里的房子上都花了 2000 弗罗林，那在来生居所 [大概指的是一间带有私人祈祷室的墓穴] 上花 500 弗罗林是笔很不错的买卖。”[②]

购置私人祈祷室的费用只占所有开销的一部分，通常还不到一半。其他相关费用还包括修筑祈祷室的祭台、准备必需的圣餐工具、装修祈祷室，以及邀请牧师主持弥撒的费用。1486 年，菲利波·斯特罗齐花了 300 弗罗林（相当于全职员工人均年工资的 14 倍），在新圣母大教堂购置了一间祈祷室，这是佛罗伦萨重要教堂私人祈祷室的标准价格。到 1502 年，他和他的后代已经在祈祷室的装饰和墓穴的修建上花了 3 倍的钱财。[③]无独有偶，赫拉尔多·吉安费格利阿奇（Gherardo Gianfigliazzi）曾在 1463 年提交遗嘱，并留下了 500 弗罗林，用以购置一间三圣一教堂（Santa Trinita）的祈祷室。他的详细清单上还记录了超过 6 倍的开销，来购买之后的

① Cohn, Cult, 214. These figures, which exclude the costs of masses and decorations, apply to several cities and the surrounding countryside. The prices for chapels in the city of florence were far higher, especially for major sites.

② F. W. Kent, “Individuals and families as patrons of culture in Quattrocento florence,” in Language and Images in Renaissance Italy, ed. Alison Brown (Oxford: Clarendon, 1995), 183. for Tovaglia’ s expenditures on his chapel, see Strocchia, Death, 196.

③ J. R. Sale, The Strozzi Chapel by Filippino Lippi in Santa Maria Novella (Ann Arbor and London: Garland, 1976), 100–147.

物件：壁画需1200弗罗林，彩绘玻璃需600—700弗罗林，置办弥撒需500弗罗林，购买唱诗班唱台及圣坛雕刻画需300弗罗林，大理石圣坛与墓碑需300弗罗林，祭台的装饰则需200弗罗林。预计开销总计3600—3700弗罗林（相当于全职员工人均年工资的144—148倍）。①

现存文件中未记载教堂卖出的祈祷室的具体修筑费用，不过这一数字必然比赞助人实际支付的低得多。尽管经由教会的批准，富人可以在自家宫殿或别墅中修建祈祷室，但教堂在祈祷室销售领域还是有极大的市场权。这种权力使得价格高于甚至远超成本。赛斯特罗小教堂（Cestello）的账本中记载的数据有助于了解这些经济问题，我们可以此为标准，了解规模更大、名声更盛的教堂的成本与

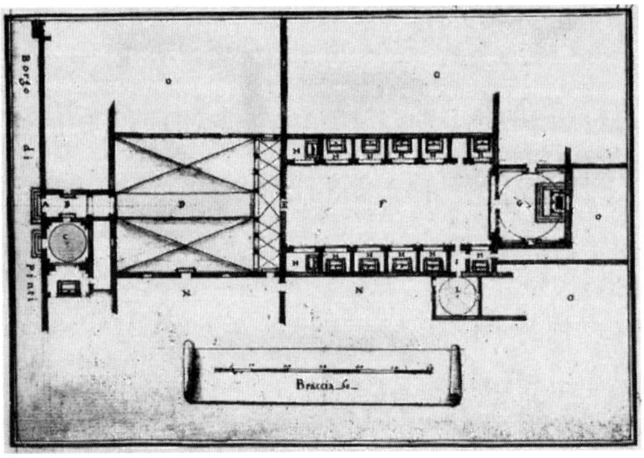

图5.5　18世纪，佛罗伦萨赛斯特罗教堂（今帕奇圣母玛利亚教堂）平面图
佛罗伦萨艺术史博物馆

① Patricia lee Rubin, Images and Identity in Fifteenth-Century Florence（New Haven and London: Yale University Press, 2007）, 6, 273–74 notes 7–8.

② Alison Luchs, Cestello: A Cistercian Church of the Florentine Renaissance（New York and London: Garland, 1977）.

定价（图 5.5）。[2] 15 世纪 80 年代早期，赛斯特罗教堂中殿的墙壁上一片空白，一直延伸到教堂中唯一的祈祷室，即主祭台所在之处。1488 年，人们计划在中殿新增 8 座祈祷室，一边各 4 座。这一修建计划耗时费力，需要凿穿两边的墙壁，并开辟出新的箱式祈祷室。这一改造工作与在新教堂中修建祈祷室相比，造价要高得多。而在新教堂中修建祈祷室才是 15、16 世纪佛罗伦萨的常规做法。即便算上多出来的成本，赛斯特罗教堂大多数祈祷室的修建（只包含墙壁，不含窗户、祭台和装饰）也只花费了 50 至 60 弗罗林。[1]有趣的是，赛斯特罗教堂的赞助人也仅支付了 50 至 70 弗罗林来购置祈祷室，这与建筑费用基本吻合。这对赛斯特罗教堂的修士们有什么好处呢？除了筹集经费扩建教堂，他们还为祈祷室的赞助人主持弥撒并收取费用。此外，赞助人还必须装饰自己的祈祷室，这也使得整个教堂更为美观。

赛斯特罗教堂改造期间，根据布鲁内莱斯基（Brunelleschi）1477 至 1491 年的计划，一些赞助人在久负盛名的圣斯皮里托大教堂修建了一些面积小得多的祈祷室，但花销却高出 3—6 倍。[2]圣斯皮里托大教堂每座祈祷室都有两级台阶，石灰石墙壁上凿出浅壁龛，祈祷室外的两旁竖立着不少柱子，可视作侧廊的一部分。与仅建一面墙的费用相比，建造祈祷室的额外费用远远低于 50 弗罗林，这跟赛斯特罗教堂的祈祷室修建花销一样。但在 15 世纪八九十年代，即便是圣斯皮里托大教堂中位于中殿的不知名祈祷室，也往往要价 150 弗罗林，此外，至少有 6 座位于耳堂的祈祷室，与位于中殿的

---

① No explanation is given for the considerable differences in construction costs for chapels.

② Goldthwaite, Building, 100, states that the construction was “largely financed by the sale of its many chapels.”

祈祷室一样大，要价高达 300 弗罗林，是其成本的好几倍。[①]

上述数据和其他教堂中祈祷室的相关数据，都是由建筑委员会（opera）的成员确定的。圣斯皮里托大教堂的祈祷室面积相同，与文艺复兴时期众多教堂的设计一致。因此，我们认为离主祭台或重要文物最近的祈祷室价格最高，因为其所处位置最尊贵。但我们在圣斯皮里托大教堂却发现，价格与位置的优越性呈负相关。这其实另有隐情：建筑委员会每一位成员都拥有一间祈祷室，而且他们支付的金额低很多——只需花 50—100 弗罗林就能买到地处尊贵耳堂的祈祷室。其中一位建筑委员会成员卢卡·佩蒂（Luca Pitti）尤其得利，他获得了主祭台之后那座位置最优越的祈祷室，却没花一分钱。这座教堂里，位置不仅仅代表财富，更是地位的象征，其他很多教堂可能也是如此。委员会的成员便能享有特权。这种特殊情况可以有两种解释，一是由于建筑委员会成员内部的交易；更可能的则是教堂中存在某种激励制度，奖励过去做出的贡献，或鼓励未来可能实现的贡献。[②]

赞助人光凭财富还难以在圣斯皮里托大教堂获得一间位置优越的祈祷室，在很多其他教堂也是如此。因此，祈祷室的位置就成了一种限制。对于那些能够读出背后隐情的人而言，位置便是特别重要的信息。如果赞助人无法获得主祭台周围的祈祷室，他们还有其他方式保障自己的祈祷室处于显眼位置。第六章将提到，14 世纪早

---

① Nndrew c. Blume, “Giovanni de’ bardi and Sandro botticelli in Santo Spirito,” Jahrbuch der Berliner Museen, 73（1995）: 172, note 33, records the price of 300 florins for the biliotti, ridolfi, lanfredini, and dei chapels. In 1493 the nerli chapel cost 300 florins, and in 1495 the Segni chapel cost the unusually high price of 500 florins（31 man-years）; see Luchs, Cestello, 159, note 5. The luti chapel cost 300 florins; see Jill Burke, “Form and Power: Patronage and the Visual Arts in Florence c. 1478–1512”（Ph. d. Dissertation, Courtauld Institute, University of London, 1999）.

② Nelson and Zeckhauser, “Renaissance Instrument,” , P.170.

期，阿尔伯蒂（Alberti）家族在圣十字大教堂中，采用了别具一格的方式彰显家族地位：其家族一位成员在主祭台之下开凿了一间地下祈祷室，建起了祭台，并在中堂和半圆室之间的拱顶上装饰巨大的家族徽章，以广而告之。赞助人想占据重要位置的愿望，催生了马文·特拉赫滕贝格（Marvin Trachtenberg）所说的“特殊”祈祷室。圣十字大教堂和新圣母大教堂的耳堂尽头都有这样的祈祷室，意大利众多教堂中也有类似的作品。这种“特殊祈祷室”有三个特点：面积上，往往是耳堂中“一般”祈祷室的两倍；位置上，位于耳堂的尽头；高度上，则常常设在一组台阶之上。[①]这些祈祷室的建筑历史和不同寻常的风格，都表明他们并非教堂原有的一部分，而是在耳堂中新添加的。艾纳·久雷斯库（Ena Giurescu）曾提出一个可信猜想，富人的资金在建造完一般的祈祷室之后还大有结余，可以用来建造这些新的空间。于是赞助人委托建造了这些特殊的祈祷室，并承担了建造成本，可能还包括更多的其他费用。因此，教堂改变了建筑结构，也变得更加辉煌富丽。[②]

祈祷室的主人需自费购置祈祷室所需物资，并自行装饰。这些额外的义务将祈祷室与其他私有财产区分开来。不仅如此，赞助人如果没有装饰得当，还可能失去祈祷室的所有权。这一时期，众多教堂中屡次发生此类事件。这算是很严重的惩罚了。而装饰如果刚凑合，也会使名誉受损。每个祈祷室都必须有祭台桌、十字架和弥撒时需要的物件。相比画作和雕塑，知名祈祷室中所需圣餐工具的

① Marvin Trachtenberg, “On Brunelleschi’s Old Sacristy as Model for Early Church Architecture,” in L’Église dans l’Architecture de la Renaissance, ed. Jean Guillaume (Paris: Picard, 1996), 9–40.

② Giurescu, “family chapels.” unfortunately, surviving records do not itemize the payments made by donors, nor do they indicate the true costs of chapels.

价格则高得多。[1]例如，1488—1490年间，菲利波·斯特罗齐为其新圣母大教堂中的祈祷室花了135弗罗林（相当于全职员工人均年工资的6倍），而这笔钱仅仅用来购买神父的服装。斯特罗齐及其后代还建造了祭台桌、墓穴以及圣母子（Madonna and Child）大理石浮雕作品，他们为此向雕刻师贝内德托·达·米札诺（Benedetto da Maiano）支付了437弗罗林（相当于全职员工人均年工资的22倍）的酬金。

几乎所有祈祷室都有圣坛雕刻画，虽然做弥撒时并不需要它。我们讨论的这一时期内，一位德高望重的艺术家创作的圣坛雕刻画一般需要100弗罗林，但很多作品肯定要价更高，更不要说大部分雕刻画还用镶金的画框装裱起来。[2]很多祈祷室还有壁画和彩绘玻璃，最显赫的几座祈祷室甚至有好几件这样的装饰品。光是斯特罗齐祈祷室中的壁画，就花了菲利波373弗罗林（相当于全职员工人均年工资的19倍）。我们可以把这些数据与科恩的数据做比较。科恩研究了托斯卡纳人（Tuscan）提交的遗嘱，涉及从卑微的店铺老板到富有的银行家在内各个不同阶层的人。他发现，用于建造祈祷室的资金中，只有27弗罗林用于订购宗教画。而在佛罗伦萨，一幅精美的圣坛雕刻画的价格至少是它的四倍。[3]跟当代人一样，许多文艺复兴时期的参观者能够辨别出成本普通的和由权威艺术家打造的画作和雕刻。艺术品罕见和昂贵的材料更进一步传递了信息。与现在相比，500年前参观教堂的人更容易识别出不易获取而价格更高的材质，比如斑岩、天青石等。

购置物资、装饰品，以及雇佣员工开销过大，于是卢多维克·贡

① Julian Gardner, “Altars, Altarpieces, and Art History: Legislation and Usage,” in Italian Altarpieces, ed. Borsook and Superbi Giofredi, 5–39.

② Michelle o’Malley, The Business of Art: Contracts and the Commissioning Process in Renaissance Italy（New Haven and London: Yale University Press, 2005）, 133.

③ Cohn, Cult, 245.

扎加（Ludovico Gonzaga）在勉强赞助了佛罗伦萨的圣母领报教堂（church of SS. Annunziata）的后殿之后，没有再要求购买新的祈祷室。而曼图瓦公爵被迫花了2000弗罗林完成这一工程，之后再不愿意花一分钱（soldo）。于是，他准许他在佛罗伦萨的代理人彼得罗·德尔·托瓦利亚自行处置这些新的祈祷室，只要保证展示贡扎加（Gonzaga）家族的徽章。如此一来，公爵便不用再破费，又能继续宣扬家族地位。他的代理人则手腕娴熟地以此为自己谋利益。他仅为自己保留了一间祈祷室，其余4座交给教堂中的圣母玛利亚修会，但条件是修会每天必须在他的祈祷室主持一场弥撒，每年主持列队游行至他家。[1]

为来生所做的花销

虽然彼得罗没有为弥撒买单，通常情况下，教堂还是会向捐献者提供与祈祷室相关的服务。也就是说，他们将采取经济学家所谓的捆绑销售策略。现如今，每种汽车的零件都是独有的，这便是捆绑销售很好的例证。对于文艺复兴时期的教堂而言，举办私人弥撒就是最显著的捆绑销售。[2]这种私人弥撒常作为购买祈祷室之后所订立遗嘱的一部分。弥撒主要是为了颂扬该祈祷室或是赞助人的守护神，或纪念赞助人的周年祭。这类仪式通常包管伙食，可能是给牧师提供简餐，也可能邀请一些客人举行宴会。研究表明，1528年的八个月内，一群托钵僧每三天有超过一天的时间能享用这样的纪念餐。举办盛大宴会固然开销更大，但这也是赞助人传递信息的绝佳机会。

---

① Rubin, Images and Identity, 6–9.

② For masses and related feasts, see Strocchia, Death.

那些信息受众对赞助人极其有利，因为这些声名显赫的教堂中的善男信女通常都为当地上层家族服务。由此所有佛罗伦萨的人都能了解到这些盛大活动。此外，举办弥撒的次数以及参与的神职人员的数量都显示了捐献者的财富，即便无法进入祈祷室，也能知晓这些信息。

斥资举办弥撒并不能很好地标榜赞助人的身份，因为有的人虽然买不起祈祷室，但也能承受组织弥撒的费用。15 世纪晚期，商店老板和小商贩能够举办短期的周年祭弥撒，即在当事人逝世后五年、十年或二十五年间每年举办的比较低端的弥撒。当时最流行的葬礼模式是格列高利（Gregorian）系列弥撒，在当事人逝世后 30 天内每天举办一次。1490 年，这种弥撒大约需要 1 弗罗林（相当于全职员工人均日工资的 14.3 倍）。上层阶级的仪式则更宏大。1411 年，安德烈·卡尔瓦坎蒂（Andrea Cavalcanti）的遗孀在遗嘱中提及的要求极其繁琐：她逝世后的两个月内，要在新圣母大教堂举办 1000 场弥撒。本书第七章将提到，雕刻家利昂·莱奥尼（Leone Leoni）预留了资金，希望逝世后每天自己的祈祷室能举办三次弥撒。这使他在艺术家中脱颖而出，其地位甚至超过大多数祈祷室赞助人。

资产雄厚的人还能设立永久的周年祭弥撒，这种弥撒的日期一般选在当事人的忌日，或祈祷室供奉的守护神的节日。捐献者一般通过给予教堂一栋建筑或一块地产，来保障以后的弥撒活动。这些捐赠的租金则用于支付弥撒所需的费用。某些极其富有的人还可以指定牧师，保证其灵魂有弥撒的歌声予以纪念。[①]当然这也需要耗

① Howard Colvin, Architecture and the After-life (New Haven and London: Yale University Press, 1991) , 152–89. For San lorenzo, see Gaston, “Liturgy,” 112–13. For prices for chaplaincies, often combined with those for transept chapels, see Caroline Elam, “Cosimo de’ Medici and San Lorenzo,” in Cosimo ‘il Vecchio’ de’ Medici: Essays in Commemoration of the 600th Anniversary of Cosimo de’ Medici’ s Birth, ed. Francis Ames-Lewis (Oxford: Claredon Press, 1992) , 157–80.

费大量钱财。比如1433年，卢卡·迪·马科（Luca di Marco）留下1000弗罗林（相当于全职员工人均年工资的31倍），在圣洛伦索大教堂修建自己的祈祷室，同时支付相应的牧师服务。（有趣的是，卢卡是极少数拥有显赫的祈祷室，却没有留下姓的人之一，而姓恰恰是宗族地位的关键线索。）教堂提供了从短期周年祭弥撒到牧师制度等多种选择，这些纪念仪式也因此价格各异。选择高价位的仪式能给教堂带来更大收益，同时也能使纪念对象传达出更多信息。赞助人也希望这些选择能使他们通往天国的路更顺畅。①

中世纪晚期爆发了一场购买私人祈祷室及其捆绑服务的热潮。1362—1363年瘟疫爆发前一段时间内，意大利中部许多赞助人都向教堂或其他诸如医院等机构捐献了许多小额、不设限的款项，而且不求这些机构有任何回报。然而，瘟疫过后，他们个人的收益，以及社会地位展示则变得更为重要。立遗嘱者捐赠次数减少，但数额猛增，这些资金也常受到限制，使用时必须能够明确说出捐献者的身份，并使捐献者受益。这些遗嘱通常涉及购置私人祈祷室，获得丧葬权，以及举办纪念弥撒等活动。科恩将这一现象视作日益增长的"狂热推崇纪念仪式"的一部分，令人十分信服。

私人祈祷室除了能够传达身份信息，对大多数赞助人而言还有其他重要意义。中世纪晚期，两项重要发展使得购置祈祷室与获得救赎密切相关。第一，教会完善了关于炼狱的教义，炼狱是尚未完成赎罪的人遭受临时性惩罚的地方。②第二销售赎罪券，允许人们

① In the world of academia, these arrangements might be compared to the distinction between endowing an annual lecture and a professorship. Since the incremental cost of conducting a mass was extremely low to the church, the profits from the sale of masses were great.

② Jacques le Goff, The Birth of Purgatory (Chicago: University of Chicago Press, 1984).

通过行善偿还大部分甚至全部的罪孽。[1]许多富有的基督徒通过虔诚的捐献来减少死后遭受惩罚的时间。这一目标很自然地促使捐献者购置私人祈祷室，以便更快地逃离炼狱，升入天堂。丧葬弥撒也能减轻炼狱中的痛苦。而这种慰藉只能向教堂购买。

对佛罗伦萨的富人而言，私人或家族祈祷室能为其提供长眠之地，这是他们选择购买的重要原因之一。13 世纪中期开始颁布一系列教皇诏书，允许方济会和道明会的忠实信徒埋葬于所属教堂中。在此之前，这份荣誉由神职人员及教会成员独享。科恩对托斯卡纳遗嘱的研究显示，1363 年前的遗嘱中只有 20% 特别提及了埋葬地，而在 15 世纪早期的遗嘱中则有三分之二指明了埋葬地。[2]那时宗教领袖公开宣称，是否在教堂下葬能够直接影响来生。

15 世纪中期，佛罗伦萨极有影响力的大主教安东尼奥・皮耶罗齐（Antonio Pierozzi）（后世尊为圣安东尼奥）提出在教堂下葬的三个重要好处：教堂供奉的圣人能够帮逝者求情；来到教堂的信徒看到墓碑后会为逝者祈祷；逝者死后不必担心魔鬼的侵扰。[3]值得一提的是，皮耶罗齐并未指出，葬于私人祈祷室与葬于中殿下或地下室相比有何额外优势。因此，在教堂下葬的需求无法解释为何昂贵的纪念祈祷室如此风靡。此外，在新圣母大教堂、圣十字大教堂、圣斯皮里托大教堂以及赛斯特罗教堂的耳堂内拥有至少一间祈祷室的家族，都在其他教堂另外购置了祈祷室。对赞助人而言，多买一块地用于安葬无异于多此一举。但其实独有的私人祈祷室还有其他价值：赞助人及其家庭成员能够安葬于此，这一块空间仅为特权人

---

① On indulgences, see evelyn Welch, Shopping in the Renaissance: Consumer Cultures in Italy, 1400–1600（New Haven and London: Yale University Press, 2005）, 295–301.

② Cohn, Cult, 143.

③ Gaston, “Liturgy” ,131.

士保留，而且全世界都能知晓这一点。

菲利波·斯特罗齐在 1477 年的一封信中写道："上帝赐予我们恩典，我们通过某种方式报偿这种恩典，无伤大雅。"许多赞助人一定十分认同这一观点。这位极其富有的赞助人接着解释他斥资整修三座教堂的原因："上帝给予我善，我希望向他致谢。"①话虽如此，向教堂捐钱并没有限制，同样可以表达这种谢意，而且也完全可以把购置祈祷室的钱全部用来买赎罪券。在私人祈祷室中举行弥撒对来世也没有太大作用。简而言之，虔诚的信仰以及对来世的忧虑的确能够解释人们为何捐钱给教堂，以及为何选择在教堂下葬，但若要分析私人祈祷室为何流行，人们为何不惜重金加以装饰，这些理由还略显苍白。

事实上，这些祈祷室对获得救赎毫无帮助。这种大张旗鼓展示自己和家族地位的行为还可能招致宗教领袖的反对。皮耶罗齐的前任，乔瓦尼·多米尼奇（Giovanni Dominici）就曾经批判过自我吹嘘出资修建一些没有必要的建筑的赞助人。这位大主教说，他们真正应该做的是整修破旧的教堂，"如此一来，那些赞助人的名字就能和最初的 [赞助者] 一样流传于世了"。他还解释道，捐款的行为不应该公之于众，因为万能的神总会看到，也会在天堂中加以奖赏。②15 世纪末，吉罗拉莫·萨佛纳罗拉兄弟（Girolamo Savonarola）（"兄弟"为意大利教士姓名前的称谓——译者。）强烈赞同这一观点："如果我对你说'给我 10 达克特，我用来帮助穷人'，你不会这么做。但如果我说'花 100 达克特在圣马可大教堂（San

---

① Sale, Strozzi Chapel, 18.

② A. D. fraser Jenkins, "Cosimo de' Medici' s Patronage and the Theory of Magnificence," Journal of the Warburg and Courtauld Institutes No.33 (1970) : 163, our translation.

Marco）买一间祈祷室’，你却立马答应，因为你想展示自己的徽章。你这么做是为了自己的荣誉，而不是为了上帝。”①

祈祷室：传递信息的有效媒介

尽管祈祷室存在弊端，但赞助人还是大规模购置，因为它有助于传达信息，这一特点独一无二。购置祈祷室所体现的声誉总能广受宣扬，因为这一行为能有效地把捐献者分成三、六、九等：几乎所有显赫的家族都在重要教堂里保有一席之地，有些家族或王公贵族甚至有好几间祈祷室。而普通家族鲜少拥有。这种显而易见的差异能传达高辨识度的信息，令人信服。

简要分析文艺复兴时期佛罗伦萨的祈祷室赞助人，就能明白这种所有权彰显的优越的社会地位。安东尼·马略曾做过一个重要分析，可以作为参考。他研究了中世纪晚期至美第奇家族建立这一段时间内，他口中的在佛罗伦萨生活的“统治阶级”。这一时期，最上层三分之一的家庭主宰了佛罗伦萨的经济和政治。马略将 417 个家族（每个家族由无数小家族组成）列为统治阶级，并对其进一步细分，我们将细分后的结果称为上层、较上层和最上层。②随后，我们将这些家族与 14、15 世纪间，在佛罗伦萨 9 座重要教堂中拥有私

① Girolamo Savonarola, Prediche sopra Amos e Zaccaria, ed. Paolo Ghiglieri（Rome: Belardetti, 1971）, 2:22.

② Molho uses the terms high status, status, and low status for the lineages that made up the ruling class. His lists draw primarily on the catasti（tax reports）of 1427, 1457/8, and 1480.

人祈祷室的 204 人做了对比。[1]结果显示，这些赞助祈祷室的人组成了佛罗伦萨统治阶级的精华。其中大多数（81%）来自于统治阶级家族，这与预期相符，此外属于最上层阶级的人也占了很大比例。根据马略的计算，就 1480 年而言，统治阶级中属于最上层阶级的占 26%，较上层阶级占 31%，而上层阶级占 43%。但在 204 位赞助私人祈祷室的人当中，57% 来自于最上层，18% 来自较上层，而来自上层的则只有“区区”6%。剩下 19% 的人不属于统治阶级家族。最有可能的是，这些人在购买祈祷室时很有权势，但在那几个世纪内，他们的家族并没有参与主宰佛罗伦萨。某种意义而言，他们属于佛罗伦萨的新贵，还未成为这座城市的主角。

财富、地位与祈祷室所有权相辅相成。1480 年，被马略列为最上层阶级的群体，掌控着佛罗伦萨三分之一的应纳税总额。尽管如此，他们的财富也不能代表整个城市，因为佛罗伦萨还有很多富人没有祈祷室。比如，根据马略的分析，15 世纪的前 1502 个财政家庭中，有多达 14% 的家庭没有留下姓氏，而购置祈祷室的人中只有两位没有姓氏。[2]

祈祷室主人几乎没有无名氏，这可能有些难以理解，因为姓氏不出名的人或家族理应更想提升地位。上文提到，萨佛纳罗拉对自我夸耀的行为予以严厉谴责，这或许能解释这一矛盾。也或许是没有显赫的家族名字或家族徽章的人，不能从购置祈祷室中获益。大

---

① The churches, selected because information was readily available, were Badia Fiesolana, Cestello, San Lorenzo, Santa Croce, Santa Felicita, Santa Trinita, Santo Spirito, Santa Maria Novella, and SS. Annunziata. We excluded from our list “corporate” chapels, such as those owned by a brotherhood or religious order.

② As richard Goldthwaite kindly pointed out to us, the number of chapel owners without surnames at the time of purchase may well be higher than those indicated in the secondary literature we consulted.

多数参观者都不认识他。而面对那些认识他的人，他也只会觉得尴尬，因为自己不属于任何不同寻常的家族。此外，这些无名氏可能也更难获得所有权。建筑委员会或许跟如今的非营利委员会类似，会拒绝其“会员身份”，因为他仅仅是有钱而已。

第一章提到，乔瓦尼·鲁切拉伊（Giovanni Rucellai）曾说，人们赞助艺术创作，其原因之一便是纪念自己。乔瓦尼·托尔纳博尼（Giovanni Tornabuoni）签订合同为新圣母大教堂创作壁画时，甚至表示这一作品在某种程度上使“他的家族得以升华”。购置祈祷室可大大提升社会地位，并因此使个人或家族更具独特性。借用曼瑟·奥尔森（Mancur Olson）关于当代美国的观点，我们可以这样形容文艺复兴时期的意大利：人们捐钱给慈善机构，“是想要受人尊敬，被人称颂。”[①]佛罗伦萨人也是如此。

在城市教堂里购置祈祷室十分昂贵，这也加强了它信息传递的价值。在乡下教堂里买 6 间祈祷室的钱只能在圣斯皮里托大教堂买一间。这一方案对能帮助逝者求情的圣人来说再理想不过了，这些圣人即安东尼奥·皮耶罗齐所说的第一受众。但对第二受众，即前往教堂的信徒而言，乡村教堂则有一个明显的劣势。这些教堂里很少有城市精英，而他们却正是大多数赞助人想取悦的对象。就信息传递而言，质量胜过数量。

当然，也有赞助人选择不同的受众。乔瓦尼·西莱诺（Giovanni Chellino）的一位著名医生，他是 15 世纪晚期佛罗伦萨最富有的人之一。他选择死后葬在圣米尼亚托教堂（San Miniato），这座教堂位于他的故乡——托斯卡纳的一个小镇。他在那投资了许多宗教项

① Mancur Olson, The Logic of Collective Action: Public Goods and the Theory of Groups (Cambridge, Ma: Harvard University Press, 1965), 160 note 91.

目。“与其在佛罗伦萨做一个小人物”，鲁宾（Rubin）解释道，“乔瓦尼大夫选择在圣米尼亚托教堂被众人铭记。在那里，他可以鹤立鸡群，他那昂贵的墓穴和慷慨的赠与，给镇上的百姓留下了深刻的印象”①。

西莱诺所做赞助的成本，巩固了他的社会价值。对佛罗伦萨的赞助人而言，在圣斯皮里托大教堂拥有一间祈祷室能提高名望，值得追求，这主要是因为教堂本身声名远扬，而祈祷室又造价不菲。这些祈祷室之所以昂贵，又恰恰是因为赞助人对其彰显地位的能力趋之若鹜。而在意大利，颇有声望的祈祷室及其高昂造价足以有效传递信息，由此循环往复。

① Rubin, Images and Identity, 80–81. For an analysis of similar decisions made in modern society, see Robert H. Frank, Choosing the Right Pond: Human Behavior and the Quest for Status（New York and Oxford: Oxford University Press, 1985）, esp.

第六章　14世纪佛罗伦萨纪念家族的捐赠品
——圣十字教堂（Santa Croce）阿尔伯蒂（Alberti）家族赞助所传递的信息

◎ 托马斯·J. 拉夫曼

引　言

15、16世纪，佛罗伦萨实行共和制，由执政团（Signoria）领导，之后则由美第奇（Medici）家族领导。尽管有关佛罗伦萨艺术赞助的研究大多集中在这一时期，但商业寡头政治中这种公开宣扬自己和家族身份的行为早已有之。[①]早在14世纪，商人家庭就有组织地赞助宗教机构，投资扩建教堂、修道院及救济院。从这些行为中我们可以感受到他们家族实力和私有财富的侵略性和永恒性。14世纪早期，精英家族开始热衷于投资建筑和艺术工程，以提高公

① See Art, Memory, and the Family in Renaissance Florence, ed. Giovanni Ciappelli and Patricia Rubin（New York: Cambridge University Press, 2000）, and Richard Goldthwaite, Building of Renaissance Florence: An Economic and Social History（Baltimore: Johns Hopkins University Press, 1980）.

民对其地位和财富的感知。精英家族通过这些工程建立聚居地，将佛罗伦萨切割成块，这些聚居地构成了这座城市的基本结构。

著名的人文主义者利昂·巴蒂斯塔（Leon Battista）的先辈——阿尔伯蒂·德尔·吉迪斯（Alberti del Guidice）家族，是城市中这种自我宣传行为的典型代表。14 世纪，他们花钱请人翻新了所在教区的教堂，在新成立的政府委员会任职期间，重新开发和管理其住所所在的街道，并在所处社区大规模修建住房。他们还在圣十字教堂向佛罗伦萨较大的方济会群体捐款，并因此与其建立了系统而持久的关系。圣十字教堂位于他们家族聚居地的边缘地带，是一座集教堂和修道院为一体的综合性建筑。

本章将研究 14 世纪，圣十字教堂的阿尔伯蒂家族针对三项不同的干预措施使用的赞助策略。[①]圣十字教堂的方济会教堂规模宏大，久负盛名，给赞助人提供了绝佳机会，来宣扬自身的财富和成就，同时树立家族遗产纪念碑。以家族为单位支持圣十字教堂及同时代的新圣母大教堂（Santa Maria Novella）的艺术装修，成为 14 世纪佛罗伦萨艺术赞助领域自我塑造的巅峰。[②]圣十字教堂周边的银行业精英家族——包括阿尔伯蒂家族、佩鲁奇（Perruzi）家族及巴尔迪（Bardi）家族——按部就班地在教堂内（包括富丽堂皇的私人教堂）展示他们的成就。14 世纪初刚开始兴建教堂时，他们就通过各种手段获得了这项权利。

那时，佛罗伦萨的精英逐渐意识到，仅仅展示财富不足以表现

---

① There are few published sources on the patronage of the alberti family; see Luigi passerini, Gli Alberti di Firenze: Geneologia, storia e documenti, 2 vols.（Florence: M. cellini, 1869/70）.

② For these churches, also see chapter 5.

自己的荣誉、功德和高贵的出身。[1]家族教堂装修奢华，目光所及之处无不充斥着奢侈品，也使赞助人无法通过这些私人的、昂贵的物品来明确标榜各自的身份。圣十字教堂尤其如此，因为当初兴建这座教堂就是为了增加私人教堂的数量。[2]最精明的家族意识到，光是花钱还不足以体现他们在佛罗伦萨拥有至高无上的社会地位。他们想出了新的办法，来宣扬地位，炫耀政治势力，展示虔诚，以及标榜他们在共和制（表面平等，实则等级森严）社会体系下的绝对领导力。他们精心选择祈祷室和墓碑的摆放位置，以此来区分自己的贡献，即便是几十年之后，也依然惦念不忘。潜移默化下，他们在公众心中的分量有所提高，在佛罗伦萨受制的社会氛围中，他们建立起虔诚基督徒公民的形象。这种横跨几代人的策略很难模仿，短时间内也不易实行。

圣十字教堂大量捐赠品都仅是阿尔伯蒂家族资助的一部分。阿

---

① On the ecclesiastical code controlling burial within churches, and on santa croce in particular, see the summary by Doralynn schlossman pines, “The Tomb Slabs of Santa Croce: A New Sepoltuario”（Ph.D. diss., Columbia University, 1985）, 9–27. Ena Giurescu, “Family chapels in santa Maria Novella and santa croce: architecture, patronage, and competition”（Ph.D. diss., New York university, 1997）, 241–43, confronts the issue of patrons’ motivations in the early trecento. Jane Collins Long, “salvation through Meditation: The Tomb Frescoes in the Chapel of the Holy Confessors at Santa Croce in Florence,” Gesta 34, No. 1（1995）: 77–88, posits that lay patrons in churches always tempered ambition with humility in their commissions.

② See giurescu, “Family chapels,” as well as Long, “salvation”; Julian gardner, “The early Decoration of santa croce in Florence,” Burlington Magazine 113（1971）: 391–95; and Julian Gardner, “The Decoration of the Baroncelli chapel in santa croce,” Zeitschrift für Kunstgeschichte 34, No. 2（1971）: 89–114. On the high altar décor, see Andrew Ladis, “The Velluti Chapel at Santa Croce, Florence,” Apollo 120（1984）: 238–43; Ulrich Middeldorf and Bruce Cole, “Some Discoveries in the Cappella Maggiore in Santa Croce, Florence,” Antichità viva 5（1975）: 8–12; and Nancy MacKay Thompson, “Saint Francis, the Apocalypse, and the True Cross: The Decoration of the Cappella Maggiore of santa croce in Florence,” Gesta 43, No. 1（2004）: 61–79.

尔伯蒂家族历代在通往教堂的街道上扩张家族地盘，并资助所在教区各个工程项目（图 6.1），以此彰显其财富与社会地位。[①]他们精心策划，在四方邻里间宣扬其仁慈和善心。每个项目都是家族财富、领导力和家族徽章的象征。阿尔伯蒂家族野心勃勃，在追求地位上，

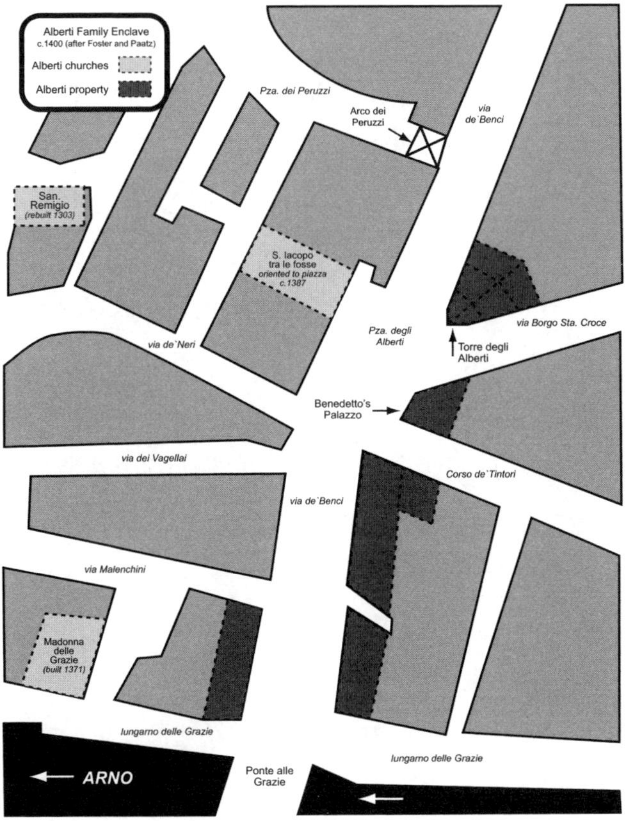

图 6.1　约 1400 年，佛罗伦萨阿尔伯蒂家族聚集地示意图。——作者

① Thomas J. Loughman, "Spinello Aretino, Benedetto Alberti, and the Olivetans: Late Trecento Patronage at San Miniato al Monte, Florence" (Ph.D. diss., Rutgers Univeristy, 2003) , chapter 5.

他们也比其他竞争者更持之以恒。[1]这个家族以宣扬自己无可比拟为目标，来保障他们在共和政体中的地位，最终确立其历史地位。

有效传递信息的基础

阿尔伯蒂家族最重要的贡献便是支持圣十字教堂的方济会，即小兄弟会（Friar Minor）。阿尔伯蒂家族历代成员都是教堂重修、装饰和募捐的主要赞助者。历史学家普遍认为，阿尔伯蒂家族参与教堂事务始于1384年一封众所周知的遗嘱，而忽略其早些年的一些重要行动。[2]该家族参与教堂事务与方济会息息相关，这一点至少在14世纪末、15世纪初圣十字教堂开始翻修时就初露端倪了。这种持续的、有组织的、跨越几代人的捐赠行为，甚至可以追溯到在一个世纪以前佛罗伦萨刚出现方济会时。本章将着重讲述最早记录在案的阿尔伯蒂家族对圣十字教堂的赞助，并说明这个家族此后很多干预行为均建立在早期赞助活动的基础之上。（与之类似，如今的教育和文化机构也会利用其历史悠久的名誉。）阿尔伯蒂家族对圣十字教堂的捐献十分慷慨和积极，是其他任何家族都无法比拟的。人们普遍认为，这些赞助活动高度彰显了阿尔伯蒂家族的财富和地位。

13世纪90年代，小兄弟会开始新建一座面积更大的圣十字教堂。14世纪早期，他们着手出售位于主祭台周围最神圣位置的祈祷室的赞助权。尽管现存文件没有相关的交易记录，但我们还是可以

① Each of the Benci, Salviati, Bardi, and Peruzzi families—wealthy neighborhood peers of the Alberti, also involved in the wool trade and international banking—spearheaded its own urban campaign.

② Gardner, “early Decoration.”

断定，当时城市东边的上流家庭都对此项特权趋之若鹜，希望可以装饰祈祷室最核心位置的空间，并在其中建立自己的地下陵墓。[①] 这些想要占领圣十字教堂东端祈祷室的家族俨然组成了 14 世纪贵族的“名流盛宴”，其中包括巴尔迪家族、本奇（Benci）家族和佩鲁奇家族。教堂内部能表明地位的决定性因素便是位置。主祭台周围易于接近众多圣物，因此受人追捧。祈祷室（及其地下的墓碑）周围如果常有大批祈祷者和圣餐，便能确保家族已故之人得到救赎。[②] 阿尔伯蒂家族还有另一块陵墓，即主祭台下方的地下教堂。

教堂中殿和半圆壁龛之间的穹顶上，雕刻着一对巨大的、印有阿尔伯蒂家族徽章的彩绘浮雕。两侧树立的两根砖石柱子顶端也有其徽章（图 6.2）。[③]它们被刻在拱门各结构部件的表面，暗示 1300 年左右，也就是东端刚开始建造之时，这个家族就获得了将徽章置于其上的特权。巨大的立柱之间有一条隐蔽的通道，通往主祭台下方的地下教堂，即告解室（confessio）。告解室在整个教堂最不引人注意，日常参观者和教会人员几乎都没法发现。但无论从建筑结构还是象征意义来看，它都是主祭台的基础，主祭台是教堂中面积最大、最庄严肃穆的地方。大多数 14 世纪修建的方济会教堂，都不出售主祭台本身的赞助权或丧葬权，圣十字教堂也不例外。方济会的成员会用自己的方式，用彩绘玻璃和拱顶式壁画装扮主祭台，供唱

---

① Recent studies, especially Giurescu, “Family chapels,” indicate that, at the end of the thirteenth century, Florence’ s Elite families divided up rights to the decoration of the church and soon thereafter adorned their chapels with at least rudimentary decoration.

② For fourteenth-century views on the relative sanctity of space within churches, see Howard Saalman in “Strozzi Tombs in the Sacristy of Santa Trinita,” Münchner Jahrbuch der bildenden Kunst 38（1987）: 149–60.

③ The arms consist of four silver chains bound by a central ring, crossing to the corners of an azure field.

诗班日常使用。[1]

告解室中一块现已毁坏的壁画残片上曾记录，"阿尔韦托·德利·阿尔伯蒂（Alberto degli Alberdi）于公元1304年修建此室，以纪念圣母玛利亚（Virgin Mary）及圣尼古拉斯（Saint Nicholas）"，在这之上则是两位圣人的画像。[2]原记录还写道，逝世的家族成员埋于祈祷室下。但关于祈祷室的空间、装潢和日常使用却鲜有记载。[3]

阿尔韦托购买告解室除了纪念圣人和确保家庭成员有长眠之地以外，可能还有另一层原因：他想将自己的家族和圣方济所处的

---

① For the sequence of decorative campaigns in the high altar, Thompson, "saint Francis" , 61–64.

② "Hanc capella Fecit Fieri albertus……de albertis ad honore B. Mariae Virginis et B. Niccolai aD MccciV." Biblioteca Nazionale centrale, Florence [hereafter BNcF], Cirri, Sepoltuario, n.d.（early twentieth century）, fol. 1230 annotated as entry no. 3088 and preceded by the following comment: "Fondata nel 1304 da alberti degli alberti del guidice e dedicata alla Vergine e a san Niccolò a Bari. Corresponde al coro della cappella Maggiore del tempio col quale è in comunicazione per mezzo di una scalette scavata nella grossezza del muro, che si apre nel pilastro a sinistra dell' altare. Le mura di questo sacello erano affrescate da pittori giotteschi. Nelle parete a destra vedevasi un s. Niccolò da Bari ed altri santi. L' altare non è quello che vi era in antico……nel muro a destra dell' altare, lap[idu]m e iscr[izioni] che oggi non si vede." The donor was almost certainly Alberto di Iacopo, who died in 1324. Cirri notes the other inscriptions around the altar, all later, pertaining to gifts from the Meletis family（seventeenth century）and Leopold II（nineteenth century）in entries 3087 and 3089 respectively. A slightly conflicting and loquacious description of the space—dated 1313 in arabic numerals instead of 1304 in Roman ones—is found in the sepoltuario prepared by stefano rosselli in 1675（BNcF, Fondo Nazionale II, IV, 534）, fols. 385v–386v.

③ Cirri, Sepoltuario, entry 3090, which reads, "nel pavimento, nicci lastroni di macigno senza segno. Erano le Sepolture degli Alberti [Cirri' s emphasis]." All the decoration of this space has been destroyed by the compound effects of floodwaters and time; it is now a white box-style gallery accessible via the Fascist-era monument with a street entrance outside the north flank of the nave.

图 6.2　佛罗伦萨圣十字教堂的十字架和北侧立柱上阿尔伯蒂家族的徽章
佛罗伦萨拉巴蒂 & 多曼吉摄影公司

大教宗时代联系在一起。圣十字教堂早期有一位方济会成员叫米凯莱·德利·阿尔伯蒂（Michele degli Alberti），他曾是神圣的的乌米利亚尼·德·切尔基（Blessed Umiliana de Cerchi）的告解神父，也是“圣方济的第一批门徒”。他于1246年去世，与其他众多早期圣方济会成员一样，葬于旧圣十字教堂的地下墓穴。[①]14世纪新教堂竣工后，他和这些圣方济会重要人物的遗骨都被转移到新的告解室。阿尔伯蒂家族和圣方济会成员都认为，告解室是阿尔伯蒂家族以非神职身份进行赞助的重点。这种家族联系，充分表明阿尔伯蒂家族与圣十字教堂的亲密关系。

阿尔韦托是公开赞助这间地下小教堂的。尽管公众难以发现祈祷室，它也能有效地向社会传递信息。除了这座告解室之外，没有哪座祈祷室建在主祭台的纵向中轴线上，或者保存着圣方济早年信徒的遗骸。告解室也因此成为最神圣的地方，其他私人赞助的项目都不能与之相比。方济会的成员每天数次登上主祭台，宣扬其精神力量，而他们就站在阿尔伯蒂祖先以及方济会早年“圣人”（包括米凯莱）的墓碑之上。没有任何家族能像他们一样，能如此近距离

---

① Virtually our only source on Michele and his immediate family is giuseppe richa, Notizie istoriche delle chiese fiorentine（Florence: Viviani, 1754）, 1:77. For his ministry to the Beata umiliana, see her vita compiled by Vito da Cortona c.1250, published in the Acta Sanctorum [17, 384–418（19 May）], cross-referenced by Acta Sanctorum 8:502（17 March, Michele’s death date）. See also umiliana’s Entry in Bibliotheca Sanctorum（3:col. 1132–34）. For her cult and early works of art: Ugo Procacci, “Una lettera del Baldinucci e antiche immagini della Beata umiliana de’cerchi,” Antichità viva 15, No. 3（1976）: 3–10; Dora Liscia Bemporad, “Due busti reliquari in santa croce di Firenze,” Antichità Viva 26, No. 5–6（1987）: 59–68; and James Beck, “The reliquary Bust of the Beata umiliana de’cerchi,” Antichità Viva 28, No. 5–6（1989）: 41–44. “Michele” was probably the monastic name taken by the friar, whose given name remains unknown. Another member of the Alberti Clan, a camaldolese monk resident at santa Maria degli angeli in 1376, took the same name; see Passerini, Gli Alberti, 2:155–85.

地向上帝祷告，或者保有圣人的遗体。阿尔韦托的邻居和许多来教堂参观的人都深知这一点。

这项赞助高度公开。精英家族每每看到主祭台祈祷室旁的巨大徽章，就会想到阿尔伯蒂家族的贡献。偶尔祷告者还能在隐蔽于立柱中的楼梯上看见圣方济会成员和阿尔伯蒂家族成员。他们是去地下祈祷室祭拜已故的祖祖辈辈，这些祖辈有的是平民，有的是神职人员。

阿尔伯蒂家族的这些赞助活动，与当时的社会态度一致，即重视斥巨资兴建宗教建筑的道德作用，这便是亚里士多德的恢弘理论。这一理论常被用于意大利的王室宫殿上——米兰的神父加尔瓦诺·菲亚马（Galvano Fiamma）是这一理论的忠实拥护者——也有证据表明，这一理论同样适用于共和制度下的佛罗伦萨。[①]利昂·巴蒂斯塔·阿尔伯蒂熟知这一观点，他是阿尔韦托之后第六代的家族成员。阿尔韦托鼓励赞助人在公共事务领域“大张旗鼓地追求壮丽与宏伟”，比如兴建宗教建筑。[②]

扩大信息传递

阿尔韦托捐赠修建告解室后，过了五十年，又有一位家族成员立了一份更大的遗嘱，他就是阿尔韦托·迪·拉波·德利·阿尔伯蒂（Alberto di Lapo degli Alberti），昵称为阿尔伯塔丘（Albertaccio）。阿尔伯塔丘的遗嘱十分虔诚，后人根据遗嘱设立了众多纪念他的机

① Paula Spilner, “Giovanni di Lapo Ghini and a Magnificent New Addition to the Palazzo Vecchio, Florence,” Journal of the Society of Architectural Historians 52 (1993) : 453–46. For the theory of magnificence, also see chapter 3.

② A. D. Frasier Jenkins, “Cosimo de’ Medici’ s Patronage of Architecture and the Theory of Magnificence,” Journal of the Warburg and Courtauld Institutes 33 (1970) : 163–64.

构。其中最慷慨的，便是他送给圣十字教堂小兄弟会的礼物。而他对家族墓地的规划也最为完善。1348 年，阿尔伯塔丘留下 500 枚金弗罗林，用于在东西两侧通往高坛的开阔空间建造地下墓穴。他还留下 1000 弗罗林用于修建第二间家族祈祷室。[①]这是一笔巨款，分别相当于一个没有特殊技艺的劳工 15 年和 30 年的工资。[②]之前的研究并未提及遗嘱中的技术细节，也没有理解这份遗嘱与捐赠告解室之间的关系。因为遗嘱没有提起阿尔伯蒂家族现存的祈祷室或墓穴。它没有列出工程分阶段实施的计划表，也没有讲明这份礼物是家族更广泛参与圣十字教堂事务的战略的一部分。逻辑上来说，阿尔伯蒂家族有意识地提高其影响力，正是在传递家族精英地位的信息，而这一活动跨越了几代人。

阿尔伯塔丘为什么对圣十字教堂如此慷慨？如今有关这个家族商业记录的文件已经出版，我们终于能够了解他慷慨背后的筹码了。[③]这些文件证实了他曾斥资建造高坛，项目进行得十分顺利。其家族成员不仅捐资，还参与管理。[④]1350 年至 1351 年的 15 个月

---

① Passerini, Gli Alberti, 2:137–43 doc. 16; the original document has not been located.

② This estimate is based on data provided in Goldthwaite, Building, 429, 436.

③ See Due Libri Mastri degli Alberti: una Grande Compagnia di Calimala, 1348–1358, ed. Richard A. Goldthwaite, Enzo Settesoldi, and Marco Spallanzani（Florence: Cassa di Risparmio di Firenze, 1995）, 2:485（codex i, fol. cccclxxi verso）.

④ Payments to the "choir fund" totaling 125 gold florins are reported in Due Libri, 1:162–63（codex i, fol. cclxxxxiiii recto）. The entries are a synopsis of all the accounting, recording single payments as follows: 25 gold florins each deposit on four occasions from "iacopo di caroccio and his brothers"（i.e., tommaso, Bartolommeo, and Duccio）on 10 March 1348（1349 new style）, 17 april and 11 september 1350 and 12 February 1350（1351 new style）; and a single 25 gold florin deposit from "Luigi di Duccio and his brothers"（i.e., cipriano, Doffo, and Donato）on 15 June 1351. A second group of payments totaling an additional 265 gold florins is recorded in the same publication（2:469 [codex i, fol. ccccclviii verso]）: one for 15 gold florins by the sons of caroccio di Duccio on 15 March 15 1353（1354 new style）, and the other for 250 on 10 april 1353.

里，八位家族成员筹得125弗罗林来修建这座高坛。1353年，另有几笔款项到账，每次13弗罗林，由此每人的捐赠额达到了大约62弗罗林。这样一来，用于建造高坛和墓穴的费用总计约900弗罗林——其中500弗罗林来自阿尔伯塔丘的遗嘱捐赠，390弗罗林则来自他的亲属。现存证据表明，大概在阿尔伯塔丘去世前几个星期，其家族就制定了一个广泛的计划，要求整个家族都参与这些项目的投资。这表明他十分认可代际参与，将其视作成功传递地位信息的方式。

根据阿尔韦托的遗嘱，规划的高坛面积巨大，装饰精美，而其家族将在他逝世后五年内支付相关费用。高坛外层为庞大的木质结构，几乎占据了圣坛屏（tramezzo）东侧的整个中殿。由此，中殿被自然划分成两个区域，东侧属于僧侣及男性客人，而西侧则留给大众。高坛有两列平行的栏杆，与教堂的纵向长轴一致，从圣坛屏一直延伸到主祭台下。两端的中心各有一个通道，供方济会成员进入高坛。1355年至1356年，资金分几次用于支付工人工资。总承包人彼特罗·迪·兰多（Pietro di Lando）的工作包括镶嵌细工（intersia）、绘画和供应物资，共赚得超过50弗罗林。每个木工也拿到超过25弗罗林的报酬。[①]透过圣坛屏，唯一能看到的建筑便是高坛。高坛修建进度很快，耗费资金数额庞大，这都证明了其重要性。如今高坛已不复存在，其遗址中有一块装饰性的条纹大理石，曾经应该置于高坛底部。黑白大理石上刻着家族徽章，这是阿尔伯蒂家族与方济会关系的永久印记（图6.3）。这恰好体现了家族与教会之间的共生关系。16世纪60年代，科西莫一世（Cosimo I）下令修复圣十字教堂，高坛被彻底摧毁。这也清楚地表明，科西莫想斩断教

---

① Due Libri, 2:485 (codex i, fol. ccccIxxi verso) and 2:570 (codex i, fol. dxiii verso).

图 6.3　阿尔伯蒂家族的镶嵌细工。——作者

堂与以前共和寡头们千丝万缕的关系。[①]

阿尔伯塔丘立了遗嘱后，逝世的阿尔伯蒂家族的人都长眠于这11座大理石墓穴之下。每座墓穴都有规整的黑白装饰。它们位于主祭台之下，正好在高坛和连接教堂主体与主祭台的大楼梯之间。女士的墓碑有两座，立在高坛西侧和圣坛屏的通道之间。公众和方济会成员都能看见这两个地方，因此能有效地传达信息。而且，两个地方都邻近圣餐仪式举办地，使其更加神圣。划分两块区域十分实用：男士一般会穿过圣坛屏，去参拜埋葬在主祭台楼梯之下的先辈和兄弟；而女士则便于到圣坛屏入口处参拜女性先辈。方济会成员常常经过这些墓碑，门口又是发放圣餐的地方。来往之人络绎不绝，又邻近举办宗教仪式的场所，由此，逝世后能常受参拜、缅怀和灵魂救赎的美好愿望，也就得以实现了。因此，家族墓穴的位置不仅凸显了家族与教会的亲密关系，也展示了家族希望能长久纪念逝者

---

① Marcia Hall, Renovation and Counter-Reformation: Vasari and Duke Cosimo in Santa Maria Novella and Santa Croce, 1565–1577 (Oxford: Oxford University Press, 1979) .

的愿望，就像44年前阿尔韦托·迪·雅各布（Alberto di Iacopo）在告解室所做的纪念活动一样。

阿尔伯蒂家族的后人认识到了这种丧葬安排所带来的贵族地位。15世纪头一个十年里，贝内代托（Benedetto）的儿子洛伦索[①]在流放期间，也在同样威严的方济会中心帕多瓦（Padua）的圣安东尼大教堂（Saint Antony）做了类似的丧葬安排。[②]那里也有阿尔伯蒂家族的墓穴，与位于圣十字教堂的墓穴一样，立在高坛和祭台之间。

传承家族传统

1350年之后，阿尔伯蒂家族仍然与圣十字教堂保持密切合作，出手依然十分慷慨。几十年来，各代家族成员都会专门为圣十字教堂及其医院设立一份遗嘱。[③]无论是神职人员还是世俗百姓，都不再问阿尔伯蒂家族近来又为教堂做了什么。但高坛计划之后，阿尔伯蒂家族与方济会的关系日趋紧张。阿尔伯塔丘的遗嘱中希望修建第二间家族祈祷室（可能由于原来的告解室已经不够用了），而这项工程直到1374年都没有进展。到了雅各布·迪·卡洛乔·阿尔伯蒂（Iacopo di Caroccio Alberti）在立遗嘱那年，他在遗嘱中抗议方

---

① Lonrenzo，1421年逝世，利昂·巴蒂斯塔（Leon Battista）之父。

② Andrea Calore, "il coro e il presbiterio della Basilica del santo. Vicende storiche e artistiche nel sec. xV," Il Santo 38（1998）: 69–98. Lorenzo' s tomb marker appears on the schematic plate 1, the plot labeled 168.

③ Major charitable bequests were part of the wills written by each succeeding generation. They also specified burial requests marking their connection to the Franciscans. Niccolò di iacopo（d. 10 august 1377）; Benedetto di Nerozzo（d. 8 January 1388）, and Bernardo di Benedetto（d. 15 March 1389）, and Gherardo di Benedetto（†1405）each ask for burial in the family vault in a Franciscan habit.

济会成员在修建祈祷室时毫无作为，并要求其遗嘱执行人帮他要回用于修建墓穴、高坛和祈祷室的资金。[①]雅各布强烈谴责方济会成员，因为1371年他儿子去世时，他们不允许雅各布将儿子安葬在家族的地下墓穴中，最后他只能葬于所属教区的教堂，即圣雷米西奥教堂。尽管雅各布忿忿不平，他还是留了一笔钱给圣十字教堂的医院。他另一个儿子保罗（Paolo，1356—1438）之后还加入了当地的方济会，并继任阿斯科利（Ascoli）的主教直到去世。[②]阿尔伯蒂家族历史悠久，执行遗嘱固然需要耗费巨额资金，但放弃业已确立的家族传统的代价可能更高。

尽管双方关系日益紧张，但仍维持基本的友谊，也成就了佛罗伦萨共和制历史上最隆重的一场葬礼。1377年8月9日，佛罗伦萨举办了尼克罗·阿尔伯蒂（Niccol ò Alberti）的葬礼。他生前极其富裕，在佛罗伦萨的公民生活中扮演核心角色，而他的葬礼也配得上他的社会地位。这个葬礼极富戏剧性。[③]500个佛罗伦萨穷人以每人2弗罗林的高价受雇到其棺材前哭丧。丧葬队伍由8匹战马开道，72盏蜡烛照亮了博尔古圣十字教堂路（Borgo Santa Croce），从家族的凉亭一直延伸到教堂。尼克罗·阿尔伯蒂也安葬在主祭台下的家族地下墓穴内。当时一位日记作者莫纳尔迪（Monaldi）估计，光这场葬礼就耗费了3000弗罗林，远超该家族14世纪给教堂捐赠的艺术品和赞助教堂建筑活动的总额。这位日记作者详细描述了葬礼的过程，称其奢华的盛况无与伦比。[④]尽管阿尔伯蒂家族对艺术品的

① For the will, passerini, Gli Alberti, 2:144–54, esp. 146（regarding iacopo’s displeasure with the Franciscans）

② Passerini, Gli Alberti, 2:39.

③ Sharon T. Strocchia, Death and Ritual in Renaissance Florence（Baltimore and London: Johns Hopkins University Press, 1992）, 93.

④ Istorie pistoiesi……e Diario del Monaldi, ed. Antonio Maria Biscioni（Milan: g. silvestri, 1845）, 443–44.

投资相对较少，但正是有了这些艺术品，尼克罗·阿尔伯蒂葬礼的盛况才能真正发挥其效益，它们才能永久地传递信息。

就规模和年代而言，14 世纪阿尔伯蒂家族对圣十字教堂的赞助最极致的一次，当属纪念壁画系列“真十字架的传说”（Legend of the True Cross）。这些壁画位于主祭台的祈祷室内（图 6.4），约 1390 年，由阿尼奥·洛加迪（Agnolo Gaddi）所作。方济会成员转让了赞助权，阿尔伯蒂家族才得以完成这项装饰性的工程。毫无疑问这项工程造价不菲，但相关的记载文件却已失传。[①]这样规模宏大又地处中心位置的翻修工程在圣十字教堂实属罕见，而方济会转让主祭台赞助权也同样让人瞠目结舌。

阿尔伯蒂家族获得赞助权，并促使方济会翻修圣十字教堂，这两件事发生的时间相隔不过两周，不难发现，当时的社会气氛对他们极其有利。1386 年 1 月 28 日，星期日，巴尔托洛梅奥·乌拉里（Bartolommeo Ulari）当选佛罗伦萨新任主教，他是第一位当选的方济会成员。[②]他的当选是民心所向，当天人们还举行了游行。同年 2 月 8 日，佛罗伦萨的盟友、杜拉索的查尔斯三世（Charles III Durazzo）成为匈牙利国王的消息传到了佛罗伦萨。之后三天，人们大摆宴席庆祝。[③]两派竞争对手操办了两场盛大庆典：一场由贝内

---

① The precise date the rights were ceded is a matter of speculation. See Bruce Cole, Agnolo Gaddi (Oxford: Oxford University Press, 1977) , who suggests a mid1380s dating, and Andrew Ladis, “un’ ordinazione per disegni dal ciclo della vera croce di agnolo gaddi a Firenze,” Rivista d’ arte 4 (ser. 5) , no. 41 (1989) : 153–58, who advocates circa 1390.

② Alle Bocche Della Piazza: Diario di Anonimo Fiorentino (1382–1401) : BNF, Panciatichiano 158, ed. Anthony Molho and Franek Sznura (Florence: L. olschki, 1986) , 61, under rubric 21: “[he] bestowed great honor by all the citizenry……and on Monday morning he entered into the episcopate with greatest honor.”

③ Alle Bocche, 61.

代托·阿尔伯蒂个人出资承办的 [钱可能是从其政治圈子中募集的，这个政治圈子就是所谓的里奇（Ricci）派]，另一场则由与之对立的政治群体归尔甫派（Parte Guelfa）操办。贝内代托及其党人出手阔绰，不仅展示了个人地位，也表达了对佛罗伦萨日益稳定的喜悦之情。这几场公众盛宴标志着方济会和阿尔伯蒂家族在佛罗伦萨的势力走向巅峰，同时也暗示了圣十字教堂赞助活动开展的社会氛围。

上文提到的叙事壁画通过描述一系列场景，展现了真十字架的传说的恢弘景象，这些场景的描述，都围绕圣地（Holy Land）的遗迹失而复得这一主题。阿尼奥·洛加迪在镶边的壁柱上刻画了 24 个放大版的人像，这些壁柱位于祈祷室侧墙旁的三大区域边缘（均有 10 余英尺高）。这个选材非常适用于方济会和阿尔伯蒂家族。真十字架是圣十字教堂供奉的对象，而本世纪初，圣地也受方济会的管理。阿尔伯蒂家族的大家长贝内代托·迪·内罗佐·德利·阿尔伯蒂（Benedetto di Nerozzo degli Alberti）此前被流放，在此期间前往中东朝圣。回程路上，他与妻子、侄子于 1388 年 1 月在罗德（Rhodes）死于瘟疫。[①]贝内代托曾是公民领袖，且管理家族生意十余年（1377 年他舅舅尼克罗去世后，他开始掌管家族生意）。1387 年 5 月，他被政敌归尔甫派驱逐出城。贝内代托经历流放、朝圣，最后客死他乡，阿尔伯蒂家族便想方设法纪念他，恢复他的名誉。他们投资了各项工程，包括装修主祭台，为圣米尼亚托教堂的（San Miniatoal Monte）纪念祈祷室购置物资，这座教堂坐落于佛罗伦萨城外。

---

① On Benedetto’s career and pilgrimage, see Loughman “Spinello Aretino”, 186–204.

图 6.4 佛罗伦萨圣十字教堂，主祭台祈祷室与阿尼奥·洛加迪的“真十字架的传说”壁画

除了通过真十字架的叙事壁画阐述贝内代托的朝圣之旅外，阿尔伯蒂家族还雇人在祈祷室的后墙上画上他们守护神的壁画来展现其家族地位，这些壁画绘制在分隔各种彩绘玻璃的壁柱上。方济会的守护神中最重要的便是圣伯纳犬（Bernard）和圣本笃（Benedict）。贝内代托的大儿子是他的首选继承人，他的名字便是伯纳德（Bernardo）。因此，这些壁画代表了圣十字教堂高坛之上的家族。我们可以猜测赞助人的意图：这些标志将长久地与圣餐一同出现在主祭台上。这些赞助人可能还为遗赠圣十字教堂的物资安排了财产管理人，就好比贝内代托和伯纳德的遗嘱中，都表明要在圣米尼亚托教堂修建纪念祈祷室。在这样的安排下，某些特定人群每年便可雇请唱诗班举办纪念弥撒了，这些人最可能是阿尔伯蒂家族的成员。①

永恒的信息传递

直到世纪末，圣十字教堂的建筑和装饰上仍可追寻到阿尔伯蒂家族的印记。其家族赞助可一直追溯到新教堂开工之时。这些赞助活动的历史意义和赞助品本身的价值，都是其他家族难以匹敌的。14 世纪，虽然佛罗伦萨社会氛围不稳定，阿尔伯蒂家族却有意识地运用了圣十字教堂的视觉作用和宗教功能，这无疑是其家族的伟大成就和制胜策略。同时，在佛罗伦萨社会的鼎盛时期，他们也利用

① Benedetto's will（Florence, Archivio di Stato, Diplomatico, Santa Maria degli Angeli, 11 July 1387）was published in Passerini, Gli Alberti, 2:186–94. For Bernardo's deathbed will（drafted in Florence at Santa Maria degli Angeli on 16 March 1389）, see Florence, archivio di stato, Notarile antecosimiano 13626, fols. 19r–23v. The payments are recorded throughout the san Miniato entrate—see Loughman, "Spinello Aretino."

与圣十字教堂内方济会人员的长期密切关系，修建了一系列建筑来纪念家族的崇高地位。这种意识性行为最早出现在 15 世纪早期，几位家族成员被流放时，在其他城市也成功运用了相同的策略。阿尔伯蒂家族巩固了在圣十字教堂中的地位，在当地日益壮大的教会中占得一席之地，也使其广受整个城市的尊敬和拥护。

为谋求公共名誉和个人救赎，阿尔伯蒂家族花重金赞助圣十字教堂，举办游行，斥资打造昂贵的和不朽的艺术品，在最佳位置修建家族墓穴，并向方济会捐献物资。阿尔伯蒂家族在圣十字教堂拥有的权势，促使其能够完成善行，纪念在文艺复兴时期的佛罗伦萨无人企及的赞助能力。如阿尔伯蒂家族所见，创造旁人无法匹敌的成就，是最有效的传递信息的方式。①

① For example, the tomb created by Lorenzo di Benedetto (son of Benedetto and father of Leon Battista) in padua mentioned above (note 24) . Benedetto' s son gerardo subvented the construction of a new sacristy at the ancient church of San Michele in Bosco in Bologna in the first decade of the 1400s.

第七章　成功的标志

——利昂·莱奥尼：16世纪的米兰成功的标杆

◎ 凯利·海姆斯达特勒·迪·迪奥

引　言

乔尔乔·瓦萨里（Giorgio Vasari）去米兰拜访雕刻家利昂·莱奥尼（Leone Leoni）时（图7.1），对莱奥尼的生活方式大为震惊。这其实情有可原。他在写给佛罗伦萨人文学者文森佐·博尔吉尼（Vincenzo Borghini）的信中，称莱奥尼“已经有所成就，并且一直孜孜以求，即使米开朗基罗在世，看到莱奥尼的生活，他也会说，艺术造就了不同凡响的莱奥尼，但这已经是另一码事了，因为，这些大师们实际上已经不是哲学家了，而是贵族”[①]。瓦萨里意识到，莱奥尼家的风格已经从艺术家级别上升到了先前的艺术家梦寐以求

① “Messer Leone…… ci ha fatto e fa cose che se Michelangelo resuscitassi e vedessi come si vive diria che l’ arte che l’ ha fatto tenersi raro fussi diventata un’ altra, perché nel vero questi maestri non sono più filosofi ma principi.” Letter dated May 9, 1566, in Karl Frey and herman-Walther Frey, Der literarische Nachlass Giorgio Vasaris (Munich: Georg Müller, 1930) , 2:239.

图 7.1　利昂·莱奥尼设计的米兰奥梅诺尼豪宅
米兰，玛尔塔·卡润兹

的前所未有的高度。这种积极向上的精神是贯穿于瓦萨里1550年和1568年两版《艺苑名人传》（Lives of the Artists）中的重要主题。在介绍莱奥尼的章节中，瓦萨里热情赞扬了莱奥尼家的富丽、宽敞、久负盛名的艺术收藏品及完美的地理位置。他提到，莱奥尼的设计独出心裁，“用以展示他的博大胸怀，他从自然界获取的灵感，以及命运的恩惠”，莱奥尼“不惜成本，以最优美的建筑风格在德·莫罗尼区（contrada de' Moroni）建造了一座房子，实乃巧夺天工，整个米兰的建筑都无法与之媲美”[①]。

本章将探讨莱奥尼的房屋装修风格中所呈现的自娱自乐。接着评估其目标受众（即与他同时代的人）如何理解这些信息。莱奥尼确立了特定的品质标杆，主要包括博学、财富，以及与国王之间的联系，但却并未涉及其他密切相关的信息，比如职业。

莱奥尼的策略

早在14世纪，意大利的艺术家就已致力于争取更高的社会地位。[②]到15、16世纪，一些艺术家获得了荣誉称号，有些还积累了

① Giorgio vasari, Lives of the Painters, Sculptors and Architects, trans. Gaston du C. de Vere, ed. David Ekserdijan（London: Everyman's Library, 1996）, 2:840.

② For the struggle for higher social status in Italy see, among others, Martin Wackernagel, The World of the Florentine Renaissance Artist, ed. and trans. Alison Luchs（Princeton: Princeton University Press, 1981）; Janet Woods-Marsden, Renaissance Self-Portraiture: The Visual Construction of Identity and the Social Status of the Artist（New Haven and London: Yale University Press, 1998）; and Francis AmesLewis, The Intellectual Life of the Early Renaissance Artist（New Haven and London: Yale University Press, 2000）.

大量财富。[①]艺术家们通过自画像使其新的社会地位可视化，这一方式几乎不耗金钱成本，但需投入大量时间。而更杰出的成功者则通过建造更宏伟的府邸，或者为自己精心制作葬礼纪念碑来彰显其地位，这纪念碑通常极其昂贵。[②]专写艺术家的作者（如瓦萨里和吉安·保罗·洛马佐（Gian Paolo Lomazzo）赞美了这些艺术家的成就，并详述了其府邸和陵墓的设计、装修和位置的社会影响。

在这些努力证明自己社会地位的艺术家中，莱奥尼（1509—1590）脱颖而出。到16世纪中期，他已获得空前的社会地位。他建造的府邸的豪华和奢侈远远胜于以前的所有画家或雕塑家。[③]这个府邸

---

① In addition to Leoni, Michelangelo and Titian were among the very few artists to accumulate wealth. For the financial position of artists during this period, see Rab Hatfield, The Wealth of Michelangelo (Rome: Edizioni di Storia e Letteratura, 2002), with bibliography. For artists knighted during the sixteenth century, including Baccio Bandinelli, Benvenuto Cellini, titian, Vasari, and Federico Zuccari, see Martin Warnke, The Court Artist: On the Ancestry of the Modern Artist, trans. David McLintock (Cambridge: Cambridge University Press, 1993).

② For artists' houses in the sixteenth century see Case d' Artista. Dal rinascimento ad oggi, ed. eduard hüttinger (Turin: Bollati Beringhieri, 1992); Nikia Leopold, "Artists' Homes in the Sixteenth Century" (Ph.D. diss., Johns Hopkins University, 1980); and Case di artisti in Toscana, ed. roberto p. ciardi (Florence: Banca toscana, 1998). For fifteenth- and sixteenth-century artists' tombs see Gesa schütz-rautenberg, Künstlergrabmäler des 15. und 16. Jahrhunderts in Italien: ein Beitrag zur Sozialgeschichte der Künstler (cologne: Böhlau, 1978).

③ For Leone Leoni see eugene plon, Les maîtres italiens au service de la maison d' Autriche: Leone Leoni sculpteur de Charles Quint et Pompeo Leoni sculpteur de Philippe II (paris: e. plon, nourrit, 1887); Michael Mezzatesta, "Imperial Themes in the Sculpture of Leone Leoni" (Ph.D. diss., new York University, 1980); Leone Leoni tra Lombardia e Spagna. Atti del convegno internazionale. Menaggio 25–26 settembre 1993, ed. Maria Luisa Gatti perer (Milan: istituto per la storia dell' arte lombarda, 1995); Los Leoni (1509–1608): Escultores del rinacimiento italiano al servicio de la corte de España, ed. Jesús Urrea (Madrid: Museo del prado, 1994); Kelley helmstutler, "'to Demonstrate the Greatness of his spirit': Leone Leoni and the Casa Degli Omenoni" (Ph.D. diss., Rutgers University, 2000); and Kelley helmstutler Di Dio, Leone Leoni and the Status of the Artist at the End of the Renaissance (aldershot, UK: ashgate, forthcoming).

便是巨富的象征。或许，更重要的是，他的豪宅彰显了金钱买不来的荣誉。莱奥尼是通过艺能、学识和日积月累的人脉来获得这些荣誉和社会地位的。他为整个欧洲的重要顾客工作，与他同时代最著名的人文学家做朋友，积极参加科学学会——费尼奇美术馆学会（Accademia dei Fenici），并担任米兰各重要人物与红衣主教安托万·佩尔诺特·德·格朗韦勒（Antoine Perrenot de Granvelle）之间的调停人，这位红衣主教是西班牙查尔斯五世（Charles V）和菲利普二世（Philip II）的重要顾问。查尔斯五世任命莱奥尼作为他的首席雕刻家，支付巨额佣金，授予贵族头衔，赠送一条价值 250 斯库多的金链子，在米兰最著名的区域划归给他一块地，并提供资金支持助其建造府邸。此外查尔斯五世从帝国铸币厂支出 100 斯库多作为他的养老金，并支付 150 斯库多作为额外的终生年金奖励。这些款项，加上其他主顾购买雕塑支付的高额报酬，使得莱奥尼腰缠万贯。[①]查尔斯五世于 1556 年退位，1558 年彻底告别国王身份，此后，莱奥尼继续为查理的儿子西班牙菲利普二世、米兰的执政者、教皇和其他高阶神职人员工作。莱奥尼的财富、头衔和社会关系，造就了他令人艳羡的社会地位。他的府邸，以及他利用府邸彰显成就的能力，对其社会地位的巩固同样起着不可忽视的作用。他这种树立标杆的能力，此后几个世纪的艺术家们都难以企及。

---

① In 1556 250 scudi were worth 271.4 florins. Leoni received 250 scudi while titian was granted 200 scudi, their yearly stipends as charles v' s artists. Around this time in Milan, with 250 scudi an aristocratic residence could be rented for five years, a small house in one of the working-class neighborhoods could be purchased, or around twelve pertiche (1 pertica was equal to 654.51 square meters)of good land in the countryside could be bought. In terms of wages, 250 scudi was the annual income of a prosperous master craftsman or a small merchant or five years of wages for a simple journeyman in the urban crafts. My thanks to susanne Kubersky piredda and stefano D' amico for this information.

奥梅诺尼豪宅的设计

莱奥尼称他的家为“Casa magna”，也就是宏伟之家，但是世人常称之为奥梅诺尼豪宅。在米兰方言中，它的意思是“伟人的家”，可参考其墙面上巨大的雕像。①在设计自己的府邸时，莱奥尼从蒙塔纳、拉斐尔、朱里奥·罗马诺和瓦萨里的府邸找到了灵感。②他与拉斐尔和朱里奥一样，希望把自己的家打造成贵族宫殿，而不是一所普通的艺术家的房子。他也同瓦萨里和朱里奥一般，借助了《美德与罪恶》这样的寓言，但他为这一形象赋予了多重含义，超越了艺术家们与嫉妒这一恶习斗争的美德。莱奥尼还提到了他与西班牙法院之间的关系，间接说到他为法院雕刻了一件作品。同样的，朱里奥家的壁画体现了贡扎加（Gonzaga）规则，房屋的设计则参考了泰德宫（Palazzo del Te）。

但是，莱奥尼的家与这些艺术家前辈的家截然不同。首先，奥

---

① For Leoni’s house, see Ugo Nebbia, La Casa degli Omenoni in Milano (Milan, Ceschina, 1963) ; Mezzatesta, “Imperial Themes” ; Michael Mezzatesta, “The Facade of Leone Leoni’s house in Milan, the Casa Degli Omenoni: The Artist and the Public,” Journal of the Society of Architectural Historians 44, No. 44 (october 1985) : 233–49; Marco Rossi, “La casa di Leone Leoni a Milano,” in Leone Leoni tra Lombardia e Spagna, 21–30; and Helmstutler, “To Demonstrate” ,107–77.

② For Mantegna’s house, which Ludovico Gonzaga gave to him in 1476, see Earl E. Rosenthal, “The House of Andrea Mantegna in Mantua,” Gazette des Beaux-Arts 60, No. 6 (september 1962) : 327–48, and Ronald Lightbown, Mantegna (Oxford: Phaidon, 1986) , 121–22. Raphael’s house was designed by Bramante, possibly for himself, around 1512. For Giulio romano’s house, which he bought and designed for himself, see Kurt Forster and Richard Tuttle, “The Casa Pippi,” Architectura 3, No. 2 (1973) : 104–30; Leopold, “Artists’ homes,” 89–108; and Liselotte Wirth, “Le case di raffaello a roma e di Giulio romano a roma e a Mantova,” in Case d’artista, 49–60. For vasari’s house in arezzo (1540–48) , see Leopold, “Artists’ Homes,” 125–57; Antonio Paolucci and Anna Maria Maetzke, La casa del Vasari in Arezzo (Florence: casa di risparmio di Firenze, 1988) .

梅诺尼豪宅没有工作区，不用作工作室，这更好地掩饰了他的艺术职业。莱奥尼把他的铸造间和工作室设在了这座住宅之外。其次，因着莱奥尼所取得的贵族地位和财富，他能同其他贵族一样，委托其他艺术家来执行这一建筑项目，这还是艺术家中的第一人。[①]第三，莱奥尼的房子之所以与其他艺术家的房子不同，是因为他房子的建筑风格以昂贵的雕塑装饰为主。而大多数艺术家的房子是用便宜的壁画装饰，即使是朱里奥·罗马诺的家，也只有少许的雕带和一个雕像。尽管奥梅诺尼豪宅坐落于著名街区，它的装饰也可谓首屈一指，因为米兰大多数宫殿的墙面都鲜有装饰。[②]最后，奥梅诺尼豪宅所在地区享有盛名，距离皇家圣玛利亚·德拉·斯卡拉大教堂（S. Maria della Scala）和位于诺斯吉亚（Nosiggia）的圣马蒂诺教堂（S. Martino）仅数步之遥。[③]莱奥尼有权有势的邻居中，有弗

---

① Gian paolo Lomazzo identified antonio ascona as the sculptor of Leoni' s façade; see Gian Paolo Lomazzo, Scritti sulle arti, ed. roberto p. ciardi (Florence: Marchi e Bertolli, 1973) , 2:361. carlo torre, Il ritratto di Milano (Milan: Agnelli, 1674) , 292, reported that "all of the talented people who worked in Milan in [Leoni' s] time, whether excellent in painting or sculpture, competed with each other to serve such an esteemed virtuoso.…… antonio abbondio called 'ascona,' the famous carver dear to King Francis of France…… made the eight colossi [on the façade of Leoni' s house]." Antonio Abbondio was primarily a medalist but also the sculptor to the holy roman emperors Ferdinand II (1565–66) , Maximilian I (1566–c. 1574) , and rudolf II (c. 1577) .

② A few other buildings begun during this period are more decorative than what had been commonplace in Milan. In particular, the architecture of Galeazzo alessi (especially the courtyard of palazzo Marino, c. 1553–58, which Leoni may have helped decorate) and of vincenzo seregni (especially the palazzo Giureconsulti, 1561, and his designs for the palazzo Medici, c. 1565) are ornate.

③ The church of san Felice was built while Leoni was constructing his home. Leoni' s house, san Felice, and palazzo Marino were part of Milan' s urban renewal initiated in 1541 by Charles V' s nuove costituzioni. The nuove costituzioni aided residents financially in the reconstruction of their homes and the overall beautification of the city. see Rossi, "La casa di Leone Leoni a Milano" , 21.

朗西斯科·塞基（Francesco Secchi）伯爵、马里尼亚诺美第奇家族（Medici of Marignano）（其中一位是教宗庇护四世）、热那亚商人托马索·马里尼（Tommaso Marini），以及著名的莫洛尼（Moroni）家族。①

查尔斯五世在1549年授予莱奥尼房屋的财产所有权。此后几年里，国王和公爵提供的资金支持填补了他的建房支出。②当这些钱花光之后，莱奥尼仍继续建造他的家，直到1565年左右，期间几乎都是自己承担费用。莱奥尼被授予房屋的财产所有权时，他才刚刚开始获得向往的社会地位和声望，其经济能力可能还不足以来开展这个复杂又耗财的项目。但在建房期间，莱奥尼凭借其"美德"成为了美术学院的一员，被授予爵位，并享有年金。③他还在出生地阿雷佐（Arezzo）获得了爵位，被任命了两个政府职位，并开始在米兰处理外交事务。同时，他的艺术成就也达到鼎盛时期。作为一名成功的雕塑家，他的作品定价很高。到了1573年，莱奥尼已经积累了足够的资金，可以再购买一座房子作为工作室。随着声望、财富和社会地位的提高，莱奥尼扩建了房子，添加了重要的装饰。莱奥尼所在的"达莫洛尼区"（contrada Moroni）被重新命名为"阿雷蒂诺区"（contrada Aretino），以纪念他的出生地阿雷佐，最终又

---

① They are listed in Milan, archivio Diocesano (henceforth MaD), "entrate di s. Martino in nosiggia, 1567."

② In 1550, Leoni was given 393 lire imperiali "for the expenditures in the houses adjoining the one that formerly belonged to Messer Jacopo antonio da prato." Four months later, Leoni was given 530 lire imperiali to construct a small house beside the piazza of s. Martino in nosiggia. Five months later, he received forty-five scudi for costs associated with his house and foundry. For these documents see paola Barbara Conti, "Vita Milanese di Leone Leoni da Documenti Inediti," in Leone Leoni tra Lombardia e Spagna, 43–44 docs. 2, 3, and 4.

③ Warnke, Court Artist, 135.

更名为“德利奥梅诺尼区”，由此可见莱奥尼声名显赫。[1]区域名称从纪念备受尊敬的家族变为向一个雕塑家的府邸致敬，这种变化举世瞩目。这不仅仅是因为莱奥尼的社会地位煊赫，而且还因为公众对他所建造的房子赞叹不已。

莱奥尼宏伟富丽的家及其装饰，都提高了他在米兰的社会地位。它彰显了他的贵族身份，因为房子是按照贵族宫殿的风格设计的，而且还体现了传统的贵族标志，如声望、权力和高贵。为了凸显他的贵族形象，莱奥尼斥巨资购买了一批艺术藏品，在规模和品质方面都远胜于最引人瞩目的贵族藏品。[2]他的艺术涵养是使他具有成为收藏家的优势，因为仅靠财富不可能收集到如此高品质的藏品，这些藏品是他房屋设计中不可缺少的一部分。莱奥尼家的后院里摆满了可观的石膏模型，这些雕塑在 16 世纪流向了

---

① The “contrada Moroni” may refer to the Moroni family, which included Giovanni Moroni（1509–80）, who was a cardinal and friend of Gian Giacomo de’ Medici and of Pope Pius Iv. he was the last president of the council of trent and an effective diplomat. His father, count Girolamo Moroni, was chancellor of Milan during the last years of the sforza dukedom. He was disgraced after attempting to form an alliance between the forces of the Marquis of pescara, France, and Milan against the forces of Charles V. Torre explained that the change of the street name indicated that the citizens wished to “announce the aretine’ s fame…… by calling the street the contrada aretina.” Torre, Il Ritratto di Milano, 292. The exact date of this name change（or whether it was ever made official）is unknown. Vasari stated that the house was located on the “contrada de’ Moroni” in his second edition（1568）of the Lives, 2:840. The street name was changed by 1738 to the contrada degli omenoni, in reference to the figures on Leoni’ s façade, according to Lattuada, Descrizione di Milano（1738）, 443–44.

② For Leoni’ s collection see Mezzatesta, “Imperial Themes”; Leopold, “Artists’ homes”; Maria Tronca, “La Collezione di Leone Leoni e le sue Implicazioni Culturali,” in Leone Leoni tra Lombardia e Spagna, 31–38; Kelley Helmstutler Di Dio, “Leone Leoni’ s Collection in the Casa Degli Omenoni, Milan: The Inventory of 1609,” Burlington Magazine 145, No. 1205（2003）: 572–78.

欧洲各个地方。[1]室内走廊和富有创意的八边形书房装饰有帕尔米贾尼诺（Parmigianino）、柯勒乔（Correggio）、丁托列托（Tintoretto）和提香（Titian）的画，以及各种古董和莱奥尼自己的雕塑。此外他也许还有大部分尚存的列奥纳多·达·芬奇（Leonardo da Vinci）的笔记本。[2]

奥梅诺尼豪宅树立的标杆

莱奥尼的府邸设计多次参考了古代和现代的罗马帝国。八边形的书房受罗马建筑的启发，它的圆孔和圆屋顶都源自万神殿，其形状易使人联想到位于梵蒂冈（Vatican）布拉曼特（Bramante）著名的八边形贝尔韦代雷庭院（Belvedere Courtyard）。[3]屋中还有大量的罗马雕塑藏品。1549 年，莱奥尼购买了一系列古代雕塑，以此为蓝

---

① See Francis Haskell and Nicolas penny, Taste and the Antique: The Lure of Classical Sculpture, 1500–1900 (New Haven: Yale University Press, 1981) , 5–6, 16–17, and Bruce Boucher, "Leone Leoni and Primaticcio' s Moulds of Antique Sculpture," Burlington Magazine 122, No. 934 (1981) : 23–26.

② Leoni may have owned the codex atlanticus (Biblioteca ambrosiana, Milan) , the Windsor codex (Windsor castle) , the libretti in the institut de France, paris, and the Leonardo manuscripts now in the Biblioteca nacional, Madrid. They appear in the subsequent inventories of his son pompeo' s collection in Madrid and later inventories and other documents related to the collection at the casa degli omenoni. It is not possible to ascertain whether it was Leone or his son who acquired them. For pompeo' s collection, including inventories and sales documents, see Kelley Helmstutler Di Dio, "The Chief and Perhaps only Antiquarian in Spain: Pompeo Leoni and His Collection in Madrid," Journal of the History of Collections 18, No. 2 (2006) , 137–67.

③ Another source for his design was the studio in the villa of Marcus terentius varro (c. 116–27 Bc) at cassino. see Helmstutler Di Dio, "Leoni' s Collection," 574.

本，为瓜尔蒂耶里（Gualtiera）铸造了青铜像，这是其后的米兰地方长官费兰特·贡扎加（Ferrante Gonzaga）的住所。莱奥尼认为，“我们可以毫不费力地在瓜尔蒂耶里打造一个罗马帝国。”[①]然而，青铜雕像并未做成，模型仍搁置在莱奥尼的收藏室，与莱奥尼其他的模型和原件一样，成为其后院和工作室的装饰品。莱奥尼并没有在瓜尔蒂耶里建造一个罗马帝国，相反，他在自己位于米兰市中心的私人住宅里创造了一个新罗马。莱奥尼美术学院的同事弗朗西斯科·西斯锐（Francesco Ciceri）因此还写了一番虚构的对话，提到米开朗基罗·博纳罗蒂（Michelangelo Buonarroti）责备莱奥尼掠夺罗马所有的古董来装饰自己宏伟壮丽的家。[②]

莱奥尼参照古罗马国王马克·奥勒留（Marcus Aurelius），整个府邸充斥着“罗马”主题。据瓦萨里记录，莱奥尼以其府邸向马克·奥勒留致敬，大多数装饰都与这位国王有关。莱奥尼在后院的中心位置立了一尊全尺寸的马克·奥勒留骑马塑像，经过拱门的人都可以看到它。雕塑由立面上的胸像柱包围，代表马克·奥勒留征服的部落，每一个柱帽上都刻有详细说明。查尔斯五世自称是马克·奥勒留的后代，这位国王任内出现的文体和视觉形式的产品，都反复强调这一理念。莱奥尼在自己的房屋设计中，也通过参照马克·奥勒留体现这种联系，并且在立面的雕带中，他把哈布斯堡王朝（Hapsburgs）纹章中的鹰与国王授予他的盾徽（狮子和车轮）并

---

① Amadio Ronchini, “Leone Leoni d’Arezzo,” Atti e Memorie Della R.R. Deputazione di Storia Patria per le Provincie Modenesi e Parmensi 3（1865）: 26–27.

② It reads, in part, “tu eniem roman ipsam in tuam ipsius patriam anelis: significans opera summorum artificum quamplurima quibus roman spoliavit arretinus, et aedes suas exornavit, Mediolani magnifice extructas, doctissimo atque elegantissimo cuique patentas.” The text was published in Emilio Motta, “Giacomo Jonghelinck e Leone Leoni in Milano,” Rivista italiana di numismatica 1, No. 21（1908）: 79–82.

排放在一起。莱奥尼通过向马克·奥勒留和哈布斯堡王朝致敬来告知世人，他的房子是查尔斯五世赠予的，他享有与哈布斯堡王朝家族之间的特权关系。米兰当局很好地解读了这些信息，此后他获得了西班牙皇室在意大利的政府主要席位。

莱奥尼房屋的设计规划中，庭院里骑马的雕塑尤其凸显了这一主题，因为它直指罗马政府的历史中心，即罗马的卡皮托尔山（the Capitoline Hill）。1536 年，米开朗基罗开始对卡皮托尔山进行大规模地城市改造，并指挥将马克·奥勒留的雕塑（见图 7.2）转移至此，在圣约翰拉特兰教堂（St. John the Lateran）前，它至少立了 8 个世纪。[①]人们一直认为，米开朗基罗对广场及其中心雕像的布置象征着“世界的中心”。从某种意义上来说，莱奥尼把这一雕塑立在后院中心，则是把“世界的中心”从卡皮托尔山移到了他的家中。这也凸显了米兰在哈布斯堡王朝统治下的崇高地位，意味着哈布斯堡王朝下神圣罗马帝国已然超越了古罗马帝国，并且充分显示了莱奥尼与帝国家族之间的关系和他在米兰的地位。

莱奥尼的家可视为意大利人所开展的运动的一部分，服务于哈布斯堡王朝的意大利人利用各种隐喻和寓意式的典故来显示他们与统治家族之间的关系。威廉·艾斯勒（William Eisler）讨论了曼图亚（Mantua）的费德里科·贡扎加（Federico Gonzaga）、热那亚（Genoa）的安德里亚·多利亚（Andrea Doria），以及特伦特（Trent）的伯纳多·克莱西欧（Bernardo Clesio），如何通过居所的装饰表达

① James Ackerman, The Architecture of Michelangelo, 2nd rev. ed.（Chicago: University of Chicago Press, 1986）, 166–70. When Paul III decided to renovate the capitoline hill, after Charles V’s entry into the city in 1536, he had Michelangelo move the Marcus aurelius equestrian statue there from the Lateran.

图 7.2　马克·奥勒留，罗马人，罗马卡皮托尔山
佛罗伦萨，阿奇维·阿利纳里 Archivi Alinari

其与查理国王的关系。[①]

如果执政机构的统治岌岌可危，长久表达自己与政治领导人的友好关系可能极其危险。由于当时政治形势不稳定，当地领导人有时不愿意公然明确表示他们与查尔斯五世的关系。他们通常选择流行一时（且便宜）的具有政治意味的绘画来装饰居所。莱奥尼有幸生活在较为稳定的政体中，因为当时的西班牙的哈布斯堡王朝稳固统治着米兰。因此，他能公开摆放马克·奥勒留的雕塑，辅以帝国的盾徽，用这一长久（也更昂贵的）方式自由地表达他与哈布斯堡王朝的关系。莱奥尼的设计审慎地宣告了他对哈布斯堡王朝的长久服务和忠诚。实际上，哈布斯堡王朝对米兰的统治一直持续到 19 世纪。

罗马主题还充分显示了莱奥尼的博学和哲学爱好。马克·奥勒留的雕塑装饰同时暗含了斯多葛学派的思想，古罗马帝王一直是这一学派的最大支持者。在 16 和 17 世纪，整个欧洲都对斯多葛学派充满了浓厚的兴趣。鹿特丹的伊拉兹马斯（Erasmus）是这一学派的现代拥护者。查尔斯五世精通斯多葛学派的思想，由此伊拉兹马斯才鼓励他选择马克·奥勒留作为典范。查理的皇家编史家弗雷·安东尼奥·德·盖瓦拉（Fray Antonio de Guevara），发表了大量关于马克·奥勒留和斯多葛学派的读本。[②]16 世纪末和 17 世纪初，尤斯图斯·利普修斯（Justus Lipsius）关于斯多葛学派的文章使之更加广

① See William Eisler, “The Impact of the Emperor Charles V upon the Visual Arts” (Ph.D. diss., Pennsylvania State University, 1983) , and William Eisler, “Patronage and Diplomacy: The North Italian Residences of the Emperor Charles V,” in Patronage, Art and Society in Renaissance Italy, ed. F. W. Kent and patricia simons (Canberra: Oxford University Press, 1987) , 269–82.

② See Michael Mezzatesta, “Marcus aurelius, Fray antonio de Guevara, and the Ideal of the Perfect Prince in the Sixteenth Century,” Art Bulletin 66, No. 4 (1984) : 620–33.

泛流传。莱奥尼的府邸和雕塑多涉及斯多葛哲学理念，再加上他与热衷于斯多葛学派的学者之间的友谊，表明他希望公众知晓他的哲学上的学识和人脉。[①]此外，斯多葛学派的哲学家渴望强调贵族体制和单一主权的社会秩序，这对莱奥尼所处的贵族阶级来说，是极具吸引力的主题。总之，莱奥尼对斯多葛学派的兴趣进一步表明，他是当时王室的一位博学且重要的成员。

在体现斯多葛学派理念的计划中，建筑立面上的胸像柱起着不可或缺的作用。其样式暗指护界神特尔米努斯（Terminus），他拒绝从卡皮托尔山搬到朱庇特（Jupiter）神庙。[②]特尔米努斯的人物形象体现了斯多葛主义的主要原则：拒绝对情感做出反应，面对世俗琐事无动于衷。这种坚韧心理与实现卓越美德息息相关。由于特尔米努斯人物形象有这样的含义，伊拉兹马斯将他作为自己的人格象征。莱奥尼应该熟知特尔米努斯所代表的含义，他在墙体立面上设计了胸像，使其凸出墙体表面，强调其不具备结构功能，吸引人们关注它们的形态。通过这种方式，莱奥尼非常明确地体现了特尔米努斯

---

① Leoni was friends with Agnolo Doni and Cardinal Granvelle, and probably knew Justus Lipsius personally. His son Pompeo' s book collection in Madrid (much of which was formed from Leoni' s collection) included numerous texts by erasmus, Justus Lipsius, Cicero, and Plutarch, as well as Ovid' s Fasti and the writings of Dionysius of haicarnassus, where the significance of the god terminus is explained. Natividad Sánchez Esteban, "El legado de Pompeo Leoni," in Leone Leoni tra Lombardia e Spagna, 108–12.

② Thus the terminal figures make another allusion to the capitoline hill, as the Marcus aurelius monument did. For terminus, terminal figures, and erasmus see Edgar Wind, "Aenigma Termini," Journal of the Warburg and Courtauld Institutes 1, No. 1 (1937–38) : 66–69; Erwin Panofsky, "Erasmus and the Visual Arts," Journal of the Warburg and Courtauld Institutes 32 (1969) : 200–227; James Mcconica, "The riddle of Terminus," Erasmus in English: 2 (1971) : 2–7; and John rowlands, "Terminus: The Device of Erasmus of Rotterdam: A Painting by Holbein," Bulletin of the Cleveland Museum of Art 67, No. 2 (February 1980) : 50–54.

图 7.3　米兰奥梅诺尼豪宅（利昂·莱奥尼设计）中雕带的细节
米兰玛尔塔·卡润兹

的形象。[①]

雕带也体现了斯多葛哲学主题（图 7.3），即狮子（代表美德）战胜了一个好色之徒（代表恶习）。狮子把它们的爪子放到莱奥尼盾徽的轮子上，表示美德控制着命运的虚妄。斯多葛学派声称，实现美德可以使人控制命运，并从中受益。院子里三面柱间壁上同样也体现了这些概念。一面柱间壁与立面的雕带一样，使用了狮子把爪子放在轮子上的主题。其他的柱间壁的设计则基于安德烈·阿尔恰

① In this regard, they resemble more closely terminus in Holbein' s 1535 portrait of erasmus and Alciati' s terminus emblem than the figures of Vitruvius' Persian portico, which has previously been cited as Leoni' s source. see Mezzatesta, "Imperial Themes" ; and Mezzatesta, "The Facade," 233–49.

蒂（Andrea Alciati）的《浮雕装饰书籍》(Emblemata Liber)(1531)及其后续版本中的徽章设计。[①]例如，其中一面直接与“美德相伴命运”这一徽章有关。[②]它与阿尔恰托的图像一样，使者之杖与丰裕之角互相缠绕（图 7.4)。而柱间壁上以珀加索斯（Pegasus）的形象代替了阿尔恰托徽章中墨丘利（Mercury）的形象。阿尔恰托的徽章中相应的文字解释称，只有智慧才能确保好运。柱间壁上，珀加索斯象征着只有在智慧和好运指导的人生中才能获得的永恒的名望。

阿尔恰托的“警觉”徽章，展现了把狮子摆在最显眼位置的建筑设计，这是另一面柱间壁的灵感来源。在出版物中，雕塑的题词解释称，狮子是最勤勉的守卫。[③]但莱奥尼的柱间壁（图 7.5 左侧）中，最显眼的位置并没有出现狮子。本应出现在那一位置的狮子被省略了，因为这座房子的主人——莱奥尼——他自己就是一头“狮

---

① Andrea alciati（1492–1550）was a Milanese jurist who was famed for his legal texts and his entertaining and instructive emblem books. The emblems were combinations of text and image that usually had a moral lesson as the subtext. Alciati’s emblems became internationally renowned after the publication of his Emblemata Liber in 1531. There were 171 editions between 1531 and the end of the seventeenth century.

② Diverse imprese accommodate a diuerse moralità: con versi che i loro significati dichiarano insieme con molte altre nella lingua Italiana non piu tradotte. Tratte dagli Emblemi dell’Alciato（Lyon: Guglielmo rovillio, 1551）, emblem 119. The inscription reads: “here between two entwined snakes, is the caduceus with wings, on either side of which there is a horn taken from the goat that was once Jupiter’s, each one adorned with fruit. Thus the wise man inclined to eloquence has wealth that stays with him and where poverty surrounds many, he always enjoys [wealth] and is always well off.” Peter Daly et al., Andreas Alciatus: Emblems in Translation（toronto: University of Toronto Press, 1985）, II, No. 119. Leopold, “artists’ homes,” 205, first recognized the emblem as Leoni’s source for the metope. she deduced that the metope signified “the abundance（symbolized by the cornucopias）of Mercury’s attributes—knowledge and skill, [which] results in the highest spiritual and artistic attainment…… [and that] immortal fame（signified by perseus）is the reward of one amply skilled in the arts.”

③ The inscription reads: “in front of the entrance of the adorned temple there lies a lion so that thieves do not go in and attempt to steal. For it alone among the herd of animals sleeps with its eyes open.” Daly, Andreas Alciatus, II, No. 15.

图 7.4　米兰奥梅诺尼豪宅（利昂·莱奥尼设计）中柱间壁的细节
米兰玛尔塔·卡润兹

图 7.5　米兰奥梅诺尼豪宅（利昂·莱奥尼设计）中柱间壁的细节
米兰玛尔塔·卡润兹

子”。因此，柱间壁放置了莱奥尼的警觉徽章，并再次体现了他对斯多葛学派的兴趣。斯多葛学派主张人应该时时了解自己的弱点，因为这些弱点会毁掉一个人最理想的节欲状态。最后，另一面柱间壁上（图 7.5 右侧），有两个人用手紧紧握住一只从燃烧着的圣坛上飞起的凤凰。凤凰很可能暗指莱奥尼的费尼奇美术馆学会（凤凰学会）会员身份。燃烧的祭坛代表着一种神谕（智慧的象征），两个人物代表学会中智慧的交流，从而代表斯多葛学派宣扬的美德只能通过智慧获得的教义。

莱奥尼房屋的墙体立面上，体现了他与帝国之间的关系和学术追求，而在树立标杆的娴熟行为中，他没有明确提及自己的职业。[①] 只有在后院里，他的职业才显而易见，但路人看不到后院，只有较为熟识的客人才能看到。院子里有他自己的雕塑作品，与他收集的古董和现代化雕塑并排而立。此外，除了展示他对斯多葛学派兴趣的柱间壁，还有其他柱间壁围绕着院子，其上展示了学院、雕刻家和建筑师工作所使用的工具，明确提到了莱奥尼擅长的三个领域。只有在莱奥尼家里，他才直截了当地吐露自己如何获得这样的煊赫

---

① The position of the satyr in the center of the frieze recalls the position of two conquered figures in Leoni’s sculptures, Charles V and Fury (Madrid, Museo del prado) and Ferrante Gonzaga Conquering Vice (Piazza Gonzaga, Guastalla) . Leoni employed the same motif for himself on the façade with the satyr figure attacked by lions, which were an obvious reference to the artist’s own name. However, Charles V and Fury was commissioned in 1549, was shipped from Leoni’s studio to Brussels in 1556, and was completed in spain by Leoni’s son Pompeo in 1564. It remained in Pompeo’s studio in Madrid until after his death in 1608 and would thus have had a very limited audience before that date. Ferrante Gonzaga Conquering Vice was commissioned after 1557 and was ready to be cast in 1565. The Gonzaga heirs’ lack of financial support for the project resulted in long delays, and pompeo completed the group only in 1594 (four years after Leoni’s death) . Therefore, while Leoni may have intended an allusion to these two sculptures in the sculpture of the frieze of his house, it is unlikely that this association would have been recognized by his contemporaries.

地位：通过艺术才能和博学多才。

尽管如此，莱奥尼也冒着被同时代的人批判的风险，他大胆直白地展示自己的社会地位和政治地位，容易引起无法接受的人的不满。在米兰 16 世纪末的分裂思潮中，这种大胆尤为危险。在这期间，政府就哪种机构统治米兰才无可非议这一问题争执不休：这两个受争议的统治分别为哈布斯堡王朝的世俗统治与教会的神权统治，当时教会由大主教卡洛·博罗梅奥（Carlo Borromeo）严格掌管。此外，有些人可能质疑莱奥尼所宣称的他与哈布斯堡王朝之间关系的真实性，想知道他是否在夸大其词。

即使房子尚在建设的时候，哈布斯堡王朝的王宫成员也一定熟知莱奥尼的设计。1561 年，他的朋友兼学院的同事卢卡·康蒂乐（Luca Contile）给菲利普二世的顾问红衣主教格朗韦勒（Granvelle）寄了一封信，在信中，他列出了莱奥尼为他的房子制定的雕刻计划。① 很明显，莱奥尼希望公众知道他所建造房子的设计规划，并且还可能在别处也宣传其设计规划。由此，人们便会了解他的设计，并艳羡他即将建造的房屋，从而传达出莱奥尼希望传达给更广泛民众的信息。通过将打印版的雕刻计划寄给格朗韦勒，莱奥尼还能测试王宫是否可以接受他的设计。当然，没有迹象表明任何人反对他的墙体立面设计所传达的信息。②或许是得益于敏锐的政治判断，莱奥

---

① In his letter dated 18 June 1561, Luca contile wrote, “la nuova architettura dello stesso cavaliero [Leoni]…… per imprudentia degi stampatore, vi si trova qualche difetto, ne ci si può rimediare in tutto.” Madrid, Biblioteca de palacio real, correspondencia de Granvela, 2313, fol. 173. The engraving is lost, and its exact appearance is unknown.

② The only recorded controversy surrounding Leoni’ s properties regards the parish priest of san Martino nosiggia, who angrily complained to city and ecclesiastic officials about Leoni’ s foundry; see Conti, “Vita milanese,” docs. 2, 3, and 4. Burgundio wished to construct a new baptistery in precisely the area where the foundry was located; see MaD, Visite Pastorali e Documenti Aggiunti a S. Fedele, Lii, 1570–76.

尼此举虽然冒着可能受到攻击的风险，但他侥幸避免了。哈布斯堡王朝继续委托他雕刻，并且又授予他一项荣誉：去世后可埋葬在米兰的帝国教堂——圣玛利亚·德拉·斯卡拉大教堂中。1545 年，查尔斯五世在他的帝国小教堂中正式公布此权力，这个小教堂的重建和重新装修从 1546 年一直持续到 1560 年。据 1622 年 3 月的一份文件记载，埋葬于此的权力只授予那些“最有资格的家族”。[①]在莱奥尼的遗嘱中，他吩咐他的孩子和继承人为他在圣玛利亚·德拉·斯卡拉大教堂建一座墓碑。他留下了 150 金斯库多来建墓碑，以及在小教堂中一天三次永久地接受大众的颂扬。尽管之前有学者曾质疑过莱奥尼的墓地是否已完工，但米兰教区档案馆的文档明确肯定了它的存在。莱奥尼的小教堂进一步证实了他非凡的事业和社会地位。

如莱奥尼所料，他的府邸传递了深刻的内含：它证实了他的社会地位。瓦萨里和洛马佐对其房子的描述很清楚地表达了这一观点。米兰曼图亚公爵的代理人写给吉列尔莫·贡扎加（Guglielmo Gonzaga）的秘书的一封信中，举了一个非常清楚直白的例子，来说明为什么树立标杆不仅能提高社会地位，还能增加财务收益。这位代理人回复了花巨资委托莱奥尼雕刻是否值得的问题。他写道：“莱奥尼先生……技艺高超，依个人愚见，你大可相信他不会欺骗我们，因为他几年前建造了一座非常漂亮的房子。那座房子装修奢华，堂皇富丽，养着马，还有仆人等等，没有钱怎么负担这些花销？”[②]

奥梅诺尼豪宅随即成为米兰的标志性建筑。1585 年，第一个日

---

① MaD, san Fedele, LXiv, f. 36. also see a description of the church in Milan, archivio di stato, Fondo religione, that notes “there are various burials of the noblest families”; enrico cattaneo, Il coro ligneo di Sta. Maria della Scala in San Fedele（Milan: Banca Lombarda di Depositi e Conti Correnti, 1980）, 33.

② Maria Giustina Grassi, “Le‘statue’di Leone Leoni per santa Barbara a Mantova con una nota sul reliquiario di sant’adriano,” Arte Lombarda 128, No. 1（2000）: 55–61.

本代表团访问意大利的时，他们参观了莱奥尼的府邸和铸造间。[①]安德烈亚·帕拉第奥（Andrea Palladio）在1566年参观了奥梅诺尼豪宅，在《建筑四书》（1570）中大肆称赞了房子的设计，称它树立了意大利主要建筑的标杆，并称莱奥尼为紧跟布拉曼特（Bramante）步伐的设计优美建筑的建筑师。[②]1674年，卡洛·托尔（Carlo Torre）更详细地描述了墙体立面、院落及其雕塑。他写道："这个莱奥尼啊，简直就是一头狮子，我是说，他是艺术之王，其实那时候他的打算并不是建一座房子，而是建一座宫殿。"[③]因此，在莱奥尼的房子竣工后，即便过了一个世纪，他通过自己的设计和装修所表露的希望大众熟知的信息，仍然成功地传达给了大众。

总之，奥梅诺尼豪宅超越了之前所有艺术家的府邸。它被视为查尔斯五世王朝的重要成员的宫殿。至少在17世纪中期之前，这座府邸昂贵的建筑雕塑和大量名贵艺术藏品，是其他艺术家无法匹敌的，甚至大多数艺术宫殿都无法企及。这座金碧辉煌的房屋表露的不仅仅是其主人的财富。奥梅诺尼豪宅复杂的图像规划凸显了莱奥尼的博学和他对斯多葛哲学思想的兴趣；它展示了莱奥尼在米兰的外交作用；此外，像其他在帝国王朝中拥有重要地位的人的府邸一样，它反复展示了哈布斯堡王朝统治的力量。莱奥尼通过其房屋设计，有效地展示了他的社会地位，并且准确预料到，它将成为自己声望、博学和重要地位的永久纪念碑。

---

① Alessandro valignano and Eduardo de Sande, De Missione Legatorum Lapponensium ad Romanum Curiam（Macao: society of Jesus, 1590）.

② Lionello Puppi, "Palladio e il 'cavalier Lione,'" in Leone Leoni tra Lombardia e Spagna, 72–73.

③ "Questo Leoni veramente Leoni, cioé a dire re di virtuosi, ne' suoi giorni, non pensò di fabbricarsi una casa ma si bene una reggia." Torre, Il ritratto di Milano, 292.

第八章 蒙塔纳的圣母玛利亚黛拉·维多利亚祭坛画和贡扎加历史的重写

◎ 陌莉·伯恩

引 言

安德烈亚·蒙塔纳（Andrea Mantegna）创作了一幅著名的祭坛画，即圣母玛利亚黛拉·维多利亚（Madonna della Vittoria）（图8.1）。这幅画中，曼图亚的世袭贵族弗朗西斯科·贡扎加（Francesco Gonzaga）以赞助人的身份，虔诚地跪在圣母玛利亚面前，为他在1495年的佛诺沃战斗（Battle of Fornovo）中取得的胜利致谢。事实上，许多同时代的世袭贵族并不赞同他在这次战斗中获胜的说法。此外，尽管弗朗西斯科是该祭坛画中唯一的凡人肖像，十分显眼，而且他还是这幅画的赞助人，但他却几乎分文未花。本章将阐述赞助人如何使用艺术作品来改变世人对现实的认知。作者着重研究弗朗西斯科·贡扎加通过艺术、建筑和典礼有意夸大事实，以提高自己作为统治者的社会地位和权威。毫无疑问，这位世袭贵族对圣母玛利亚的感激之情是真实而诚挚的。同样的，尽管他所说的在佛诺

图 8.1　蒙塔纳的圣母玛利亚黛拉·维多利亚祭坛画，位于巴黎卢浮宫
佛罗伦萨，阿奇维·阿利纳里

沃战斗中取得“胜利”有些言过其实，但也勉强可信，在他的王朝中，应该没有人对真正的事实一清二楚。[①]

弗朗西斯科·贡扎加二世出身于贡扎加雇佣军和职业雇佣兵家族，是其家族第四代世袭贵族，从1484年开始统治曼图亚，直至1519年去世。他的妻子伊莎贝拉·德·艾斯特（Isabella d' Este）是知名艺术赞助人，而他就相形见绌了。[②]伊莎贝拉既是赞助人，也是绘画、古董收藏家，她组织的活动一直吸引着人们广泛研究。相比之下，对于弗朗西斯科，人们铭记的却往往是他的军事成就。纵观其毕生事业，他指挥过六次重大战役，曾受雇于威尼斯、米兰、法国、神圣罗马帝国，以及教皇国等欧洲国家。[③]逝世后，这位世袭贵族的葬礼灵车装饰了他曾服务过的政权的战斗军旗。[④]1554年，

---

① Some of the material presented here draws on Molly Bourne, Francesco II Gonzaga: The Soldier-Prince as Patron (Rome: Bulzoni, forthcoming) , a revised version of my doctoral thesis, "Out from the shadow of isabella: The artistic patronage of Francesco II gonzaga, Fourth Marquis of Mantua (1484–1519)" (Harvard University, 1997) . All translations are my own.

② Only recently have scholars attempted to redress this imbalance. in addition to my forthcoming book, see Clifford M. Brown, "'concludo che non vidi mai la più bella casa in italia' : The Frescoed Decorations in Francesco II gonzaga' s Suburban Villa in the Mantuan Countryside at Gonzaga (1491–1496) ," Renaissance Quarterly 49, No. 2 (1996) : 268–302, and Clifford M. Brown, "The Palazzo di san sebastiano (1506–12) and the art patronage of Francesco II gonzaga, Fourth Marquis of Mantua," Gazette des Beaux-Arts 129 (1997) : 131–80. For an introduction to the vast literature on isabella d' este' s patronage, see stephen J. campbell, The Cabinet of Eros: Renaissance Mythological Painting and the Studiolo of Isabella d' Este (New Haven and London: Yale University Press, 2006) , and Clifford M. Brown, Isabella d' Este in the Ducal Palace in Mantua: An Overview of Her Rooms in the Castello di San Giorgio and the Corte Vecchia (Rome: Bulzoni, 2005) .

③ See Leonardo Mazzoldi, Mantova: La Storia. Da Ludovico II Marchese a Francesco II Duca (Mantua: Istituto carlo d' arco per la Storia di Mantova, 1961) , 77–268.

④ A period drawing of the catafalque is reproduced by rodolfo signorini, "Gonzaga tombs and catafalques," in Splendours of the Gonzaga, exhibition catalog, ed. david chambers and Jane Martineau (London: Victoria and albert Museum, 1981) , 4, fig. 7.

保罗·乔维奥（Paolo Giovio）在其撰写的关于军事英雄的专著中，将弗朗西斯科列在“当代最著名的战士”清单上。①他执政的前十年里，鲜少获得这样的赞誉。那时，他缺乏统治经验，尚未在战场上证明自己的能力，并且其政权深陷政治丑闻和经济困境。②

1495年的佛诺沃之战，据称是弗朗西斯科·贡扎加早期统治的关键时刻，他自称是战争的胜利者，从而巩固了名声和地位。战争结束后，弗朗西斯科及其妻子、下属官员组织了一场多媒体活动，使他的公众形象发生了巨变，从年轻的未经检验的统治者变成了勇猛的战士，被公认为来自法国的“意大利解放者”。贡扎加王朝以前，从未开展过这种精心设计的自我宣传活动。该活动的中心展品便是黛拉·维多利亚圣母像，其创作者为贡扎加最著名的宫廷艺术家蒙塔纳。前人对这幅作品的研究大多停留在其创新层面，或是该画作隐含的反犹太主义思想。③相反，他们从未注意到弗朗西斯科·贡扎加有意用这幅画来推动他的统治事业，即使画中所庆祝的“胜利”多少有些名不副实。此外，弗朗西斯科还获得了额外的好处，他几乎分文未花就得到了这幅祭坛画。本章将蒙塔纳的祭坛画置于弗朗西斯科的宣传活动背景下，此次活

① Paolo Giovio, Gli Elogi: Vite brevemente Scritte d’Huomini Illustri di Guerra, Antichi et Moderni（Florence: [Lorenzo torrentino], 1554）, chapter 5.

② Shortly after succeeding to the marquisate in 1484 as an orphan of seventeen, Francesco had to contend with a conspiracy by three powerful uncles. see Mazzoldi, Mantova: La Storia, 77–108; Fermo secco d’Aragona, “Francesco Secco, I Gonzaga e Paolo Erba,” Archivio Storico Lombardo 83（1956）: 210–61; Giuseppe Coniglio, “La politica di Francesco Gonzaga Nell’Opera di un Immigrato Meridionale, Iacopo Probo d’Atri,” Archivio Storico Lombardo 88（1961）: 131–67.

③ On the altarpiece’s stylistic novelties, see Ronald Lightbown, Mantegna（Berkeley and Los Angeles: University of California Press, 1986）, 177–84; on its antisemitic origins, see Dana Katz, “Painting and the Politics of Persecution: Representing the Jew in Fifteenth-century Mantua,” Art History 23（2000）: 475–95.

动中，他凭借这场模棱两可的胜利，确立了骁勇善战的战士和管理有方的统治者的形象。

佛诺沃之战

1494 年秋，法国国王查理八世带领大规模陆军入侵意大利半岛，宣誓对那不勒斯王国的主权。查理八世率军南下时，他的部队占领了无数城市，赢得许多价值连城的战利品。第二年春天，法国军队撤军回国，意大利的众多军队统一力量，组建了一支联军，意欲在法国侵略军北撤时将其打败。弗朗西斯科·贡扎加时年 28 岁，被任命为这支联军的总督。（他曾请求担任总司令一职，因为“总司令”这一头衔更有利可图，也更具声望，但由于缺乏领军经验而被拒绝了。）联军预计在 6 月 13 日将有一场重大交锋，与此同时，弗朗西斯科离开曼图亚，宣称“以神和圣乔治（Saint George）之名”与法国人战斗。[①]在其指挥下，意大利军队集结于佛诺沃的帕尔马（Parma）以南，战争于 1495 年 7 月 6 日沿塔罗河（Taro River）两岸爆发。

大多数幸存者回忆起这场战争，都说尽管实际战斗时间很短暂，但异常暴力和血腥。最终意大利军队几乎将皇家辎重列车洗劫一空，但也伤亡惨重。而法国人虽然丢失了战利品，但突破了意大

---

① For the original text of Francesco’s announcement of 13 June 1495, as well as related documents and an excellent discussion of his role in the Battle of Fornovo and its subsequent promotional importance for his image, see David chambers, “Francesco II Gonzaga, Marquis of Mantua, ‘Liberator of italy,’” in The French Descent into Renaissance Italy, 1494–95: Antecedents and Effects, ed. David Abulafia (Aldershot: Ashgate, 1995) , 217–29, at 223 note 24.

利军队的防线。[①]那么，谁是胜利者呢？佛罗伦萨的历史学家弗朗西斯科·圭恰迪尼（Francesco Guicciardini）在其著作《意大利史》中提到："人们普遍认为法国赢得了这场战争的胜利。"[②]波伦亚的法学家弗洛里亚诺·多尔弗（Floriano Dolfo）是贡扎加的好朋友，因此不会反对意大利军队，他批判佛诺沃之战是"白白送死，任人宰割"[③]。朗西斯科·贡扎加第一次在曼图亚做私人报告时，也强调战斗非常惨烈，并沉痛哀悼了为此丧生的无数战士，认为自己能死里逃生是一个奇迹。大部分原始资料（包括意大利和法国的资料），都明确表示法国赢得了佛诺沃之战。战争结束不久，一位匿名的法国艺术家就做了罕见的战争雕刻来庆祝法国凯旋（图 8.2）。[④]法国获胜这一结论主要基于两个因素：其一，意大利军队没有阻止法国的北上进军；其二，法国军队牺牲的人数较少。但意大利人手握法国军队的战利品，将其作为获胜的证明，并且双方都认为弗朗西斯

① For a synopsis of the battle see Michael Mallett and J. r. hale, The Military Organization of a Renaissance State: Venice c. 1400 to 1617 (Cambridge: Cambridge University Press, 1984) , 55–58; for the Mantuan perspective see Alessandro Luzio and Rodolfo Renier, "Francesco Gonzaga Alla Battaglia di Fornovo (1495) Secondo I Documenti Mantovani," Archivio Storico Italiano 6 (1890) : 205–46, reprinted with same title in book format (Mantua: a. sartori, 1976) .

② Francesco guicciardini, Storia d' Italia, ed. silvana seidel Menchi (turin: einaudi, 1971) , 1:197.

③ For dolfo' s letter to Francesco II, dated 19 July 1495, see Marzia Minutelli, Floriano Dolfo, Lettere ai Gonzaga (Rome: Edizioni di Storia e Letteratura, 2002) , 47–49, letter XVii.

④ On the engraving (Washington, dc, national gallery of art, inv. 1952.8.5) see Elizabeth Mongan, "The Battle of Fornovo," in Thirteen Illustrated Essays on the Art of the Print, ed. carl Zigrosser (New York: Holt, Rinehart and Winston, 1962) , 253–68.

图 8.2　法国 1495，佛诺沃之战，罗森沃尔德的收藏品，现存放于华盛顿特区国家艺术馆

科·贡扎加在战场上胆识过人，勇猛善战。①得益于“意大利获胜”这种观念，弗朗西斯科迅速将这种模棱两可的状况转变成了机会。

佛诺沃之战结束后，这位世袭贵族及其官员迅速策划了一项战略方案，推出一批纪念章、纪念币、文献、艺术纪念品，并举行了短暂的纪念仪式，希望历史能铭记这场“胜利”。弗朗西斯科有选择地宣传有关战争的真实、重要的信息（比如他的英勇），而忽略其他重大事实（比如意大利军队死伤惨重），并延伸到其他方面（比如他所宣称的胜利），从而使传递的信息令人信服，且无需担心真相被揭露。弗朗西斯科及其官员显然认为这一“忽略”战略十分安全，因为事实不可能曝光。毕竟横尸遍野的战场远在千里之外，大多数意大利人并不知晓，尤其是曼图亚人，他们渴望听到军队凯旋的消息，因此更愿意相信他们年轻统治者的胜利是不争的事实。几乎没人能揭开弗朗西斯科所隐瞒的真相，批判他的言过其实。

打造胜利者的形象

他们铸造了两枚青铜肖像勋章，一枚出自贡扎加的王室艺术家思伯兰帝欧（Sperandio）之手（图 8.3），另一枚则由巴尔托洛梅奥·塔尔帕（Bartolomeo Talpa）制作（图 8.4）。勋章的正面是弗朗

① Important period descriptions of the battle include those by the Venetian chronicler Marin sanudo, La spedizione di Carlo VIII in Italia, ed. rinaldo Fulin (Venice: Visentini, 1883) , 473–91, as well as the eyewitness accounts by the French diplomat philippe de commynes, The Memoirs of Phillipe de Commynes, ed. samuel Kinser, trans. Isabelle Cazeaux (Columbia: University of South Carolina Press, 1973) , 2:526–36, and by the Veronese physician to the italian army, alessandro Benedetti, Diaria de Bello Carolino, trans. Dorothy Schullian (New York: F. Ungar for the renaissance society of america, 1967) , 97–109.

图 8.3　思伯兰帝欧·萨维利铸造的弗朗西斯科·贡扎加二世勋章正面和背面，存放于曼图亚的邦卡阿格里科拉曼托瓦纳基金会
曼图亚邦卡阿格里科拉曼托瓦纳基金会博物馆

图 8.4　巴尔托洛梅奥·塔尔帕铸造的弗朗西斯科·贡扎加二世勋章正面和背面，存放于曼图亚的邦卡阿格里科拉曼托瓦纳基金会
曼图亚邦卡阿格里科拉曼托瓦纳基金会博物馆

西斯科的侧面半身像，身着铠甲，戴着头盔，背面是一个或多个骑马的战士，并用拉丁文题词庆祝“意大利恢复自由”。[①]意大利的确恢复了自由，但法国军队也已安全回国。这些奖章图像经久不衰，

① George Hill, A Corpus of Medals of the Italian Renaissance before Cellini (London: British Museum, 1930) , cat. nos. 400 and 205.

高度流通，并且市面上还出现了许多复制品，在当地树立了弗朗西斯科作为胜利者的形象，其声名也远远流传到其他国家。

这些信息传递活动既利用了象征主义，又使用了明喻。例如，弗朗西斯科把他在战场上用坏的长矛带回了曼图亚，他的兄弟西基斯蒙多（Sigismondo）认为它是重要的宗教纪念物。西基斯蒙多把弗朗西斯科的长矛与曼图亚一位德高望重的圣人朗基努斯（Longinus）的长矛相提并论，写道，朗基努斯的长矛为了基督信徒的救赎而沾染鲜血，弗朗西斯科则几乎凭一己之力“为所有意大利人带来了健康和解放……让意大利摆脱了野蛮人的围攻”①。类似的评论一定在贡扎加王朝内外广为流传。

在这些言论的催化下，弗朗西斯科在当地英勇退敌的事迹逐渐演变为全国性胜利，而真正的失败事实被掩盖，至此，正面言论开始突飞猛增。大量的华丽辞藻、丰富的比喻意象涌现，尽管鲜有可靠事实，人们却难以反驳。贡扎加档案馆发送给其他统治者的报告中，多次运用这样的语言。报告详述了弗朗西斯科英勇地打败法国侵略者，解放意大利的事迹。诗歌献礼更甚，将他与三位击退侵略者，挽救人民的古代英雄相提并论，这三位英雄即尤利乌斯·恺撒（Julius Caesar）、特洛伊的赫克托尔（Hector）和亚历山大大帝（Alexander the Great）。②

除了这些赞誉之词，弗朗西斯科还利用肖像来宣传自己的荣

① Alessandro Luzio, “La Madonna della Vittoria del Mantegna,” Emporium 10（1899）: 366, letter of Sigismondo Gonzaga in Mantua to Francesco II, 17 July 1495: “la lanza de Longino, che cossì como quello fu causa de sparger sangue per la redentione humana, cossì questo è stato causa de la salute e liberatione de tuta italia; che veramente quando me ricordo che la V. ex. cum la persona sua sola e pochi soi hanno questa gloria de haver liberata questa povera italia da obsidione de barbari, el m’è forza lacrimar di dolceza.”

② See Chambers, “Francesco II,” 224–26.

誉。为进一步确立他击败法国夺取胜利的事实，1495 年 10 月，他派王室画家弗朗西斯科·邦西尼奥里（Francesco Bonsignori）到佛诺沃，命他绘制一幅大型壁画，精确描绘战场的实际状况。绘制完成后，它被挂于波河（Po River）南岸的贡扎加宫殿中，用以庆祝贡扎加家族取得的胜利。[①]邦西尼奥里的《佛诺沃凯旋壁画》现已丢失，当时它可能被挂在“胜利大厅”中，这是贡扎加家族用最重要的军事胜利来装饰的会客室。[②]1495 年 7 月末，弗朗西斯科·贡扎加终于得到威尼斯的认可，被提拔为梦寐以求的总司令。当他返回曼图亚时，他的妻子伊莎贝拉命人鸣钟，点燃篝火三天三夜，以庆祝他地位上升。[③]此外还打造了一枚银币，来纪念弗朗西斯科的新荣誉。银币的正面是骑着战马冲锋陷阵、佩戴着军队徽章的弗朗西斯科，并刻了“总司令”这一新头衔，反面则展示曼图亚最崇敬的圣物：基督的宝血。[④]这枚银币的图像有效地展示了弗朗西斯科新近证实的英勇和虔诚，并将这一信息传遍整个意大利半岛。

---

① For the letter of 21 October 1495 to Francesco II, in which court building superintendent Bernardino ghisolfo notes that he and Bonsignori (“Francesco da Verona”) traveled to the Fornovo battle site (“le geroli”) so that Bonsignori could make a sketch of the location, see Brown, “Concludo,” 295–97.

② The “sala delle Victorie,” part of a major architectural addition built and decorated under Francesco II, was destroyed in the eighteenth century; see Brown, “Concludo,” 279 and 285–86; and Bourne, Francesco II Gonzaga, chapter 4.

③ See isabella’s orders to all local officials, dated 28 July 1495: “per la bona et felice nova de la creatione del capitaneato generale de tutte le zente d’arme de la ill.ma s.ria de Venetia in la persona del ill.mo s. nostro consorte, volemo che …… vui faciati fare festa de campane, et tre sere a la fila falò” (archivio di stato di Mantova, archivio gonzaga [hereafter ag] b. 2907, libro 154, c. 23r).

④ For an illustration of this rare silver testone, generally attributed to Bartolomeo Melioli, see Silvana Balbi de Caro, I Gonzaga: Moneta Arte Storia, exhibition catalog (Milan: Electa, 1995), 202, cat. no. Mg 82 and plate 33; for a discussion see giulio superti Furga, “di Alcune Monete e di Alcune Medaglie di Francesco II Gonzaga IV Marchese di Mantova,” Rivista italiana di numismatica 22 (1974): 233–34.

战争结束后一个月内，弗朗西斯科·贡扎加就迅速采取行动宣布胜利，使诗人、侍臣和其他统治者不惜赞誉之词，口耳相传他的凯旋。如此一来，更显著的利益接踵而至：弗朗西斯科被任命为总司令。这时，他决定在曼图亚公开纪念这一胜利，进而巩固他在臣民眼中的国家元首地位。他斥资在曼图亚中心修建圣母玛利亚黛拉·维多利亚小教堂，命蒙塔纳创作现收藏于卢浮宫的纪念性的祭坛画（图 8.1）。[①]不到一年，他就实现了这个目标。

圣母玛利亚黛拉·维多利亚 & 蒙塔纳的祭坛画

作为文艺复兴时期的国君，弗朗西斯科对圣母玛利亚的忠诚和感激并不稀罕。[②]他在粉饰了佛诺沃之战的重大牺牲后，选择通过在曼图亚建设圣母玛利亚黛拉·维多利亚小教堂向圣母致谢。他的臣民和贡扎加王国的重要访客都可以看到小教堂。战争结束一个多世纪后，曼图亚的教会历史学家伊波利托·唐尼斯穆迪（Ippolito Donesmondi）对这个教堂起源的介绍，读起来更像一篇骑士神话故

---

① According to Giorgio Vasari, Le vite d' più eccellenti pittori scultori ed architettori, ed. rosanna Bettarini and paola Barocchi (Florence: sansoni, 1971) , 3:554, "among the last things that [Mantegna] made was a panel [sic] painting for santa Maria della Vittoria, a church designed by andrea and commissioned by marchese Francesco for his victory at the taro river, where he was general of the Venetian forces against the French."

② Early in his reign Francesco had founded a convent in the Virgin' s honor called santa Maria dei Miracoli, located near his family' s ancestral hometown of Gonzaga. see Luisa Bertazzoni, "il Convento di Santa Maria di Gonzaga," in Chiese e conventi del contado mantovano (Florence: Associazione Industriali di Mantova, 1968) , 57–64; Franco Ferrari and Gabriele Ruffi, "il convento di Santa Maria e le Origini Della Fiera di Gonzaga," in Gonzaga, Gonzaga, ed. Mario Cadalora (Modena: artioli, 1990) , 67–90.

事，而不是对事实的描述：

> ［在佛诺沃，弗朗西斯科］深入敌后，最终［他］发现，自己已无法从侵略者的包围中突围出来。那一刻，他把自己交给了上帝和最神圣的圣母玛利亚，他承诺，如果圣母玛利亚能救他性命，他会为她修建一座教堂。他刚许下这个承诺……就发现敌人……仓惶逃走，帐篷和行李都弃之不顾……回到曼图亚之后，弗朗西斯科将这一胜利归功于上帝和圣母玛利亚，因此他修建了圣母玛利亚黛拉·维多利亚小教堂……安德烈亚·蒙塔纳为主祭坛画了祭坛画，这幅画至今仍悬挂在教堂中，此外还有一幅弗朗西斯科的肖像。他还把战斗当天穿的盔甲挂在一起，表达自己的敬意。①

唐尼斯穆迪（Donesmondi）撰写了1613年至1616年间的历史，对他而言，弗朗西斯科·贡扎加建造这座教堂是因为他向圣母玛利亚立下了誓言，仅仅是为了致谢和纪念她。但现存文件还讲述了一个更复杂却无关神圣的故事。弗朗西斯科利用当地的反犹太主义

---

① "Etanto inanti fra gli inimici [Francesco] si condusse, che finalmente si vidde, ove il fuggire di rimaner oppresso dal barbaro furore era humanamente impossibile. Perloché di tutto cuore rivolgendosi a dio, & alla gloriosissima Vergine, promise di fabricarle un tempio a suo honore, se lo liberava: né appena hebbe fatto il voto, che……si viddero fuggir quelli……che lasciando adietro gli alloggiamenti, & le bagaglie, si recarono a gran ventura il salvarsi la vita. Francesco ritornato a Mantova, riconoscendo vittoria così segnalata principalmente da dio, e della sua santissima Madre, fabricò la chiesa della Madonna della Vittoria……& andrea Mantegna vi dipinse l' ancona dell' altar maggiore, c' hà di presente, con l' imagine al naturale d' esso Marchese; il quale havendo nella chiesa appese l' arme, c' haveva intorno il giorno della battaglia, in segno d' humil riconoscimento." Ippolito donesmondi, Dell' istoria ecclesiastica di Mantova（Mantua, 1613–16）, 2:85.

情绪，从一位富裕的犹太人手中敲诈了一笔资金，付给蒙塔纳，命他创作祭坛画，因此他自己几乎分文未花。①此外，圣母玛利亚黛拉·维多利亚小教堂几乎全由王宫的建筑工人用大小适中的砖块砌成，工资由王宫支付，因此减少了增量成本。②弗朗西斯科确信小教堂能同时提升自己和他致敬的圣母马利亚的地位。由于要继续履行军事义务，他几乎全权委托其家族成员和回到曼图亚的官员监督执行这一项目。③尽管他鲜少亲自主持该项目，但他仍然从它所传达出的信息中获益匪浅。

著名的犹太银行家达尼埃尔·诺尔萨（Daniele Norsa）是不幸的受害者。1493 年，他在曼图亚购买了一座房子，屋内有圣母玛利亚的壁画，屋外环绕着圣徒。清除壁画前，谨慎的诺尔萨从教会机构申请了必要的许可，并做了赔偿。尽管做了这些防范措施，两年后，当地基督教狂热者在他的房子上喷涂了新的圣人像，附带煽动性的题字。当宗教游行队伍经过时，愤怒的游行者指控犹太人亵渎神明，随后洗劫了他的家。诺尔萨向弗朗西斯科·贡扎加寻求帮助，正常情况下，他都对领土范围内的犹太人表示支持，因为他能从他们的借贷活动中受益。然而在这件事上，弗朗西斯科支持反犹太主义的大众观点。更不幸的是，诺尔萨正巧在弗朗西斯科参加佛诺沃战斗前提出申诉，而在这场战斗中，弗朗西斯科将其自称的胜利直接归功于圣母玛利亚。因此，诺尔萨清除屋内的圣母像，被视为对圣母玛利亚的直接侮辱，需要立即匡正。

---

① See Katz, “Painting and the Politics,” with earlier bibliography.

② There are no known construction documents for Santa Maria Della Vittoria. Though Vasari attributed the church’ s design to andrea Mantegna, its basic Lombard gothic form was most probably devised by Bernardino ghisolfo, superiore delle fabbriche for the Gonzaga, who almost certainly oversaw its construction.

③ Salvatore Settis, “Artisti e Committenti fra Quattro e Cinquecento,” in Storia d’ Italia, Annali 4: Intellettuali e potere, ed. corrado Vivanti (turin: einaudi, 1981) , 712–22.

佛诺沃战后宣传活动持续升温，诺尔萨被迫为蒙塔纳的祭坛画支付 110 个金达克特，否则将被处死。①他的家被拆除，随后在那修建了一座新的基督教神殿。弗朗西斯科将诺尔萨视作与佛诺沃之战征服的侵略者一般的“野蛮人”，同时考虑到自己囊中羞涩，因此他利用职权，对诺尔萨提出间接和过高的资产索赔，并重申他的军事成就。同时，他也在支持另一备受瞩目的项目，这个项目提升了他作为虔诚的胜利统治者的地位，但实际上又不耗费财力。当时，110 个达克特相当于在 2.80m × 1.66m 的帆布上绘制圣母玛利亚黛拉・维多利亚祭坛画的总价。②

文档记载，诺尔萨的 110 个达克特共分两次支付给蒙塔纳，第一笔是立即支付，第二笔是在蒙塔纳着手绘制时支付的。③值得注意的是，这笔钱是蒙塔纳除 180 达克特的年薪之外的收入，他的年薪表明了他作为贡扎加王朝艺术家的高贵地位。④相比之下，1495

---

① On 18 august 1495, Francesco Gonzaga wrote from his military encampment at novara to his brother sigismondo (at the time protonotary, but later cardinal) , ordering daniele norsa to “have made an image of the glorious Virgin Mary by the hand of messer andrea Mantegna, costing 110 gold ducats and worth that price; and these monies daniele must pay within three days after being commanded; and if after eight days he has not paid, we wish him to understand that he risks death by hanging” ; see Paul Kristeller, Andrea Mantegna (Berlin and Leipzig: Cosmos Verlag, 1902) , 559, doc. 136.

② The average price for an altarpiece of similar size in late fifteenth-century italy was about one hundred florins or ducats, the gold coin used in most contracts to set the fee. See Michelle O’ Malley, The Business of Art: Contracts and the Commissioning Process in Renaissance Italy (New Haven and London: Yale University Press, 2005) , 131–60.

③ Sigismondo Gonzaga in Mantua to Francesco II, 30 august 1495: “at this point the Jews have disbursed one hundred and ten ducats, part of which has been given to messer andrea Mantinea, who wants to create something excellent. The rest of the aforesaid monies i have in hand, and will give to the aforesaid messer andrea as soon as he begins work” ; see Kristeller, Andrea Mantegna, 560–61, doc. 139.

④ Kristeller, Andrea Mantegna, 203.

年，贡扎加王朝一位不知名的画家彼得罗·安东尼奥·达·克雷马（Pietro Antonio da Crema）的年薪只有72达克特，而在活动中陪同弗朗西斯科·贡扎加的大法官庭秘书雅各布·普罗伯·德·阿低利（Jacopo Probo d' Atri），年薪为84达克特。[①]这些宫廷艺术家或大法官庭秘书长期任职，通常既有金钱报酬，也有实物报酬。蒙塔纳于1460年至1506（逝世）期间，一直服务于贡扎加王朝的，除工资外，还会定期收到福利，如为他及其家族提供住所、粮食和柴火，此外还受王朝保护，并享有特权。作为王室家族的成员，蒙塔纳的薪资是宫廷完善的支付系统的一部分，（理论上讲）他需要随时为雇主服务。[②]

蒙塔纳的画作上，花园的藤架上结满果实，鲜花盛开，异国鸟儿环绕，缀满珍珠、玻璃和珊瑚珠，藤架下，全副武装的弗朗西斯科跪地祈祷，接受圣母玛利亚赐福。圣母怀里抱着上帝之子，坐在

---

① On pietro antonio da crema' s salary, see the letter from Bernardino ghisolfo, Gonzaga superiore delle fabbriche, in Gonzaga to Francesco II, 10 February 1495: "petro antonio de crema, dipinctore suo, vene de la s.V. per domandare licencia da quella, dicendo non poter starge per non esser pagato. il che facio intendere a V.s. come lui non avancia da dì 25 de febraro 1494 sino a dì 25 del presente febraro 1495 che monta sue provisione a ducati sei el mese in dicto tempo ducati settantadui de quali n' ha habuto ducati cinquanta e restarebbe haver ducati vintidui"（ag b. 2448, c. 126）. On Jacopo probo d' atri' s salary, see the letter from Francesco II in novara to his treasurer in Mantua, 19 september 1495: "Vogliamo et siamo contenti che voi faciati mettere el sp.le Jacopo probo de hadria nostro secretario per li suoi benemeriti et integrità alla provisione de ducati septe d' oro el mese, como s' è sole dare alli secretarii cavalcanti come è lui"（ag b. 2961, libro 4, c. 110r）.

② On the compensation of court artists in this period, see Martin Warnke, The Court Artist: On the Ancestry of the Modern Artist, trans. d. McLintock.（Cambridge: Cambridge University Press, 1985）, 124–42. some of Warnke' s ideas have been revised by evelyn Welch, "painting as performance in the italian renaissance court," in Artists at Court: Image-Making and Identity, 1300–1550, ed. Stephen Campbell（Boston: Isabella Stewart Gardner Museum, 2004）, 19–32.

华丽的宝座上，宝座以大理石和镀金青铜为基，靠背为木造镶嵌细工，镶嵌了一圈闪闪发光的宝石。两边两个身着盔甲的圣徒手持她的斗篷：左边是大天使迈克尔（Archangel Michael），右边是圣乔治（Saint George）。正如我们所见，弗朗西斯科在出发迎敌时，向圣乔治做了祈求。祭坛画中，圣徒所持的断裂的长矛，则象征弗朗西斯科从佛诺沃带回的武器碎片。他们背后遮掩住的，是曼图亚当地极为重要的圣徒：左边是手持十字架的圣安德鲁（Saint Andrew），右边是手持长矛的圣朗基努斯（Saint Longinus）。[①]弗朗西斯科对面，是同样跪着的长者圣伊丽莎白（Saint Elizabeth）和她的幼子施洗约翰（John the Baptist）。有关这幅画的早期描述提到，它还刻有文字“胜利纪念”（victoraie memor），这可能是刻在现已遗失的原版上的。[②]

弗朗西斯科·贡扎加是画中唯一的凡人肖像。他与监督蒙塔纳绘制祭坛画的兄弟西基斯蒙多（Sigismondo）的通信中曾提到，早期的创作计划是把弗朗西斯科与他的两个兄弟画在圣母玛利亚的一侧，把伊莎贝拉·德·艾斯特画在另一侧。显然，弗朗西斯科放弃了这一想法，因而绘画彰显了他个人的胜利，以及他与圣母玛利亚之间的关系。[③]而且他还展示了画作赞助人的身份，尽管他并没有支付分文，而是通过敲诈勒索得来的资金。但为了实现设立标杆的目标，他当然不会向同时代的人坦露资金来源。

---

① The church of Sant’ Andrea, rebuilt by Alberti in the fifteenth century at the behest of marquis Ludovico Gonzaga, houses Mantua’ s famed relic of the precious Blood of christ, which according to legend was brought to the city by Longinus. Saint Elizabeth was Isabella d’ este’ s patron saint, and her feast day was July 2, just three days before the date of the Fornovo battle, making her a particularly relevant choice.

② Lightbown, Mantegna, 180 and 438–39.

③ Although the marquis delegated responsibility for much of the execution of the Madonna Della Vittoria, a decision of this importance could have been made only with his explicit approval; this could have taken place while Francesco returned to Mantua briefly from november 1495 to February 1496. ibid., 179.

蒙塔纳在祭坛画中为弗朗西斯科·贡扎加绘制的形象，成为这位世袭贵族之后所有奖章和纪念币中的肖像模板。1495 年之前，弗朗西斯科的形象都是头戴帽子或头盔，刘海盖过眼睛，卷发垂到颈后，无一例外。① 相反，圣母玛利亚黛拉·维多利亚祭坛画完成后，钱币（如银币）上弗朗西斯科的标准肖像，就明显源自蒙塔纳的绘画：不戴帽子，没有刘海，头发笔直地垂到肩膀（图 8.5）。②

图 8.5 弗朗西斯科·贡扎加二世的银币正面及背面，现存放于曼图亚的邦卡阿格里科拉曼托瓦纳基金会
曼图亚邦卡阿格里科拉曼托瓦纳基金会博物馆

1496 年夏天，蒙塔纳绘制完祭坛画，存放该画的教堂也已竣工。但还需要保证

① The same hairstyle is found in two bronze medals of Francesco Gonzaga, both datable to before 1495 and attributed to Bartolomeo Melioli: an example of the first is conserved in Milan (civiche raccolte numismatiche) and reproduced in Balbi de caro, I Gonzaga, 410, cat. no. V.21a; an example of the second (sometimes attributed to gian Marco cavalli) is found in Bologna (Museo civico archeologico) and illustrated in ibid., 412, cat. no. V23a. a similar portrait formula was followed for Francesco gonzaga' s pre-1495 coinage: examples include his mezzo testone (illustrated in ibid., 200–201, cat. nos. Mg 59 and Mg 64) and his gold ducato (ibid., cat. no. Mg 63 and plate 33) .

② Gian cristoforo romano' s terra-cotta portrait bust of Francesco II, circa 1496 (Mantua, Museo della città, collezioni civiche, n. 11696) , follows Mantegna' s painted model so closely that for many years it was attributed to Mantegna himself.

视觉信息传递有效。[1]为了让这新的纪念作品能最大化地影响公众，贡扎加王朝在 1496 年 7 月 6 日举办了一场精心策划的盛会，即佛诺沃战争一周年纪念日。列队游行时，人们将《圣母玛利亚黛拉·维多利亚》祭坛画从蒙塔纳的家中［位于阿尔伯蒂（Alberti）的圣巴斯弟盎教堂（San Sebastiano）对面］抬到曼图亚的大街上，沿着贡扎加家族原本用来赛马和举办重要活动的波哥普瑞德拉（Borgo Pradella）大道［现在的维托利奥艾纽曼（Vittorio Emanuele）大道］，一直抬进新建的圣母玛利亚黛拉·维多利亚神殿。当天，弗朗西斯科的兄弟西基斯蒙多就这一盛大场面向他作了如下描述：

> 所有的修道士、牧师，以及大多数市民，都聚集在圣巴斯弟盎教堂前，赞美安德烈亚·蒙塔纳先生创作的伟大的圣母玛利亚画像。［壁画］被放在一个精心修饰的台子上，还有一个打扮得像圣父的小男孩，两侧是一对先知。每一侧都有三个唱着赞歌的小天使，地上站着十二个传道者。信号一发出，二十个搬运工人举起这个大台子，庄严肃穆地在曼图亚游行队伍中向圣母玛利亚黛拉·维多利亚神殿走去，游行盛况空前，举世瞩目。[2]

① Numerous disfiguring changes were made to Santa Maria Della Vittoria following its deconsecration in 1797, but much of the original fresco decoration, obscured by Whitewash since the nineteenth century, has been recovered as a result of a restoration campaign completed in 2006. For the initial results, and arguments that the frescoes were designed by Mantegna but executed by domenico and Francesco Morone, see Ugo Bazzotti, “La Chiesa di Santa Maria Della Vittoria e la Pala di Andrea Mantegna,” in A casa di Andrea Mantegna: cultura artistica a Mantova nel Quattrocento, ed. rodolfo signorini, exhibition catalog（cinisello Balsamo: silvana editore, 2006）, 200–219.

② Sigismondo Gonzaga in Mantua to Francesco II Gonzaga in atella（near potenza）, 6 July 1496（see Kristeller, Andrea Mantegna, 561, doc. 140）. The processional route can be deduced from chancery secretary antimaco’s letter of 7 July 1496 to the marquis（ibid., 561–62, doc. 141）. Descriptions of the July 1496 ceremony are given by attilio portioli, “La chiesa e la Madonna della Vittoria di andrea Mantegna,” Atti e Memorie della Accademia Virgiliana di Mantova 9（1884）: 72–74; Luzio, “Madonna della Vittoria,” 369–70; Lightbown, Mantegna, 180.

总之，这座城市变成了露天剧场，赞扬圣母玛利亚以及她在一年前的佛诺沃之战中帮助弗朗西斯科·贡扎加夺得胜利。除了曼图亚这精心策划的宏大场面，贡扎加侯爵领地的下辖城镇也都举办了小规模游行，庆祝一年前他们的统治者在佛诺沃救其于水火，从而真正达到了举国欢庆的景象。①

1496 年的庆祝仪式，以伊莎贝拉的司祭弗拉·彼得罗·达·砍内托（Fra Pietro da Canneto）在教堂外热情布教而达到高潮。聚集的民众感谢圣母玛利亚在一年前挽救了他们英勇的统治者的生命，并一致请求弗朗西斯科继续保护他们。教堂内，蒙塔纳的《圣母玛利亚黛拉·维多利亚》是唯一的祭坛画，挂在正对教堂入口的地方。几小时内，虔诚的市民就把这里堆满了蜡烛、献纳的蜡像和银器等供品。贡扎加的秘书和亲属告诉弗朗西斯科，新神殿为曼图亚带来了希望，“因为阁下”，曼图亚的前途一片光明。②表面上，圣母玛利亚黛拉·维多利亚的形象和祭坛画本身是为了表达对圣母玛利亚的感激，实际上是赤裸裸地向弗朗西斯科献媚。通过把自己的肖像置于这一瞩目的纪念物的突出位置，弗朗西斯科·贡扎加把宗教和政治奉献合二为一，以适合宗教人物的方式让其臣民拥护他。

第二年夏天，即 1497 年，弗朗西斯科·贡扎加命令周年纪念庆典提前四天于 7 月 2 日举行，这一天是蒙塔纳的祭坛画中两位女

---

① Antimaco to Francesco II, 7 July 1496 (as in note 39) : “Di fora per tutto il contado si è etiam facto processione cum regratiare nostro s. dio che il tal giorno ne conservasse la persona di V. ex.tia.”

② Sigismondo Gonzaga to Francesco II, 6 July 1496 (as in note 39) : “Credo che in breve tempo gli accresarà grandissima devocione, et de tuto questo bene la vostra ex.ne serà stata causa.”

性圣徒玛丽和伊丽莎白的斋日。[①]弗朗西斯科把佛诺沃之战的纪念活动与流行的圣母往见节（Feast of the Visitation）合在一起，象征性地把自己作为被敬奉的目标，融入已广泛流传的年度宗教节日中，从而确保他将永久得到尊敬。事实上，在弗朗西斯科此后的统治时期，一直到 17 世纪，曼图亚每年都会在 7 月 2 日举行周年纪念游行，以提醒市民他在佛诺沃之战中赢得（或者认为应该赢得）的虔诚、权威和地位。这些分阶段庆典的观众包括弗朗西斯科的臣民、平民和侍臣，以及贡扎加王朝的重要访客。由于观众不会误解或反驳意欲传达的信息，因此圣母玛利亚黛拉・维多利亚的形象和祭坛画不耗费招待成本，只会使它的赞助人弗朗西斯科获益。

如今，与文艺复兴时期一样，观众普遍认为圣母玛利亚黛拉·维多利亚这样的突出形象所传达的信息便是事实。艺术家和赞助人抓住这个机会，便可改变观众对形象背后隐藏的事实的认知。弗朗西斯科・贡扎加将蒙塔纳的祭坛画巧妙地运用在精心策划的艺术、建筑和庆典活动中，成功夸大了事实，改写了贡扎加的历史。

---

① Francesco II in gonzaga to massaro generale Francesco cambiator in Mantua, 1 July 1498: “Havendo noi l’ anno passato ordinato che’ l fusse facto publica grda…… che ogni persona dovesse festare el giorno de domane che è quello de la Visitatione…… volemo che…… ordinati che se facia el medesimo, facendo intendere allo r.do vicario de lo episcopo che voglia ordinare la processione consueta che vada ad Madonna santa Maria de le Victoria como fu facto l’ anno passato”（ag b. 2908, libro 160, c. 17r）. This letter indicates that the previous year Francesco had already issued an order to shift the date of the Madonna della Vittoria celebrations from July 6 to July 2, in order to coincide with the Feast of the Visitation.

第九章　图像即一切

——视觉艺术作为自我推销的工具（欧洲和美洲）

◎ 拉里·西尔弗

只要世界上还有富人，他们就会极力将自己同穷人区分开。

——让－雅克·卢梭

富豪与你我之辈不同。

——弗朗西斯·斯科特·基·菲茨杰拉德

引　言

即便是最完善的理论，也需要进行验证。对于研究艺术在社会中所起作用的一般性理论，我们需要在不同的情况下进行分析，要分析这些理论能否在不同的时代和地点帮助我们理解特定的事件。由于本书涉及的事件大多发生在意大利文艺复兴时期，因此这篇文章尝试验证同样的概念能否作用于这一时期之后的其他实例。如果信号传递（以及夸大自我的形象塑造）和选择性宣传有长久的价值，那么就需要从包括不同性别在内的其他情况对其进行验证。因此第一个例子中就包括了一名女性赞助人：一位赞助了彼得·保罗·鲁本斯的法国皇后，以及三位生活在 19 世纪后期的美洲上层社会的名媛，她们因收集画作眼光独到而闻名，她们的收藏品中既包括传统大师的作品，也包括同时期艺术家的画作（尤其是约翰·辛格尔·萨金特和玛丽·卡萨特的作品）。但是有质疑的声音表示，许多画家的自画像中都可以体现这些以艺术形式呈现的自我宣传（再次包括鲁本斯），17 世纪的艺术家（包括一位重要的女性艺术家，阿特米西亚·津迪勒奇）尤其追求社会地位，从手工艺者转变为专业人士的过程中，他们需要得到学习的机会。最终建筑和他们的居所在宣示的过程中发挥了重要作用，而一位艺术家是否拥有自己的居所（例如鲁本斯有名的房屋）或赞助人提供的住所成为了决定性的标志。这些话题反过来都可以帮助我们得出一般性的理论。

当女王真好

也许在所有伟大的画作中，最浮华的莫过于陈列于卢浮宫的一个巨大展厅中，由彼得·保罗·鲁本斯创作的 24 幅献给法国国王遗孀玛丽·德·美第奇的《玛丽·美第奇的一生》（作于 1621—1625）。[①]我

① A good recent overview of rubens is Kristin belkin, Rubens (London: phaidon, 1998) , esp. 171–96. More comprehensive is Otto von Simson, Peter Paul Rubens (1577–1640) (Mainz: von Zabern, 1996) , esp. 229–85. The latest monographs on the Medici cycle are Ronald Millen and Robert Wolf, Heroic Deeds and Mystic Figures: A New Reading of Rubens' Life of Maria de' Medici (Princeton: Princeton University Press, 1989) , and Martin Warnke, Laudando Praecipere. Der Medicizyklus des Peter Paul Rubens (Groningen, 1993) . also see Jacques Thuillier and Jacques Foucart, Rubens' Life of Marie de' Medici (New York: Abrams, 1969) , and the articles by Geraldine Johnson, "Pictures Fit for a Queen: Peter Paul Rubens and the Marie de' Medici Cycle," Art History 16 (1993) : 447–69, and elizabeth McGrath, "Tact and Topical Reference in Rubens' s 'Medici cycle,'" Oxford Art Journal 3 (1980) : 11–17.

们不难看出鲁本斯创作这些作品的目的，他试图美化这位摄政女王尴尬的执政历史，在画作创作时，在红衣主教黎塞留的帮助下，他的儿子路易十三已经从她的手中夺走了王位。他们的停战协议没有持续很久，最终这位皇后在1631年遭到了放逐。

实际上，鲁本斯的这一系列作品是一项重大的外交举措，他不仅是他那个年代的杰出画家，同时也是一位重要的政治家。那时正值“三十年战争”初期，欧洲受到了巨大的影响，作为“画家之王”，鲁本斯同各个国家的君主联系密切，鲁本斯也被他们视作穿梭于各个国家之间的外交官，他相当于17世纪的亨利·基辛格，不断斡旋以寻求和平。

鲁本斯利用他的绘画技巧来帮助自己完成他繁重的任务，摄政女王的性别和英雄人物作为统治者所隐含的男权价值观成为了他工作中最大的难题。[①]有时结果会出乎意料的滑稽，例如，在画中用传统男性国王的形象来描绘一个女王：她头戴军用头盔，骑在白色的军马上，挥舞着指挥棒领导着在于利希的战斗。（图9.1）像鲁本斯的许多其他画作一样，在关于她的画作中存在着许多经典寓言的元素。胜利女神盘旋在她的头顶，为她戴上代表征服的桂冠；在她身旁手握珍珠串的是代表慷慨的女神，这是当时统治者非常重要的美德之一，而这一借鉴于古罗马弗洛瓦·法尔内塞（Flora Farnese）的形象常常出现在鲁本斯的作品中。女王的配饰还包括一袭昂贵无比的长袍，上面装饰着法国皇家的徽记鸢尾花。

---

① For a penetrating analysis of rubens' s art production for male princes, see Margaret carroll, “The Erotics of Absolutism: Rubens and the Mystification of Sexual Violence,” Representations 25 (Winter 1989) : 3–29, focusing on the Rape of the Daughters of Leucippus (1615–18; Munich, alte pinakothek) . For the male-dominated court values of an earlier period and the issue of rape, see Diane Wolfthal, Images of Rape: The ‘Heroic’ Tradition and Its Alternatives (Cambridge: Cambridge University Press, 1999) .

图 9.1　鲁本斯《玛丽·美第奇的一生：于利希的凯旋》
卢浮宫，巴黎
卢浮宫，巴黎 / Giraudon / 布里奇曼艺术图书馆

这一系列画作的目的显而易见，就是为了赞颂女王和使其统治合法化。画面中很多元素都用来表现女王集财富、地位和权力于一身。画作超大的尺寸及其作者的声望都体现了委托人——摄政女王的名望和她惊人的财富。此外，她还坚持要求画家本人而非其画室来创作这些作品。酬金（6万里弗）之高昂、项目之庞大以及艺术家地位之崇高，尤其是艺术家专属的服务足以彰显皇家的高贵。她在自己位于巴黎的寝宫——卢森堡宫内新建了一座画廊，专门用于展示这些作品，并将这里用于接待宾客并彰显女王的政治地位。

没有任何艺术作品能够比鲁本斯的《玛丽·美第奇的一生》更好地展示如何运用一系列理论上的技法来展示这位法国女王的美德、权力和荣耀。而鲁本斯也运用了大宣传和选择性宣传原理，为他创作的主体创造了一种视觉化的婉转表达形式。鲁本斯在表现摄政女王和他的儿子路易十三的关系时，捏造了一些事实。这是一种保险的策略，因为对于这样一位艺术家，在如此复杂的政治环境中，并没有人希望他如实地记载女王的生平，表现她的生活和成就足矣。因此，画中的寓言、人格化的美德以及奥林匹斯的神灵，都围绕着玛丽·德·美第奇，向她送上礼物并对她进行指引。所有这些都是画中虚饰盛典的一部分，使得画家和赞助人能向王国内紧张的政治氛围妥协，并展示些许的庄严。[①]这些画作也可以视作宗教画的遗

① These mythic and abstract figures should be compared to other royal pageantry, including the staged masques, perhaps strongest in the Stuart Court of Charles I and his French queen, Henrietta Maria, daughter of Marie de' Medici. See Stephen Orgel, The Illusion of Power: Political Theater in the English Renaissance (Berkeley: University of California Press, 1975) ; D. J. Gordon, The Renaissance Imagination, ed. Stephen Orgel (Berkeley: University of California Press, 1975) . This royal wedding of Charles I with his French bride was celebrated with a feast (27 May 1625) , sponsored by richelieu in the Queen Mother' s Luxembourg palace, the same site as the painted cycle of rubens, though whether that work was on view for the occasion has been disputed.

产，鲁本斯即是创作宗教画的大师，他在这些作品中经常运用圣母玛利亚隐喻与圣母同名的玛丽女王。简言之，《玛丽·美第奇的一生》是一部强有力的宣传作品、一个最合时宜的方案，以及一种昂贵的公关形式。从鲁本斯的信件中可以看出，他非常清楚自己在夸大宣传和选择性宣传中所扮演的角色，能够区分真实（sostanza，“实质”）和表象（apparenza）。他十分明显地将历史和神话融合在画作中，来展现女王即是高贵和美德的典范。鲜有资料记载这位艺术家在创作这些虚构的形象时遇到的困难，但是鲁本斯坦诚自己在画中做了一些调整和必要的变通（甚至包括在向皇家访客介绍画作的内容时）。在他写给法国好友和同事尼古拉—克劳德·法布里·德·佩雷斯克的一封关于这些作品的信中写道：

> 在公共事务的压力下，我提出任何请求都会招致以私事烦扰女王的指责……我确信王太后很满意我的工作，因为她多次亲口告诉我，还向所有人反复说这件事。令我荣幸之至的是国王也来参观我们的画廊；自从十六或十八年前这座宫殿开始建设起，这是我第一次踏足这里。从在场的所有人的反应得知，国王对我们的画作表示十分满意，尤其是德·圣·安布鲁瓦兹先生。他负责解释这些作品，他口若悬河地扭曲或掩饰了作品真正的内涵。我记得我原来写信告诉过你，有一幅名为《女王离开巴黎》的画被移走了，我在它原来的位置上画了一幅全新的作品，名为《玛丽摄政的美好时光》。这幅画表现的是法国的繁荣，由于女王的慷慨，法国的科学和艺术得以复兴。女王坐在闪亮的王座上，手持天平，以谨慎和平等维持着世界和平衡。这一主题没有特别触及到国家利益，也没有针对某个人，能够使大家都感到满意。我相信如果其他主题也完全委托给我

们来做，根据宫廷的考量，我们肯定会通过审核，还不会引起任何流言蜚语。[在信纸边写道：红衣主教太晚察觉到这一点了，他对新主题出了差错感到十分恼怒。]今后我相信其他画廊还会遇到各种难题[后来一个为亨利四世作画的计划被黎塞留终止了]，我们的工作本该一帆风顺而没有这么多顾虑的……总而言之，我厌倦了这个宫廷。①

为了补全《玛丽·美第奇的一生》，鲁本斯最初接到的任务是创作一组连续的油画来赞美她死去的丈夫亨利四世，但是帮助路易十三对付其母的黎塞留阻止了这项计划。那些没有完成的、关于亨利四世的画作还停留在速写阶段，对于鲁本斯而言这些作品更加容易创作，因为画面中运用的都是作为统治者和军队统帅的标准男性形象。②如果我们仔细分析鲁本斯信中提到的那幅画——《玛丽摄政的美好时光》，我们会发现他运用了许多常规、圆滑的处理手法来赞美女王。这里描述她生平的部分，需要面对的问题是如何处理女王被放逐这一耻辱的事件（1617年5月）。作为纯粹按时间顺序描述的一部分，鲁本斯像在信中说的那样，放弃了原本的场景“女王离开巴黎”（现在这幅油画速写保存在慕尼黑的老绘画陈列馆）。③作为替代品的《玛丽摄政的美好时光》中出现的暧昧不明

① Ruth Magurn, ed., The Letters of Peter Paul Rubens (Cambridge, Ma: Harvard University Press, 1955), 109–10 (italics added). On pieresc and the cycle as well as rubens as a diplomat in this period, see 81–86, and more recently peter Miller, Peiresc’s Europe (New Haven and London: Yale University Press, 2000).

② For rubens’s oil sketches of the henry iv cycle, see Ingrid Jost, “Bemerkungen zur Heinrichs-galerie des P. P. Rubens,” Nederlands Kunsthistorisch Jaarboek 15 (1965): 175–219; Julius held, The Oil Sketches of Peter Paul Rubens: A Critical Catalogue (Princeton: Princeton University Press, 1980), 123–36, for the Marie de’ Medici sketches, 89–122.

③ Held, Oil Sketches, 119, No. 76.

的暗喻（也就是我们现在所谓的选择性宣传）赋予了女王形象更讨人喜欢的“内涵”。实际上女王的出逃是一场充满恐惧并使她颜面扫地的风波，她的一个宠臣被路易十三杀害，这位宠臣的遗孀（也是女王的密友，陪伴女王从佛罗伦萨来到法国）之后也在一场装模作样的审判后被处决。

在那幅油画素描的作品中可以很轻易地察觉到女王的恐惧，她无法预料自己的未来，只能在夜色中借助一辆伪装过的马车潜逃。在这里甚至那些陪伴着她的寓言式的角色也传达了这样的情感。一个代表清白的角色牵着一只羊羔在前面领路，而之后跟着的是一个代表诽谤的女巫挥舞着威胁的火把，头上飞着的是一条代表谎言的巨龙。

在鲁本斯最终选择的寓言中，玛丽·德·美第奇坐在王位上，如同标准的正义女神的形象一样，她袒露一侧胸部，手持代表正义的天平，象征着她公正的统治。但在画中并没有出现另一个传统的符号——公正之剑。在她左手中握着法国皇室的正义之手，放置在一个球体上，展示出她法国君主的身份和她统治的权力。两个丰满的女性协助着君主，保证她的有效统治，她们分别是谨慎女神（手臂上盘绕着一条蛇）和丰饶女神（手持代表丰饶的羊角）。在和平的统治下，她们将金链、金币、桂冠和圣俸分发给艺术女神和科学女神。在他们上面，智慧女神密涅瓦在女王耳边低语，通过向她传授智慧给予支持。

在她们对面站着的是法国的化身（一位身着带有法国王室鸢尾花徽记盔甲的女性）和时间女神（手握镰刀的克罗诺斯）。在画面上方的两个角落，代表名望的小号向她的后代传颂她的功绩。在王座丘比特和天才精灵下面的台阶上，摆放着代表美术的画笔和长笛，以及其他代表学习的物品。这些丘比特战胜了那些庞大，皮肤黝黑，肌肉发达的形象，他们分别代表了野蛮与未开化的力量、妒忌和无知（长着驴耳朵）以及邪恶（半人半羊的萨提尔）（图 9.2）。

这些夸张的视觉修辞贯穿了这一组作品，女王的命运被命运三女神掌握，许多经典神明在女王儿时向她献言献策，她们分别是：智慧女神密涅瓦；雄辩之神墨丘利；音乐典范俄耳甫斯；维纳斯的女仆，优雅三女神。类似的，在《玛丽摄政的美好时光》之后的一幅油画中，鲁本斯并没有直接表现女王和她儿子对于王位的争夺，而是采取了另一个隐喻，他取名为《国王成年》。画面中描绘了一艘代表国家的船，路易十三在掌控代表政府的舵时，同时在听取他身后微笑着的母亲的意见。按照鲁本斯的构想，画中没有一丝冲突，只有权力和平地交接（这足以证明鲁本斯采用“选择性宣传”原理时会很大程度上扭曲事实）。历史告诉我们这次权力的交接完全不是这样，玛丽为了争夺权力同她的儿子路易十三进行了一场两败俱伤的对峙。代表法国的女性形象再一次出现在画面中，她站在桅杆下，头顶阴云密布。她身后是正在整理风帆的谨慎女神。船桨由一些强壮的女性形象共同操纵，从之前的画作中（以及她们盾牌上的徽记）可以看出，她们代表的分别是力量、坚定、正义与和谐。实际上这些寓言式形象的运用是无懈可击的，鲁本斯并没有真正地“夸大”事实，反对他的人也无法指责他的创作违背了事实。

在这组画作的最后一幅画中出现了一些更为模棱两可的形象（寓言式夸大的典范：用高超的技巧改变或隐藏事实），他神化了女王和他的儿子，将他们置于进入超凡永恒天堂的场景中。女王手握代表和平的墨丘利的权杖，跪在云上。她的儿子正在迎接她，挽着她的手臂并用热切的眼光注视她，引领她继续向上。在他们身前，手持闪电箭的正义之神将一头怪兽投向地面。女王身后站着的是带

图 9.2　鲁本斯：玛丽·德·美第奇的一生：玛丽摄政的美好时光
卢浮宫佛罗伦萨，阿奇维·阿利纳里

着两名儿童的慈善女神。在另一边平衡画面的是拿着球体和船舵的法国女神，她正观望这次天界冲突的结果。这个画面来源于《启示录》中的事件，即大天使圣米迦勒和七头怪兽的争斗，同时也暗指了圣母玛丽亚在天堂被圣三位一体加冕的故事。鲁本斯克服了视觉修辞所面临的重重困难，在他的任务中利用神话和宗教形象辅助自己的寓言描绘（图 9.3）。

在如此特别的政治环境下，鲁本斯作为那位不受到信任的女皇的代理人，路易十三和红衣主教黎塞留都不愿意购买他的作品。为先王亨利四世作画的计划随之流产，女王本人也在流亡中去世。此外欧洲战争带来的政治热潮使得这位画家去马德里和伦敦的宫廷继续他的和平使命。政治宣传和信号传递的最大差别就源于受众的反应。鲁本斯开始确实用大规模的创作为他的统治者客户宣示他们的高贵和成就，将作品展示在宫殿中，并收取一笔君主才能负担得起的高昂报酬（君主集整个国家为一体的非同寻常的财富、地位、权利）。随着女王被迫流亡海外，最终真正的权力旁落他人之手。为实用政治和当时法国历史所做的、对事实寓言式的夸大，因为表达得太过闪烁其词而无法长久维持其政治地位，甚至在受控的卢森堡王宫也不行。女王的财富日渐减少，与她相关的艺术家的名声也逐渐衰落。实际上，这一系列的最后一幅作品《时间揭示的真相》指出女王希望和解并期待历史最终能记录她的清白，即使此时她同她儿子的关系依旧紧张。[1]当然最终讽刺的是，她的名誉恰恰与她的期望截然相反。这不免让人想起哈姆雷特的母亲乔特鲁德的话："我认为女人总是抱怨得太多。"（哈姆雷特 iii.ii.236）。

---

① Christiane Hertel, "Veritas Filia Temporis," Vermeer: Reception and Interpretation (Cambridge: Cambridge University Press, 1996), 187–204, for rubens, 191–98.

图 9.3　鲁本斯：玛丽·德·美第奇的一生：玛丽与儿子和解，卢浮宫。
佛罗伦萨，阿奇维·阿利纳里

早期现代美国艺术中的“主妇”

在艺术史中，将艺术作品和社会角色合二为一的最普遍做法就是描绘女性。艺术史学家们逐渐发现主妇这一形象的重要性，在某些特定的年代女性因为她们的性别只能在社会中得到有限的机会并发挥有限的作用。①与上文提到的那位 17 世纪拥有至高无上的社会和政治地位的法国摄政女王不同，之后的现代女性，尤其是在后维多利亚时代性别区分严重的美国，女性想要在社会中展现自己的地位和影响力并不容易。然而在艺术赞助的领域却并非如此。在 19 世纪末的美国，一些富有的女性积极参与到万达・科恩重新命名为“主妇”的活动中。②尤其是波士顿的伊莎贝拉・斯图尔特・加德纳（1840—1924），成为了“自命的文化守护者”（科恩），使得艺术赞助人成为了她公开自我展现的标志。在美国的镀金时代，“俱乐部女

---

① Cynthia Lawrence, ed., Women and Art in Early Modern Europe: Patrons, Collectors, and Connoisseurs (University Park: Penn State University Press, 1997) : see especially Cynthia Lawrence, “Introduction,” 1–20; Sheila Ffolliott, “The Ideal Queenly Patron of the Renaissance: Catherine de’ Medici Defining herself or Defined by Others?” 99–110; Geraldine Johnson, “Imagining Images of Powerful Women: Maria de’ Medici’ s Patronage of Art and Architecture,” 126–53. also, Sheryl reiss and David Wilkins, eds., Beyond Isabella: Secular Women Patrons of Art in Renaissance Italy (Kirksville, Mo.: Truman State University Press, 2001) .

② This section is based on three principal studies: Kathleen Mccarthy, Women’ s Culture: American Philanthropy and Art, 1830–1930 (Chicago: University of Chicago Press, 1991) , esp. 149–76; Wanda Corn, “Art Matronage in Post-victorian America,” Cultural Leadership in America: Art Matronage and Patronage / Fenway Court 27 (1997) : 9–23; and Anne Higonnet, “Private Museums, Public Leadership: Isabella Stewart Gardner and the Art of Cultural Authority,” Ibid., 79–92. For a city-based study of chicago during the same period, see Helen horowitz, Culture and the City: Cultural Philanthropy in Chicago from the 1880s to 1917 (Chicago: University of Chicago Press, 1976) , which, however, curiously neglects Mrs. potter palmer (see below) .

会员”的活跃使得文化机构出现在几乎每一个大城市。芝加哥的柏莎·奥诺雷·帕尔默和纽约的路易斯娜·艾尔德·哈弗迈耶尔，在她们所在的地区扮演了类似于加德纳的角色。①

这些女性在“社团”中扮演着重要的领导角色，在同时期作家伊迪丝·华顿的小说中，生动地记载了这个小社团中的情景。她们的工作包括促进各自家乡的文化慈善事业，以及积极参与公共设施的建设。然而在那个时代女性还没有获得选举权，更不要说在博物馆、交响乐团或图书馆等机构中，成为对性别严格限制的董事会的一员。②

财富是她们活动的必要基础。她们无疑都是社会精英那个小圈子中的一员。她们真正缺少的是权力，尽管她们的丈夫都是那个强盗资本家和企业信托时代的巨头。也许最生动的自我推销当属伊莎贝拉·斯图尔特·加德纳。她建立了属于自己的博物馆，并用铁腕的手段管理着属于自己的领域（即使在她死后也一直遵照她无可改变的遗嘱）。传记家声称她建造博物馆的想法来源于早年一次参观米兰城内吉安·贾科莫·波尔迪·佩佐利私人美术馆（d.1879）的经历，佩佐利建立了这座宏伟的建筑来展示他杰出的藏品。③她建立了自己的私人藏品博物馆，并名为芬威宫。这个博物馆类似于同时代那些真正的男性强盗资本家的私人博物馆，包括南加州的亨廷顿博物馆和纽约的福里克美术馆。像其他的私人博物馆一样，加德

① Mccarthy, Women' s Culture, 110–45; christine Stansell, "Women Artists and the Problems of Metropolitan Culture: New York and Chicago, 1890–1910," Fenway Court 27 (1997) : 25–37.

② This is one reason why the standard study of Chicago philanthropy largely omits the significant contribution of bertha palmer; horowitz, Culture.

③ Hilliard Goldfarb, The Isabella Stewart Gardner Museum (New Haven and London: Yale University Press, 1995) , 6, quoting ida agassiz higginson' s recollection to Gardner of 1923.

纳的博物馆在都市大博物馆的阴影下蓬勃发展，成为了一片私人权势造就的绿洲。

斯图尔特·加德纳和亨利·詹姆斯很相像（她也认识），他们都兴趣广泛，乐于去世界各地收集艺术珍品，用来重新创造一个宫殿式的家，来向她的同龄人展示这些珍宝，并向他们展现自己作为私人收藏家的高雅艺术品味。就像安妮·伊戈内说得一样，加德纳夫人通过公开宣传，成功地运用个人权力将欧洲文化带到了美国；同时她也通过自己珍藏艺术珍品，暗示美国的财富和权力已经超越了欧洲，并以美国冠绝世界的实力预示了其在文化领域的光明未来。[①]此外，除了收集各个地区各个时代的文物，他还赞助了一些同时代的艺术家，例如约翰·辛格·萨金特（她大量收藏萨金特的作品，在四十多年里购买了超过六十幅）。[②]萨金特也是一位收费高昂、善于奉承的艺术家，就是他创作了加德纳夫人的全身正面画像（1888）（图 9.4），似乎他就是那位善于奉承自己女王赞助人的鲁本斯的真正传人。[③]像所有优秀的人像画家一样，萨金特在绘画时对现实进行了一些夸大。萨金特让他的模特身着深色长裙，站在一块意大利天鹅绒织锦前（也是从她的收藏中选取的）来展现她皮肤的

---

① Higonnet, “private Museums.” For the broader cultural picture, see Alan Trachtenberg, The Incorporation of America: Culture and Society in the Gilded Age(New York: Hill and Wang, 1982) , esp. 144–47, on advocates and guardians of culture, products of the polarization of rich and poor as well as the increasing domination, or “feminization,” of culture by the “beauty principle” of women: “The growing literature of domesticity must be counted along with the founding of museums and concert halls, the creation of public parks, and the spread of public schools, as part of a concerted middle-class effort to find in culture both pleasure and instruction” (146) .

② Elaine Kilmurray and richard Ormond, John Singer Sargent, exhibition catalog (London: Tate Gallery Publishing, 1998) .

③ Ibid., 136–39, cat. no. 47. no less an admirer than henry James, who doubled as an art critic, described this Sargent portrait as a “byzantine Madonna with a halo.”

图 9.4　约翰·辛格·萨金特：伊莎贝拉·斯图尔特·加德纳画像
伊莎贝拉·斯图尔特·加德纳博物馆，波士顿（布里希曼艺术图书馆，伦敦）
◎卢浮宫，巴黎 /Giraudon/ 布里希曼艺术图书馆

美感，这在维多利亚时代是一种备受推崇的美。他还通过她女性的形象强调了她的性别和身份，用一块代表荣誉的布料前的全身像，带给她一种传统的高贵和名望。

在她这座威尼斯哥特式博物馆里，加德纳收藏品中最精彩的部分莫过于意大利文艺复兴大师的杰作。这些藏品中的大部分借助了当地一位移居美国的专家伯纳德·贝伦森的知识，她资助他成为一名艺术赞助人。其中包括荷兰大师伦勃朗和维米尔的作品，还有其他古代艺术大师的作品，例如委拉斯凯兹。此外博物馆中展现了她对历史的兴趣，藏有一些古代文物和亚洲物品。[①]历史铸就了现实，但拉斯金精神（另一位著名的威尼斯爱好者）和对文艺复兴的自我展示（引用史蒂芬·格林布拉特说法）才是对加德纳夫人和她的博物馆的个人（和国家）地位改善的最好描述。加德纳夫人的座右铭是“Cest Mon Plaisir”，可以翻译成“这是我的意愿”或“这是我的荣幸”。安妮·伊戈内认为这种模棱两可的诠释反而能更好地展现加德纳夫人。在博物馆入口的一个小牌子上刻着这句话，同时上面还有一幅凤凰浴火重生的画面，象征着不朽。[②]

如果我们结合这一章之前提到的经济理论来思考这种对于个人品位和人格的展示行为，那么我们就可以发现斯图尔特·加德纳夫人利用积累的财富（通过“贸易”而不是皇室税收：她父亲的

---

① For a glorious contemporary art collection, assembled by a male robber baron of philadelphia, Widener, see esmée Quodbach, "'The Last of the American Versailles' : The Widener Collection at Lynnewood Hall," Simiolus 29 (2002) : 42–96, esp. 50, 73–74, for Gardner (and havemeyer) . On the taste for velázquez, el Greco, and Spanish art, shared with the havemeyers via cassatt, 75–79; on the Dutch and italians, with Mrs. Gardner, 79–90. The vogue for Dutch art in the later nineteenth century, when it was rediscovered through the eyes of impressionism' s brushwork and themes, is well discussed: Frances Jowell, "The rediscovery of Frans hals," in Seymour Slive, Frans Hals, exhibition catalog (Munich: Prestel, 1989) , 61–86; Frances Jowell, Thoré-Bürger and the Art of the Past (New York and London: Garland, 1977) ; hertel, Vermeer; Walter Liedtke, "Collectors and Their ideals," in Great Dutch Painting from America, ed. ben broos, exhibition catalog (The hague: Mauritshuis, 1990) , 14–59.

② The influence of ruskin on american goals of self-betterment and culture as an agent of social improvement is well sketched by Horowitz, Culture , 5–7, 134–35. note the response to a 1907 visit to Mrs. Gardner by elsie de Wolfe, as quoted by David Curry, "Never Complain, Never Explain: Elsie de Wolfe and the Art of Social Change," Fenway Court 27 (1997) : 57; Higonnet, "Private Museums," 83, notes Mrs. Gardner' s personal motto, "c' est Mon plaisir."

亚麻和矿产生意，她丈夫的航运和瓷器生意）将这位收藏家从她同时代的社会环境中抽离出来，专心于她自己宫殿的建设，就像玛丽·德·美第奇通过卢森堡宫内的艺术作品建立了自己的形象一样。加德纳为她英国斯图亚特王朝的血统而感到骄傲，（通过精妙的指示手法）在芬威宫的装饰品中她运用了许多苏格兰蓟和白玫瑰的元素，这些元素同时也出现在萨金特给她画的那幅全身像的背景织锦中。杰出的当代人像画家萨金特通过那种在艺术上得以巩固的相似性（1887—1888）强化了她不老的美丽和优雅，也认可了她在经典和现代艺术中都具有相当的品位。伊戈内强调加德纳美国经典式的对于财富、地位和权力的展示："像加德纳这样的博物馆建立者相信，购买一些最著名的艺术品并将其华丽地展览，足以使他们自己和他们的国家晋升为贵族；但与此同时，他们又通过同时表现私人权力和公民义务，个人品位和共有的文化遗产来发展美国的民主。"①

对于加德纳而言，选择性宣传的作用仅停留在个人卓越的层面上，但芝加哥的帕尔默和纽约的哈弗迈耶尔通过可见的活动活跃在更广泛的社会中，甚至在这个"新女性"崭露头角的时代参与到政治事物中。柏莎·奥诺雷·帕尔默（1849—1918）是美国镀金时代最被低估的文化力量之一。②诚然，她借助丈夫的财富和社会地位才有了场所和资金来处理自己的事情，但是，她承担的社会义务远远超越了芝加哥的上流社会，参与到了城市社会改革中，支持了简·亚当斯建立赫尔宫的慈善计划。帕尔默夫人、马丁·瑞尔森

---

① Higonnet, "Private Museums," 82. The author further notes, "henry James called the activity of museum founders 'acquisition on the highest terms.'" 19. For a biography of bertha palmer, see Ishbel Ross, Silhouette in Diamonds: The Life of Mrs. Potter Palmer（New York: Harper, 1960）.

② For a biography of bertha palmer, see Ishbel Ross, Silhouette in Diamonds: The Life of Mrs. Potter Palmer（New York: Harper, 1960）.

夫人和查尔斯·哈钦森夫人，即是芝加哥早期艺术机构主席的夫人，同时也是主要的捐赠者。她们仅凭自己的一所辅助机构就在博物馆领导层中占有一席之地。这所机构名为芝加哥装饰艺术协会（CSDA），后更名为文物协会（现存）。[①]在芝加哥，帕尔默夫人最知名的管理职位，是世界哥伦比亚博览会女性管理者董事会主席（芝加哥世博会，1893）。[②]

在她的一项个人工程——女人大厦的建设中，帕尔默夫人希望在一面主墙上加入一些创造性的女性角色，在19世纪末的芝加哥世博会上进行实体和文化展示。女人大厦很明显地致力于表现“女性的进步”，很大程度上标示了女权问题。设计大厦的建筑师就是一位女性，她名为索菲亚·海登（是她工作领域内第一位从麻省理工学院毕业的女性），山墙上的雕塑也由一位来自旧金山的女性雕塑家艾莉丝·里德奥特完成。而对于这面墙的设计，帕尔默选择了玛丽·卡萨特，一位旅居巴黎的杰出美裔画家。（卡萨特出生于费城一个显赫家庭——无论是从社会地位还是家庭工业实力上看都是如此。她的兄弟亚历山大是宾夕法尼亚铁路公司的董事长。）[③]帕尔默提出了墙体的主题，也提供了整个墙体设计的信息：“我的想法是，也许我们可以展现女性在最原始社会背负重荷做苦力的样子，选用印第安的或经典夏凡纳的场景都可以。作为对比，再展现出女性现在的地位。”卡萨特完成了壁画《现代女性》（图9.5）（遗失；同时创作的

---

① Mccarthy, Women’s Culture, 131–35.

② Jeanne Madeline Weimann, The Fair Women: The Story of the Woman’s Building, World Columbian Exposition, Chicago 1893（Chicago: Academy Chicago, 1981）.

③ Griselda Pollock, Mary Cassatt: Painter of Modern Women（London: Thames and hudson, 1998）, 35–67; Judith Barter, “Mary Cassatt: Themes, Sources, and the Modern Woman,” in Mary Cassatt: Modern Woman, Exhibition Catalog（Chicago: Art Institute, 1998）, 87–97.

图 9.5　卡萨：现代女性
芝加哥历史博物馆，芝加哥

《原始女性》由玛丽·费尔柴尔德·麦克莫尼斯完成），将“女性化”的概念引入了文化之中，这一作品也在文化批评家中以反工业现代化闻名。[①]卡萨特在一封讨论这一项目的信中（1892年10月11日），对帕尔默夫人提及了关于鲁本斯讨论为玛丽·德·美第奇创作计划的回忆，并将画面的主题定为女性正在从一棵树上采摘果实（传统意义上通常将夏娃偷食禁果视作人类原罪的开端，而这一作品将传统观念着重进行了向正面的转化）：

> 我认为，《年轻女人摘取知识与科学之果》能体现这一作品最核心、最主要的主题，同时能让我运用最美的颜色在室外展示我的作品。我试图使整体效果尽可能显得明亮，快乐，愉悦。这是欢庆的场景，是一次国家的节日……前几天一个美国朋友用气冲冲的语气问我：“这些女人就这样脱离了同男人的关系？”我告诉他是的。无疑男人在其他建筑的其他墙壁上展现了他们的活力；对我们而言重要的是童年的甜蜜、女性的魅力。如果我没有在某种意义上表现出这种美丽，总而言之，如果我没有表现出完全的女性化，那我就失败了。[②]

这里再一次效仿鲁本斯，用理想化的形象表现多产和艺术与科学的繁荣，表现女性的道德和社会贡献，重新设计了这个没有女王的民主社会中每天都能见到的场景。女性的成就再一次成为创作的

① Further to the feminization of culture, see christine Stansell, “Women artists and the problems of Metropolitan culture: new York and chicago, 1890–1910,” Fenway Court 27（1997）: 25–38.

② Pollock, Cassatt, 41, 46; now specifically for the mural, see Sally Webster, Eve’s Daughter/ Modern Woman（Champaign: University of Illinois Press, 2004）.

目标，在侧面的场景中表达得更为明确，卡萨特在对帕尔默的信中还提到：“我还要在侧板放上另外两个作品。我要呈现追逐名望的女孩。这在我看来非常现代。此外这让我有机会创作一些帷幕中的角色。另一块板子代表的是艺术，音乐……舞蹈，全都用最现代的方式表现。”[①]自相矛盾的是，在后维多利亚时代，她们创造的这个女性世界以巨型壁画（14.58 英尺）的形式展示在世界博览会上，年龄各异、身着现代长裙的女性却仍只在私人或花园式的场景中寻找成就感。

柏莎·帕尔默对法国当代艺术家的赞助与她的审美偏好是紧密相关的。她是法国印象派画作最热烈的崇拜者，也是最早一批购入印象派画作的收藏家。她购买的画作最后成为了芝加哥艺术协会的核心藏品。除此之外，她还劝诱当地的朋友和生活在其他城市的一些与她相似的人加入到新艺术运动中，例如路易斯娜·哈弗迈耶尔。她也长期出售这些画作（通常都会从中获利），这也使她成为了一名间接的艺术品经销商，并帮助她完善了自己的收藏。这些行为也对她的政治活动起到了积极的影响，并帮助她为最喜爱的事业筹集了大笔资金。[②]1893 年，女人大厦的建立成为了这一时期历史的一

---

① Barter, “Mary Cassatt,” 88.

② In this respect it should be noted that Mary cassatt advised wealthy, visiting american buyers in paris not only on the impressionist circle of which she was a part but also on available masterworks of the european past (such as the art institute’ s great el Greco altarpiece) . In this respect she too was a tastemaker, just as fully as bernard berenson with Mrs. Gardner. erica hirshler, “helping ‘Fine Things across the atlantic’ : Mary cassatt and art collecting in the United States,” in Mary Cassatt: Modern Woman, 177–211, observed (199) that “bertha honoré and potter palmer of chicago……after the spectacular debut of their quickly assembled, private art gallery in 1893, began carefully to refine their collection,” and that various Monets “had first been owned by the palmers” (n. 62) . For the Chicago el Greco, originally targeted for philadelphia, New York, or Boston, 204–5.

段插曲，标志了像柏莎·帕尔默这样的杰出女性的文化贡献，以及她在社会上被边缘化的事实（至少她没有被任何文化机构的权力领导层所接受）。

另一位同时代的女性路易斯娜·哈弗迈耶尔生活在纽约。虽然她们这样的女性通常只能做一些边缘性的贡献，但路易斯娜·哈弗迈耶尔做到的事，意义更为深远。她是糖业巨头 H. O. 哈弗迈耶尔的妻子。1874 年，她在巴黎认识了玛丽·卡萨特，并与她建立了持续一生、长达半个世纪的亲密友谊。哈弗迈耶尔是最直接也最经常收到来自卡萨特的艺术建议的收藏家。①实际上，卡萨特帮助哈弗迈耶尔建立了她对于印象派和荷兰古代大师画作的非凡收藏，这些画作最终收藏在纽约大都会博物馆内。②作为一个热情的主张妇女参政者，哈弗迈耶尔赞助了一次重要的筹款（同时吸引社会关注）展会。展会于 1915 年在纽约诺德勒画廊举办，展出的除了卡萨特的作品外，还有德加以及荷兰古代大师的作品，展会的目的就是为妇女选举权做宣传。③哈弗迈耶尔为 1927 年费城举办的一次纪念卡萨特的展览写了目录介绍，同时她作为最早一批卡萨特作品的收藏家，也在她的朋友圈中不断推广这位艺术家。④除了她的名望和社会活

---

① Hirshler, “Helping,” 189–91, 204–5.

② Alice Cooney Frelinghuysen, Splendid Legacy: the Havemeyer Collection, Exhibition Catalog（New York: Metropolitan Museum, 1993）, in particular rebecca rabinow, “the suffrage exhibition of 1915,” 89–95, and Alice Cooney Frelinghuysen, “The Havemeyer House,” 173–98, with less attention to the conventional architecture in romanesque revival style by charles coolidge haight but much more on the splendid interior ensembles, particularly with glass and mosaic by louis comfort tiffany; Frances Weitzenhoffer, the Havemeyers: Impressionism Comes to America（New York: Abrams, 1986）.

③ Kevin Sharp, “How Mary Cassatt Became an American Artist,” in Mary cassatt: Modern Woman, 169–70; Pollock, Cassatt, 210–12.

④ Sharp, “How Mary Cassatt,” 158–59, 167–69.

动，哈弗迈耶尔夫人同帕尔默夫人一样，尽管为博物馆的改进做出了巨大的贡献，但也没有被完全由男性组成且十分排外的大都会博物馆董事会所接受。

然而，如果我们把 1915 年那次女性选举权展会看作一场行为艺术或公共行为，那么，我们可以发现这也是选择性宣传理念的例证。路易斯娜·哈弗迈耶尔因此摆出了一种只有同时拥有她的社会地位和艺术收藏的人才能驾驭的姿态："我的艺术收藏已经参与了女性选举权运动，这已无需多言。只有为了女性选举权这项事业，我才会允许我的藏品全体展出"。[①]展览的举办地最初设定在丢朗—吕厄画廊设在纽约的办公室。这家画廊是经营卡萨特和莫奈作品最主要的巴黎画廊，也是经常向哈弗迈耶尔出售艺术品的供货商。最初她打算展出个人收藏中德加的粉彩画，这也是这些藏品唯一一次统一展出。后来，她想到可以利用自己的社会关系向其他一些私人收藏家（例如卡萨特）借用一些重要的美术作品。卡萨特借给她一部分私人藏品，其中还有一些她自己创作的作品。这场展览和现在的名人慈善会很像，受到了电影明星、流行音乐家和著名运动员的支持，而且哈弗迈耶尔将要发表对德加和卡萨特的看法，本身就是一个值得关注的事件，总之，这次展会得到了社会的广泛关注。当然，对于赞助人哈弗迈耶尔最主要的目的还是女性选举权运动本身。此外，这次展会的讨论只能勉强称得上是争论，因为很快德加和他的朋友卡萨特就证明了自己源于大博物馆中的古代杰出作品经得起比

① Pollock, Cassatt, 207. Now see the important dissertation by Jennifer Criss on the women impressionists (mary cassatt, berthe morisot, and marie braquemond) in relation to progressive japoniste style and motifs (University of Pennsylvania, 2007). I am grateful to jennifer criss for thorough reading and criticism of this section of the chapter.

较（现在成为美国收藏家值得骄傲的收藏品），这也证明了美国足以为这位移居法国并成为艺术家的女儿感到骄傲。最终，展会强调了女性艺术家在印象派运动中起到的重要作用，展现了卡萨特在巴黎仅次于贝尔特·莫里索和伊娃·冈萨雷斯的地位。[①]这次展会还展现了推销技术，表达可对亲密女性的支持，向精英收藏家观众展现了卡萨特在精英艺术家中的地位，同时，还向上流社会宣传了女性选举权运动这一伟大事业，还以标示展览的形式通过艺术收藏向社会名流展示了主办人的品味和地位。实际上，像 1893 年的女性大厦一样，这次以政治目的举办的展会，只是一次短期的个人艺术展示，但其重要性堪比伊莎贝拉·斯图尔特·加德纳的永久性博物馆展览。

卡萨特代表她一生的朋友宣告了这次盛会的成功："你注定要完成一番事业，我或许为你提供了一点帮助，就像你和哈弗迈耶尔先生对我所做的那样。你在艺术品收藏上倾注的心血使我的艺术批评能力得以提高……你是连接着过去的锚，也许我也是。"[②]然而，这里没有采用任何夸大的手法。德加和卡萨特的艺术现在都进入了伟大画家的殿堂，在这次展会得到了公正的赞颂，而这一切都是由一位女性收藏家、艺术经理人、孜孜不倦的女性选举权运动先锋所促成的。

通常信号传递、选择性宣传或夸大宣传的手法在艺术品中最

---

① Whitney Chadwick, Women, Art, and Society, 2nd ed.（London: Thames and Hudson, 1996）, 231–42, with references; also tamar garb, women impressionists（New York: Rizzoli, 1986）.

② Cassatt to havemeyer（15 april 1915）, quoted by Weitzenhoffer, Havemeyers, 226; cited in Mary Cassatt: Modern Woman, 350. Louisine havemeyer was arrested and jailed during a mass suffrage protest in washington in february 1919.

常出现于画家为客户创作的肖像画。[1]另一个主要例证就是，与鲁本斯同时代更为年轻的画家，迭戈·委拉斯凯兹（1599—1660）在巨大的画布中描绘了皇室和他自己的肖像的杰作《宫娥》(Las Meninas，普拉多博物馆，马德里，1656)(图 9.6)。画中的委拉斯凯兹站在画板旁泰然自若，正在用画笔记录西班牙皇室继承人玛格丽塔小公主，以及她的父亲国王菲利普四世和他年轻的王后奥地利的玛莉安娜一家人的样子。画面是从画中描绘的一面后墙上的镜子反射出来的。[2]然而这位画家的做法，尤其是作为一个收费的专业画家的做法，被西班牙宫廷认为是粗俗可耻的。后来委拉斯凯兹成为位高权重的朝臣。他和在画中后方的门口显露出剪影的同伴何塞·奈伊图，他们都在王宫中为国王和王后担任大内总管（aposentador myor de palacio）这一重要的职位。委拉斯凯兹一路从“国王画师”（1623）晋升为宫廷招待（1627)、服装助理（1636)、枢密院助理（1643)，最终在 1652 年达到权势巅峰，成为宫殿装饰大师（superintendente de obras particulares and aposentador)。[3]

虽然委拉斯凯兹拥有许多头衔并步步高升，还在《宫娥》中表现了他与国王和王室的亲密关系，但他一生都在不断追求更高的社

① Pascal Bonafoux, Portraits of the Artist: the Self-portrait in Painting (Geneva: skira, 1985) ; Richard Brilliant, Portraiture (Cambridge, Ma: Harvard University Press, 1991) , 141–74; for Italy, Joanna Woods-Marsden, Renaissance Self-portraiture: the Visual Construction of Identity and Social Status of the Artist (New Haven and London: Yale University Press, 1998) ; for the netherlands, hans-joachim raupp, untersuchungen zu künstlerbildnis und künstlerdarstellung in den niederlanden im 17. jahrhundert (hildesheim: olms, 1984) .

② On the artist, see Jonathan Brown, Velázquez (New Haven and London: Yale University Press, 1986) , Subtitled “Painter and Courtier,” esp. 253–64; see Also Brown, Images and Ideas in Seventeenth-century Spain (Princeton: Princeton University Press, 1978) , 87–110.

③ Brown, Velázquez, 187–88; Brown, Images and Ideas, 95, 103.

图 9.6　委拉斯凯兹：宫娥

普拉多国家博物馆，马德里

会地位。他一直都想加入高贵的圣地亚哥骑士团，但是这个骑士团非常难加入，因为骑士团原本只接受光复革命中同摩尔人战斗过的十字军骑士。而且要想得到加入这个贵族军事兄弟会的许可，必须有纯粹的贵族血统和前会员（贵族）的引荐。在 1649—50 年去往罗马的旅行途中，他得到了第一封来自红衣主教潘奇罗利的推荐信，这位主教一直敬仰这位艺术家的绘画技巧，于是给马德里的教廷大使写了一封信。①1658 年，委拉斯凯兹得到了必要的皇家提名，之后，又接受了对他血统和社会背景的全面调查，这些调查尤其针对像他这种曾经从事手工艺职业的人（包括银匠、画家、以及“皇家秘书除外的书记员等等”)。针对他的调查从 1658 年 11 月一直持续到 1659 年 2 月中旬，期间他找到了 148 名证人来证明他的血统，以及除绘画收入外的独立经济来源。不过，他的申请还是被议会拒绝了，这位艺术家需要到国王和教皇那里去寻求特许。他最终还是加入了圣地亚哥骑士团，此时已是 1659 年 11 月 28 日，距离他去世仅有一年时间。

因此《宫娥》加入画家的自画像不仅仅是为了纪念“国王画师”这一宫廷角色。在这幅画里，艺术家是真正的“国王之鉴”，而不仅仅是一位使他的卑微赞助人万世不朽的艺术家。②但是，他伪造了自己的身份，在紧身衣上添加了引人注目的代表圣地亚哥骑士团的红十字架，因为这幅画完成于 1656 年，三年后他才真正加入骑士团！ 18 世纪的西班牙艺术史学家安东尼奥 · 帕洛米诺用下面这段话来描述画家在这幅画中加入自画像的行为：

---

① Brown, Velázquez, 208 note 40, 251–52; brown, Images and ideas, 103–10.

② Joel Snyder, “las meninas and the mirror of the prince,” critical inquiry 11（1985）: 539–72.

在另一边是堂·迭戈·委拉斯凯兹的画像：他左手拿着调色盘，右手握着一支画笔，腰上挂着的两把钥匙，分别是卧室和皇宫的，胸前的圣地亚哥勋章是在他死后国王陛下命令加上的；在委拉斯凯兹创作这幅画的时候，国王陛下还没有授予他这项荣誉。有些人说这是国王陛下为了鼓励史学家能够记录这一高贵的艺术而亲自画在他胸前的。我认为委拉斯凯兹的这幅肖像画与著名雕刻家、画家菲狄亚斯在女神密涅瓦雕塑的盾牌上刻上自己的画像有着异曲同工之妙……如同崇高宝贵的玛格丽塔殿下一样，委拉斯凯兹也将名传千古，在这位至高无上的女主人的荫蔽下，他的形象也将永垂不朽。[1]

帕洛米诺是一位消息灵通的廷臣，他在 1725 年以一种同委拉斯凯兹本人相似的程度，对这位艺术家表达了极大的热情和认同；他的颂词如果说有什么奇怪的话，就是大胆地夸张了画家和这幅画本身的重要性，作者引用另一位画家卢卡·乔达诺的话来表达对这位去世艺术家的赞美——“绘画之神”。

因此，作为宫廷画师的委拉斯凯兹的确在吹嘘自己获得了圣地亚哥十字这件事上夸大了事实，因为他当时只是希望能够得到这项

① Antonio Palomino, lives of the Eminent Spanish Painters and Sculptors, trans. Nina ayala mallory (Cambridge: Cambridge University Press, 1987), 165, 139–83. Brown, Velázquez, 257.

荣誉，却没有真正获得。[1]考虑到他的宫廷职务和进入贵族阶层的企图，他宣称作画不收取报酬就是对事实明显而严重的夸大。别人也察觉了他这种行为，因此骑士团审查委员会拒绝了他的申请。而他宫廷画师的崇高地位给他带来了一些特权，就像古希腊宫廷画师阿佩利斯和亚历山大大帝的关系一样，为国王创作画像这件事本身没有任何夸大。就像帕洛米诺明确指出的那样，他在画中展示了自己的种种属性，从这可以清楚地看到，他宫廷职务的晋升和他所取得的成就都符合事实。

社会地位经常会影响到鲁本斯的自我表现，尤其是他作为廷臣和皇家画师，在整个职业生涯中都受此影响。他在意大利居住了将近十年，在曼图亚的贡扎加的宫廷中担任画师，并接受了一项前往

---

① Because of the discrepancy between the date for the knighthood（1659）and the date of the painting（1656）, there is still ongoing doubt about whether the artist（or someone else, though probably not the king, as palomino claimed）added the cross later, well after his admission to the prestigious knightly order. Moreover, because of the importance of the artist’ s activity as a painter, his pose in las meninas assumes a key role in the interpretation of the picture. Technical study reveals an initial turn of the painter slightly away from the canvas, “the painter posing rather than the painter painting”, according to gridley mckim smith, later altered slightly to the present, more active pose, which documents his “real pictorial activity within the approving presence of the royal family.” See Gridley Mckim Smith, Greta Andersen-bergdoll, and Richard Newman, Examining Velázquez（New Haven and London: Yale University Press, 1988）, 78–80. We must also acknowledge that the audience for this painting was reduced to a single, prestigious viewer, king philip iv, for brown notes that a palace inventory of 1666 places the picture in the personal office of the king（pieza del despacho del verano）; brown, velázquez, 259, noting also, 257, about the cross: “it is impossible to test the validity of this [palomino] statement [i.e., that the king himself added the santiago cross] ……Because only four years had passed between the supposed date of completion and the death of the artist. Examination of the canvas after the recent cleaning（may–june 1984）seems to indicate that the brushwork of the cross is uniform with the rest of the surface. If this is so, and palomino is correct about the subsequent addition of the cross, then this motif could have been added by velázquez himself two or three years after the picture was painted.”

西班牙的外交任务。回到安特卫普后不久，他和一位家世显赫的女性结婚，并为自己和妻子创作了一幅忍冬树下的双人画像（图 9.7）（ca.1069—10；慕尼黑，老绘画陈列馆）[①]。他的妻子名为伊莎贝拉・布兰特，她的父亲是扬・布兰特，是一位既富有又有教养的市政府秘书。此时，鲁本斯已经被任命为弗兰德斯摄政王艾伯特大公和伊莎贝拉的宫廷画师。尽管（不像委拉斯凯兹和菲利普四世），他们允许他留在安特卫普并继续进行个人事业，而不是将他们的宫廷迁到布鲁塞尔。[②]

在这幅收藏于慕尼黑的巨大画作中，这对情侣身上昂贵、高雅而时尚的裙子表明了他们的社会地位和礼节。很明显，画家没有像委拉斯凯兹在《宫娥》中所做的那样，在画面中展现自己的职业。他将自己的形象展示为一名带着佩剑的绅士，以贵族在花园环境中从容的姿态宣示着他对这片土地的主权。甚至他随意交错的双腿都是模仿中世纪艺术作品中含有君主寓意的形象。他的学识和老练还体现在他选择忍冬作为画面背景这点上。这种散发着甜味的蔓生植物在 16 世纪末期的寓意画册中代表着真爱（例如安德烈・阿尔恰蒂的书籍，这些书籍都归在“婚姻的忠诚”的类别中 [in fidem uxoriam]）。婚姻的和谐通过画家精妙的构图得以体现，伴侣相互依偎，外部的手臂构成了括号的形状。当然他们握在一起的右手表示对婚礼仪式的巩固（一个持续到现代的动作）。甚至鲁本斯选择的较高的座椅和位于观看者左侧这一纹章学中表示较高地位的位置，都蕴含了男性在婚姻关系中处于主导地位的内涵。

① Von Simson, Peter Paul Rubens, 114–17; Belkin, Rubens, 98–99.

② Christopher Brown, “Rubens and the Archdukes,” in Albert and Isabella, 1598–1621: essays, ed. Werner Thomas and Luc Duerloo（brussels: royal museums of art and history, 1998）, 121–28.

图 9.7　鲁本斯和伊莎贝拉·布兰特的自画像，老绘画陈列馆，慕尼黑
布里希曼艺术图书馆，伦敦

许多上文提及的元素依然出现在鲁本斯最后一幅自画像中（ca.1639；维也纳，艺术史博物馆），这幅画也许创作于他去世前一年。[1]他在画中继续炫耀着自己的特权，以及从许多君王那里取得头衔的贵族身份，而不是把自己画成一位画师。他站在一根结实的立柱前，这种位置沿袭了他尊贵的宫廷客户——国王或皇帝的肖像画的传统，手套和佩剑表明他是一位贵族。[2]脸上松弛的皮肤透露了他的年龄和每况愈下的健康状况，但是，他倾斜的姿势和紧盯前方的目光，依然能展现他的优雅和自尊。画幅的尺寸和画作四分之三的长度再一次宣示了画中人的地位和高傲。

尼古拉斯·普桑（1594—1665）是另外一名与委拉斯凯兹同时代、居住在罗马的法国画家，他一直都没有理会法国君主召唤他返回巴黎的命令，但是他很想给自己在巴黎最重要的赞助人保罗·福莱尔·德·向特罗寄去一幅自己的肖像画，最终他放弃了寻找其他肖像画师来为他作画。在一次生病期间，普桑完成了一幅自画像并寄给了向特罗（1650；巴黎，卢浮宫）（图 9.8），之后，他又被迫为自己的另一个赞助人让·普安泰创作另一个版本的自画像（现存

---

① Von Simson, Peter Paul Rubens, 350–51; Belkin, Rubens, 153; Justus Müller Hofstede, “Peter Paul Rubens 1577–1640. Selbstbildnis and Selbstverständnis,” in Von Bruegel Bis Rubens, exhibition catalog（cologne: wallraf-richartz museum, 1992）, 103–20. Another important rubens self-portrait with a signposting assertion of the artist’ s affiliation with the neostoic philosopher justus lipsius and two other associates, one of them the artist’ s deceased brother, philip rubens, is the four philosophers（ca. 1615; florence, galleria pitti）; belkin, rubens, 121–22, fig. 82.

② Still valuable is marianna jenkins, the state portrait, its origins and evolution（New York: College art Assn., 1947）.

图 9.8　普桑：自画像，巴黎卢浮宫

于柏林)。[①]在这里，普桑并没有将自己描绘为廷臣。对赞助人向特罗，他所设计的自我推荐源于艺术家式的尊严和学识，以及他与这位受人尊敬的赞助人兼朋友之间的友谊："您将我的自画像放在您的房中，这为我带来了的很多名望，这使我亏欠您更多了。这幅画值得您一直挂在那里，就像维吉尔的画挂在奥古斯都的博物馆中一样。我为它感到骄傲，就好比它是托斯卡纳公爵的列奥纳多·达·芬奇、米开朗基罗和拉斐尔的藏品。"拉丁文题词写在另一块空白画布上，在画布背面画家标有："尼古拉·普桑的画像。来自安德里斯。年龄56岁。现居罗马。禧年1650。"那块画布代替了旁边的画像；同时它展现了艺术家虚构的印象，似乎在强调那幅画仅能作为艺术家本人和他们真挚友谊的影子。这里谦恭的强烈程度堪比普桑在那封奉承的信中自信地将自己比作作为皇帝仆人的维吉尔或公爵们珍藏的那些伟大文艺复兴艺术家的行为。尽管普桑已经被任命为法国国王的首席常驻画师，以及圣路加罗马学院的成员，他并没有将这些头衔表现在自画像中。[②]普桑倾斜的姿势和向前的目光（反过来）再

① Elizabeth Cropper And Charles Dempsey, Nicolas Poussin: Friendship and the Love of Painting (Princeton: Princeton University Press, 1996) , 145–50, 182–96, 204–5; David Carrier, Poussin' s Paintings: A Study of Art-historical Methodology (University Park: Penn State University Press, 1993) , 2–46; Matthias Winner, "Poussins Selbstbildnis im Louvre als kunsttheoretische Allegorie," Römisches Jahrbuch Für kunstgeschichte 20 (1983) : 417–49; Matthias Winner, "Poussins Selbstbilnis von 1649," in il se rendit en italie. Études offerts à andré chastel (Rome: edizioni dell' elefante; and paris: flammarion, 1987) , 371–401. most recently, Todd Olson, Poussin and France (New Haven and London: Yale University Press, 2002) , 74, compares the self-portrait sent to chantelou in 1650 to "an epistle, constituting the personal relationship between artist and patron."

② These very titles are explicitly included in the berlin self-portrait for pointel, which conspicuously omits the background canvases of the chantelou version and instead features sculpture in the form of a tomb memorial rather than painting: "nicolaus poussinus andelyensis academicus romanus primus pictor ordinarius ludovici justi regis galliae. Anno domini 1649. romae. Aetatis suae 55."

现了之前鲁本斯自画像采用的宫廷式的构图，但这幅画采用了二分之一长度，并用堆叠的帆布装裱在金色的画框中。图案强调了模特保持的冷静的距离（也许是为了体现他和法国之间的物理距离，即使他写明了自己的出生地）以及他受到重重正式约束的布景方式。画中有一些精妙而隐蔽的表现等级和地位的手法。模特深色的着装和手中的书籍效仿了西蒙·武埃的自画像（即《自画像》，1641），这是由另外一位艺术廷臣安东尼·凡·代克设计的形象，在其他艺术家模仿他的画像时得以采用。武埃是路易十三宫廷中普桑的前任，他手中拿着的书是一本绘画专著（罗马诺·阿尔伯蒂，1585）。普桑在自己的两幅肖像画中都拿了这本书，进一步暗示自己是一个有学识的画家。

从画布上可以发现，一个若隐若现的角色位于画家的身后：绘画的人格化形象皮图拉（Pittura），她的标志是皇冠上的一只眼睛。她伸出双手与另一个男性角色相互拥抱，似乎在暗示这位艺术家作为创作者正在回报他这位极具鉴赏力的客户和朋友给予他的评价和相互之间的理解。背景的画面强调了画像与真实的不同，不只看到表面还要有看到深层含义的能力，以及对美的感知力。艺术家通过这幅肖像画，用视觉艺术向作为他朋友和赞助人且目光敏锐的向特罗表达了评论。

当 17 世纪最著名的女性画家阿特米西亚·津迪勒奇创作自画像时（ca. 1638—39；汉普顿宫，皇家收藏）（图 9.9），与普桑在自画像中运用的方式不同，她将同样的形象直接与自己结合起来。①

---

① Mary Garrard, "The Allegory of Painting," Artemisia Gentileschi: the Image of the Female Hero in Italian Baroque Art (Princeton: Princeton University Press, 1989) , 85–88, 337–70; r. Ward Bissell, Artemisia Gentileschi and the Authority of Art (University Park: Penn State University Pess, 1999) , 272–75, No. 42; keith christensen and judith mann, orazio and artemisia gentileschi, exhibition catalog (New York: metropolitan museum, 2001) , 417–21, cat. No. 81.

图 9.9　阿特米西亚·津迪勒奇：自画像，汉普顿宫，皇家收藏。

她的动作很像委拉斯凯兹，手中拿着画刷和调色板，在一幅挂在画架上的巨大的帆布上作画，画中的画布一直延伸到整个画面之外。像其他许多宫廷艺术家一样（比如安东尼·凡·代克）②，她在脖子上戴着一串代表荣誉的项链以彰显自己的地位与高贵，但是，这一特质也许只是简单地借鉴了切萨雷·里帕在《肖像》中画在皮图拉上的符号。在里帕的绘画中，皮图拉的项链上有一个面具，与阿特米西亚在自画像中画在自己脖子上的那一条非常相像。③这样的比喻用来重申画家自己的学识以及绘画作为自由艺术——传统人

---

① Mary Garrard, "The Allegory of Painting," Artemisia Gentileschi: the Image of the Female Hero in Italian Baroque Art (Princeton: Princeton University Press, 1989), 85–88, 337–70; r. Ward Bissell, Artemisia Gentileschi and the Authority of Art (University Park: Penn State University Pess, 1999), 272–75, No. 42; keith christensen and judith mann, orazio and artemisia gentileschi, exhibition catalog (New York: metropolitan museum, 2001), 417–21, cat. No. 81.

② Christopher brown and hans vlieghe, van dyck 1599–1641, exhibition catalog (Antwerp and London: Royal Academy, 1999), 244–45, cat. No. 66, discussing the self-portrait with sunflower (ca. 1632–33, duke of westminster coll.). Van dyck was knighted by Charles I in 1632, at which time he was appointed "principal painter in ordinary to their majesties" and given a chain and gold medal.

③ "Painting is represented here by a beautiful young woman with black, curly hair, her mouth covered by a bandeau, and a golden chain round her neck with a mask dangling from it. In one hand she has several paintbrushes bearing the motto 'imitatio' and in the other a picture……The mask hanging from her neck on a chain signifies that imitation and painting are inseparable, and the links of the chain point to the close connection between the two. And through the mask one sees that imitation is perfectly proper for painting"; see Baroque and Rococo Pictorial Imagery: the 1758–60 Hertel Edition of Ripa's 'Iconologia,' trans. And commentaries, edward a. Maser (New York: Dover Publications, 1971), no. 197.

文学科的姐妹的一部分。[①]因此，女艺术家同时标示了自己和职业的地位，利用自己的性别将自己和绘画本身融为一体。[②]

遵循这一欧洲的传统，伦勃朗·凡·莱茵（1606—1669）热衷于创作自画像，并通过变换服饰和姿势来展现扮演各种角色的自己。[③]我们可以看到他经常借助选择性宣传的模式，但并没有证据证明这些角色的真正内涵是否利用了夸大的手段。实际上，贝杰坚持认为，从角色扮演的意义上而言，所有的人像创作中都包含了大量摆姿势的成分，他称之为“虚构的姿势”。他总是扮演客户希望他

① Rensselaer lee, ut pictura poesis: the humanistic theory of painting（New York: w. W. Norton, 1967）; Thomas Dacosta kaufmann, "the Eloquent Artist: Towards an Understanding of the Stylistics of Painting at the Court of Rudolf II," leids kunsthistorisch Jaarboek 1（1982）: 119–48; Larry Silver, "Step-sister of the Muses: Painting as Liberal Art and Sister Art," in Articulate Images: the Sister Arts from hogarth to tennyson, ed. Richard wendorf（Minneapolis: University of Minnesota Press, 1983）, 36–69; Clark hulse, the Rule of Art: Literature and Painting in the Renaissance(Chicago: University of Chicago Press, 1990）.

② The sixteenth century also produced a leading woman artist, sofonisba anguissola（1532–1625）, who trained in cremona, italy, but eventually became a leading portraitist at the spanish court as lady-in-waiting to queens isabel of valois and anne of austria（1559–73）. There she was able to marry a member of the spanish aristocracy, whereafter her new status permitted（or obliged）her to leave off painting. Chadwick, women, 77–86; ilya sandra perlingieri, sofonisba anguissola: the first great woman artist of the renaissance（New York: Rizzoli, 1992）; Fredrika Jacobs, "Woman's Capacity to Create: the Unusual Case of Sofonisba Anguissola," Renaissance Quarterly 47（1994）: 74–101. For women artists in a male-dominated italian renaissance culture, see Fredrika Jacobs, Defining the Renaissance Virtuosa: Women Artists and the Language of Art History and Criticism（Cambridge: Cambridge University Press, 1997）.

③ Perry Chapman, Rembrandt's Self-portraits: A Study in Seventeenth-century Identity（Princeton: Princeton University Press, 1990）; Christopher White and Quentin Buvelot, rembrandt by himself, exhibition catalog（London: National Gallery Publications; and the Hague: Royal Cabinet of Paintings Mauritshuis, 1999）; Harry Berger, jr., Fictions of the Pose: Rembrandt Against the Italian Renaissance（Stanford: Stanford University Press, 2000）, 351–502.

呈现出的赞助人角色，这足以作为例证。通常，伦勃朗似乎希望自己被认作他所扮演的那个角色，展现出那个人的教养（或各种意义上的反面，例如任性或粗俗）或虔诚。由于他的自画像已经成为展出或专题论文的唯一主题，这里很难进行完备的讨论，但是他运用的这些姿势至少可以告诉我们这位多才多艺，甚至是千变万化的艺术家是如何在不同作品中改变自己的外貌的。我们通常找不到伦勃朗创作这些作品的观众；然而，在一小部分具体的案例中可以明确地看出，伦勃朗自画像的收藏家极高的地位，足以显现这位艺术家的名望，反过来，他也让收藏家们因他的作品感到光彩，因为伦勃朗是文化界的名人且地位不断攀升，所以他给予别人（像普桑）的私人礼物或出售的作品既是他的画像也是他精湛技艺的展示。①

在早期的自画像中，伦勃朗常常以绅士或花花公子的形象出现，例如《戴金链自画像》（1629；波士顿，加德纳博物馆）（图9.10）。②他将自己画成身着金链，头戴羽毛贝雷帽的形象受到了指

---

① Ernst van de wetering, “the multiple functions of rembrandt’s self-portraits,” in rembrandt by himself, 8–37, esp. 17, cites the 1639 inventory of king Charles I of england (nos. 26 and 28), cat. Nos. 26, 85, which notes the two known self-portraits in royal collections during the artist’s lifetime as well as those later traced in the collections of “amateurs and royalty.” Charles I also acquired self-portraits by rubens (1623), mytens, and van dyck, and he owned the famous 1498 dürer self-portrait (today madrid, prado). Also see volker manuth, “rembrandt and the artist’s self portrait: tradition and reception,” ibid., 40–57, esp. 46–50 on Charles I as well as the celebrated uffizi self-portrait collection of artists, first assembled by cardinal leopoldo de’ medici and his nephew, cosimo Ili de’ medici. See also karla langedijk, die selbstbildnisse der holländischen und flämischen künstler in der galleria degli autorittratti der uffizien in florenz (Florence: Edizioni Medicea, 1992). Rembrandt self-portraits were also sought by “art lovers” (liefhebbers) in the low countries and abroad; manuth, “rembrandt,” 51–56.

② Chapman, Rembrandt’s Self-portraits, 46–48. It is an accident of history, but this strong, yet fictive, assertion by the young rembrandt hangs in mrs. Gardner’s fenway museum.

图 9.10　伦勃朗：戴金链自画像，伊莎贝拉·斯图尔特·加德纳博物馆
波士顿布里希曼艺术图书馆，伦敦
◎伊莎贝拉·斯图尔特·加德纳博物馆 / 布里希曼艺术图书馆

责，人们认为他夸张了事实，因为他不像鲁本斯，凡·代克或委拉斯凯兹那样，他根本不是骑士。[①]但是，这种由抱负带来的创作张力，最终成功地被委拉斯凯兹解决，并且在角色扮演甚至是幻想中一直得以运用。正如贝杰对于伦勃朗那条额外画上的金链所做的注解："他将金链授予自己。"还有一些自画像展示了过度繁琐的服装元素和卖弄的成分，例如《与狮子狗戴穆斯林头巾自画像》（1631；巴黎，小宫美术馆）。[②]在另外一幅伦勃朗的自画像《与麻鸦自画像》（1639；德累斯顿博物馆）中，他捕捉了一个转瞬即逝的日常即景，模仿乡绅的举止和特点，带着轻快的羽毛贝雷帽和耳环，手中把玩着一只巨大的猎鸟作为狩猎的战利品。[③]

伦勃朗收入极高，同时也是自信心满满，他将两种16世纪意大利艺术大师最著名的宫廷式绘画技法融合在了一起，创作了一组双幅肖像，其中包括一个蚀刻版画（1639，b. 21）和一幅油画（1640；伦敦，国家美术馆）。伦勃朗是在阿姆斯特丹的拍卖行看到了这些前人的好作品，包括拉斐尔的《卡斯蒂廖内》（巴黎，卢浮

---

① Berger, Fictions, 377–82, 475–79, discussing two rembrandt self-portraits in the louvre（1633）. Further on rembrandt and fictive chains: julius held, rembrandt' s aristotle and other rembrandt studies（Princeton: Princeton University Press, 1969）, 32–41. Chapman, Rembrandt' s Self-portraits, 49–50, 67, 90, also claims that the beret symbolizes "the artist as pictor doctus or learned painter," but she considers this costume element from the viewpoint of artistic upward mobility in social terms, more than in terms of intellectual status or distance from the mechanical arts. Now see chapman, "the imaged studios of rembrandt and vermeer," in inventions of the studio, renaissance to romanticism, ed. Michael Cole and Mary Pardo（Chapel Hill, 2005）, 108–46, esp. 123–25.

② At the time of this painting, the poodle was simply a dog of the rich, chiefly associated with hunting; rembrandt by himself, 137–39, cat. No. 29a.

③ Ibid., 167, cat. No. 50, denying that this visage is a self-portrait; see also the uncited article by Scott Sullivan, "Rembrandt' s Self-portrait with a Dead Bittern," Art Bulletin 62, no. 2（1980）: 236–43; the bittern is a european game bird related to the heron.

宫）和提香的《穿蓝袖子的男人》（伦敦，国家美术馆）。[1]作为更进一步的宣示的元素，查普曼在自画像中借鉴了伦勃朗对于军队颈甲或饰领的运用，并宣称这些元素代表了勇武和爱国；然后，它们又经常同链条或贝雷帽同时出现，更像是一种自轻自贱的标识，因为这些很容易使人联想到军人声名狼藉的放荡习气。[2]

在伦勃朗许多过度矫饰的自画像中，经常可以看到所谓"财富的困窘"（受到西蒙·沙玛和哈利·贝杰的启发想到了这个短语），但在后来的作品中，他逐渐抛弃了贝雷帽、链条、饰领等等这些拙劣的模仿元素。在一幅创作于1658年的《自画像》（纽约，弗利克美术馆）（图9.11）中，他采用了超大的画幅（甚至比他最富有的客户雅各·特里普的画像还要大），虽然和1631年现存于小宫美术馆的那幅作品一样，还是充满了自吹自擂的成分，但已经舍弃了伊斯兰头巾和狮子狗。[3]画面散发着东方君主的气息，在这幅三分之四长度正面自画像中，他的姿势好像一位在位的统治者，左手边画家作画时使用的支腕杖好像权杖，似乎是在说明他的权力就来自于模仿、摆姿势和角色扮演。这幅作品还使用了大胆而明快的颜色，生

---

① Chapman, Rembrandt' s Self-portraits, 71–76; Berger, Fictions, 463–73; rembrandt by hims elf, 170–75, cat. Nos. 53–54.

② Chapman, rembrandt' s self-portraits, 17, 40, asserting that military dress affirmed his "allegiance to the vaderland." Yet Berger, Fictions, 258–59, 362–63, argues cogently that soldiers were actually disreputable figures in dutch culture, and this brief assessment is well borne out by other works of art, particularly guardroom genre scenes. See also Richard Helgerson, "Soldiers and Enigmatic Girls: the Politics of Dutch Domestic Realism," Representations 58（1997）: 55–58; Ellen Borger, de hollandse kortegaard, exhibition catalog（Naarden: Nederlands Vesting Museum, 1996）.

③ Chapman, Rembrandt' s Self-portraits, 90–95; Berger, Fictions, 479–95; rembrandt by himself, 198, cat. No. 71, which like most of its arguments from costume（including the 1639 etching and 1640 london painting）suggests derivation from sixteenth-century portraits of artists as gentlemen. Surely rembrandt was as aware of jan gossaert and other sixteenth-century netherlandish precedents as he was of raphael and titian.

图 9.11　伦勃朗：自画像，弗利克美术馆，纽约
◎弗利克美术馆，纽约

动而自觉的笔触显示出画家的主见，并经常被用来与提香和其他威尼斯画派画家的风格进行比较。这幅画明显对事实进行了艺术化的夸张，尽管同时还标志着伦勃朗在形式和主题上对于威尼斯画派庄严宏伟风格的吸收（令人不禁想起威尼斯就是地中海地区“东方化”文化流传的源头，尤其对于黎凡特地区的奥斯曼土耳其帝国有着独特偏好，甚至连阿尔布雷特·丢勒都要去拜访那里）。①

伦勃朗很少在自画像中表现虔诚这一品质，在早期一幅同妻子萨斯基亚的自画像《浪子回头》中，他模仿了《酒馆中的浪子》（ca.1635；德累斯顿，绘画画廊）的创作。②伦勃朗在晚年时，曾创作了另一幅名为《扮成圣保罗的自画像》（1661；阿姆斯特丹，荷兰国立博物馆），这是伦勃朗第一次在作品中将历史上真实存在的人设定为《圣经》中的形象。③伦勃朗用两个特质确定了画中人的身份，一是代表圣徒的牺牲剑柄，二是福音传播者手持巨大而打开的纸质卷轴。他头顶的帽子再一次变成了阿拉伯头巾，可以明确这是近东风格的头巾。最近一些对于伦勃朗这幅作品的诠释认为，画中的剑是圣保罗本身的一个比喻，表示“圣灵之剑”，而模特身后戏剧性的光线象征着“上帝之光”（以弗所书 6:17,5:8）。

---

① Julian raby, venice, dürer, and the oriental mode (London: Sotheby' s, 1982) ; lisa jardine, worldly goods: a new history of the renaissance (New York: Knopf, 1996) , 379–424.

② Rembrandt by himself, 159, cat. No. 43.

③ Chapman, rembrandt' s self-portraits, 120–27; rembrandt by himself, 213–15, cat. No. 81. arthur Wheelock, Jr., Rembrandt' s late religious portraits, exhibition catalog (Washington, Dc: National Gallery, 2005) , 108–10, 136, cat. No. 11. for the general phenomenon, see Peter Sutton, “Rembrandt and the Portrait Historié,” in Wheelock, ibid., 57–67; also rose wishnevsky, studien zum ‘portrait historié in den niederlanden (Ph.D. diss., Munich, 1967) . The most celebrated rembrandt portrait historié is his so-called jewish bride, probably a portrait couple in the guise of isaac and rebecca (amsterdam, rijksmuseum) , another work of the 1660s.

一些人希望将这幅画解读为，伦勃朗通过所有基督追随者的内心深处，坦诚地将自己审视为一个渴求恩典的年迈的罪人，但是我们必须记住这幅画也只是艺术家刻意营造的种种姿势之一，就像玛丽·德·美第奇在画中的身份常常是王位之上正义女神或胜利女神密涅瓦。

为风景选址

“富人与你我之辈不同”（菲茨杰拉德），似乎切中那些希望标榜自己独特性的人的要害，他们常见的手段就是花费大笔的金钱，但同时，他们也会以文化上的方式来宣示自己的地位和权力。此外，他们通常还会选择自我展示的环境。无论是建筑还是建筑的装饰，都能为赞助人渊博的学识或显赫的地位，增添额外的光彩。

我们已经在上文中见过了一个起到此种作用，营造了皇家威严的地点：玛丽·德·美第奇在巴黎的寝宫——卢森堡宫，同时也是鲁本斯伟大创作的展示地。[①]女王本来想把她在巴黎的居所建得和她原本在佛罗伦萨的皮蒂宫一模一样，并且已经在1611年给他的姨母写信索要皮蒂宫的图纸。她后来还想将卢森堡宫命名为“美第奇宫”（palazzo de’ Medici），这样她就可以完全同这座宫殿融为一体，并亲自做出许多努力使得宫殿大大小小的设计都能满足她自己的要求。宫殿的建设工程开始于1615年，然而，当时在一位著名建筑师

① Convenient introduction in Geraldine Johnson, “Imagining”,135–43; Anthony Blunt, Art and Architecture in France, 1500–1700, 2nd ed.（Harmondsworth: Pelican, 1973）, 171–72. Also for a general view of the queen as patron, deborah marrow, the art patronage of Marie de’ Medici（Ann Arbor: Umi, 1982）, esp. 11–12, 19–21 for the Luxembourg Palace.

萨洛蒙·德·布罗斯（1578—1626）的带领下，社会上流行的是法国本地的宫殿建筑风格。其特点为在两个侧殿建有中心花园和街道立面；而低级的乡间宫殿暗指的就是皮蒂宫的制式。不过，德·布罗斯在入口设计中采取的新鲜元素是从意大利借鉴的穹顶，效仿了布拉曼特和米开朗基罗杰出的建筑。然而从大体上看，这座法国建筑的建筑元素运用了各种各样的经典样式，以创造鲁本斯在画作中体现的宏伟和文化的威望。

对于这样一座充满了对过往辉煌的隐喻的私人宫殿而言，伊莎贝拉·斯图尔特·加德纳的私人博物馆称得上是卢森堡宫的现代等价物，并毫不避讳地命名为芬威宫。[①]像其他重要的建筑物一样，“位置”的选取是个大问题。芬威宫是波士顿城区整修计划中的一个关键项目，于1878年由景观建筑大师弗雷德里克·劳·奥姆斯特德所设计，在波士顿后湾小塘建造了一片公园式的环境；新的芬威宫是最早一批也是最壮观的波士顿地标建筑（附近的波士顿美术博物馆是不久之后建成的，建筑采用古典风格的设计，更像是“公众的宫殿”。）正如玛丽·德·美第奇在她的皇室丈夫去世后开始了宫殿建设一样，加德纳夫人也在她丈夫罹患致命的中风后着手实施她自己的计划，她的实际操作也同玛丽·德·美第奇非常相似，她在建筑师威拉德·托马斯·西尔斯的协助下，计划了整个设计，并充满热情地参与到建筑细节的设计中。像这样对于一幢私人建筑设计的额外干预可以表明，在确保建筑完美的这个问题上，个人能力比必要的财富和艺术品位重要得多。

在芬威宫，对于威尼斯宫殿的幻想，甚至延展到了传统的建筑结构工程，包括将承重桩埋进柔软的土地中这一做法。见多识广的

---

① This section depends on Goldfarb, Isabella Stewart Gardner, 14–17. the choice of a venetian palazzo template also derives from the ideals of ruskin’s stones of venice.

设计师，采取了外部门面环绕内部中庭的布局，利用天窗中投下的自然光照亮宫殿内外。怀旧的情绪和对传统的重视甚至影响到了建筑建造采用的技术，在加德纳夫人的坚持下，放弃了钢结构而选用了文艺复兴时期的建筑步骤。她对细节的痴迷渗透到了布局和装饰的方方面面，她订立的重重限制回绝了一切关于布展的异议。

为了补充通过选择建筑达到示意目的的一些其他实例，我们可以回过头再来讨论之前那位已经详细分析过他自画像的艺术家：彼得·保罗·鲁本斯。虽然经历了修复甚至重建（尤其是 1938—46 年间），但是，他的家依然能够清楚的表明这位杰出艺术家设计师的学识、财富和高贵。①这栋宏伟的居所建于 1610 至 1618 年之间，位于中部的封闭式花园是效仿意大利贵族的家，并且用到的经典元素，与德·布罗斯设计的卢森堡宫非常相似。在花园旁边，鲁本斯基于罗马万神殿的设计，加盖了一个半圆形的房间，用于在壁龛中摆放一些他私人收藏的古代半身雕塑。露天的院落被房屋所环绕，花园和画室之间用刻意设计的石屏分割开来。石屏上有三个弧形开口，屏上雕刻的塑像是两位与他工作领域相关的奥林匹斯神明：智慧、学识、艺术保护女神密涅瓦和雄辩、辩论和商业保护神墨丘利。这两个神明原来也被供奉在西塞罗位于图斯库卢姆的别墅内——一处奉献给学识、文学和哲学的寓所。在鲁本斯家中花园的凉亭内，立于主导位置的是丰饶女神，旁边伴有大力士海格力士和美神维纳斯，

---

① Belkin, Rubens, 140–44; Elizabeth Mcgrath, “the Painted Decoration of Rubens’s House,” Journal of the Warburg and Courtauld Institutes 41（1978）: 245–77; Jeffrey Muller, “Rubens’s Museum of Antique Sculpture: an Introduction,” Art Bulletin 59, No. 4（1977）: 571–82; Jeffrey Muller, Rubens: the Artist as Collector（Princeton: Princeton University Press, 1989）, 25–46; now see Jeffrey Muller, “Rubens’s Collection in History,” in a House of Art: Rubens as Collector, ed. Kristin Lohse Belkin and Fiona Healy, exhibition catalog（Antwerp: Rubenshuis, 2004）, 35–40.

后来在面对着画室的侧面，添置了酒神巴库斯和花神芙洛拉的雕塑。就像《玛丽·德·美第奇的一生》那样，所有这些古典神灵出现在重要的位置，代表着艺术家创作生涯和他因此获得的安逸生活中的种种使人感到满足的特质。

穿过这片雕塑的区域，鲁本斯在紧邻房屋主体的地方建立了一个两侧巨大的画室，这里同样运用了许多意大利建筑元素。雅各·哈雷金的雕刻记载了这一部分建筑（1684，1692；显示出鲁本斯的住宅在当时就已经非常著名），巨大的拱形窗上面是现已破损的山墙，外墙上有内容丰富的雕塑，包括一些古代半身像（尤其是鲁本斯钟爱的塞内卡）。①更令人感到惊奇的是这一面墙顶端的彩色浮雕，最初也许只是纯灰色的，但鲁本斯亲自对这些著名古代画作进行了再创作，而这些只能从展现古典口头艺术的诗歌（ekphrases）中得知。诗人朱文纳尔的经典文本，成为鲁本斯完成这面制作精良的立面上装饰内容的源泉。②这些从古典文献引用的内容，强调了鲁本斯非凡的个人学识和他与古代艺术遗产之间密切的关系，他曾在罗马研究过古典雕塑，并利用他在这些古典元素方面的知识，对它们进行再创作。③鲁本斯为自己做出的种种贡献而感到自豪，他将古典艺术从过去带到现在，从罗马带回家乡安特卫普，并把自己的住所和庭院建造成别墅的形式，并赋予其沉思的美德以及喘息片刻的欢愉

① House of Art, 40–43, 268–69, cat. No. 65; Wolfram Prinz, “the Four Philosophers by Rubens and the Pseudo-seneca in Seventeenth-century painting,” Art Bulletin 55, no. 4（1973）: 410–28.

② Muller, Artist as Collector, 32, using the final passage of the tenth satire where juvenal counseled: “leave it to the gods to give us what is fit and useful to us.” Muller also notes the uncited end of the text, comparing favorably the labors of hercules to the banquets of sardanapalus.

③ Wolfgang Stechow, Rubens and the Classical Tradition（Cambridge, Ma: Harvard University Press, 1968）.

（西塞罗口中的愉悦“otium”）的内涵。鲁本斯是从古至今最有学识，也是最见多识广的艺术史学家之一；但他却难寻知音，因此，在布置自己居所的过程中旁征博引，将其建为一个内涵复杂的几何体，向那些跟他一样具有精英鉴赏力的参观者提供一个与他交流的机会。

鲁本斯有许多运用浮华却又老练的装饰来展示自己房屋外墙的先例。在曼图亚担任贡扎加公爵的宫廷艺术家时（1600—1605），他也许在他的前任朱利奥·罗马诺的房间中看到了一个置于门上的墨丘利雕像，也许在沙龙内看到了彩绘浮雕。（参见本册第七章凯利·海姆斯达特勒·迪·迪奥的文章中涉及莱奥尼住宅正面外墙装饰的部分。）而位于安特卫普的住宅，这栋曾属于弗兰斯·弗洛里斯（所有权 1547—1570）也是 16 世纪最著名的艺术家居所，它因其外部的绘画而闻名。[①]虽然现在这些装饰都已不复存在，但相关的历史描述告诉我们，墙上的人像都是黄色的，飞檐下的壁龛中也有一些单独的人像，他们聚集在房屋的上方。现在人们已经确认，这些单独的形象分别代表勤奋、时间、诗歌、建筑、工作、经验以及勤勉。这一组内涵是视觉艺术——绘画和雕刻中的准则，在他们的中心位置有一个头戴皇冠的人格化形象，他坐在一个球体上，手持着巨大的罗盘，虽然关于他的内涵还有争议，但他也许代表了理论，

① Nina Serebrennikov, "'dwelck den mensche, aldermeest tot consten verwect.' The artist's perspective," in Rhetoric-rhétoriqueurs-rederijkers, ed. Jelle koopmans, kees Meerhoff, Mark Meadow, and Marijke Spies (Amsterdam: North-Holland, 1995), 240–41; Catherine king, "Artes Liberales and the Mural Decoration on the House of Frans Floris, Antwerp, ca. 1565," Zeitschrift Für kunstgeschichte 52 (1989): 239–56; Zirka Filipczak, Picturing Art in Antwerp, 1550–1700 (Prince Ton: Princeton Univeristy Press, 1987), 35–39; Carl Van de Velde, "the Painted Decorations of Floris' House," in Netherlandish Mannerism, ed. Görel Cavalli-björkman, exhibition catalog (Stockholm: National Museum, 1985), 127–34.

即度量与学习之准则。

鲁本斯非常了解意大利艺术，他在实地研究后不久，就着手撰写自己的专著《热那亚的宫殿》(1622)，他很明确地透露，他在建造自己居所时是有意选用古典建筑元素的（下面的引用和言词也适用于德·布罗斯）：

> 我们看到，这种被称为原始建筑风格或哥特式建筑风格正在逐渐被遗弃，并在这里慢慢消失。我们很少能见到天才之人将对称性和古希腊罗马建筑法则结合得如此完美。这使我的祖国变得更美丽，更光艳。……首先，服务上帝的崇高目标告诫我们，我们值得为更好的事情而奋斗。而且我们不能忽视私人建筑在整个城市布局中起到的作用，尤其是建筑的便利性通常与建筑的美感相得益彰……由于贵族统治着热那亚共和国，因此热那亚的房屋都非常美丽且舒适。他们更适合单独的贵族家庭——尽管依然非常大——但不适合在位的国君。像这样的建筑有很多例子，比如佛罗伦萨的皮蒂宫、罗马的法尔内斯宫、总理府、卡普拉罗拉庄园以及意大利其他为数众多的宫殿，当然也包括国王母后位于巴黎近郊的圣日耳曼宫（即卢森堡宫）。宫殿的规模、布局和花销，都超过了一个独立贵族的经济能力……我仔细说明了国君宫殿的形制应有一个被建筑环绕的中心庭院，这样的建筑形制可供整个皇室居住。①

鲁本斯指明了他所做选择的重要性，以及这种建筑风格的和谐

---

① Rubens, Foreword to palazzi di genova (1622), trans. Cornelius Gurlitt (Berlin: Der Zirkel, 1924); quoted by Martin Warnke, Peter Paul Rubens, trans. Donna Pedini Simpson (New York: Barron’s, 1980), 173–74.

之美；他注意到了庭院布局的功能和引人注目之处。很难想象，能有人比鲁本斯能更明确地说明建筑对于贵族宣示财富和权力的作用了。

这篇文章以彼得·保罗·鲁本斯开头，同时也以他结尾，是因为，从没有艺术家像他那样成功达到极高地位。哈利·贝杰在《姿势的虚构》一书中，试图用建立理论总结艺术家自我代表时的状况，但是，书中的探讨仅仅局限于艺术家作为主顾和画家双重角色时，创作自画像的情况，不过这也许是一种高度刻意而遵循传统的行为。从更广泛的意义上来讲，这种情况，以动态和对话的形式，也适用于艺术宣示本身的关键过程，在这个过程中，艺术家或建筑师向客户展现了自己最合适的一面（例如阿特米西亚·津迪勒奇或玛丽·卡萨特的例子）。

对于鲁本斯而言，所有角色在他身上都集中体现出来：艺术家、自画像画师，甚至建筑设计师。他的身份不仅针对他自己，更面向欧洲那些最声名显赫之人，甚至包括一些国王。鲁本斯本人也是一名专业收藏家，他像加德纳夫人那样，将艺术品收藏在他宫殿式宅邸中的私人博物馆里。[①]作为最有学识的艺术史学家以及多才多艺的艺术家，他懂得如何利用自己广博的学识为自己的艺术创作服务，即始终清醒地认识特定的环境和要传达的最终信息。有时他会夸大事实；在宣传某些必须虚构的公共关系时，他通常会加以选择和标示（思考玛丽·德·美第奇的例子）。不过他总能成功地为他高贵的赞助人提供有力而合适的视觉宣示，使得双方都能接受，这也使他的作品不仅红极一时，更流传千古。

---

① Muller, Artist as Collector; Muller, “Rubens’s Collection in Hstory,” 43–56.

译名对照表

A. D. Fraser Jenkins	A.D. 弗雷泽・詹金斯
Aanton Francesco Doni	安顿・弗朗西斯科・多尼
Aby Warburg	艾比・瓦尔堡
Accademia dei Fenici	费尼奇美术馆学会
Agnolo di Bernardo Bardi	阿诺罗・迪・伯纳多・巴尔迪
Agnolo Gaddi	阿尼奥・洛加迪
Alan Berger	艾伦・伯杰
Albertaccio	阿尔伯塔丘
Alberti	阿尔伯蒂
Alberti del Guidice	阿尔伯蒂・德尔・吉迪斯
Alberto degli Alberti	阿尔韦托・德利・阿尔伯蒂
Alberto di Iacopo	阿尔韦托・迪・雅各布
Alberto di Lapo degli Alberti	阿尔韦托・迪・拉波・德利・阿尔伯蒂
Albrecht Dürer	阿尔布雷特・丢勒

Alessandro Piccolomini	亚历山德罗・皮科洛米尼
Alessandro Vittoria	亚历山德罗・维多利亚
Alexander	亚历山大
Alexander the Great	亚历山大大帝
Alfred Gell	艾尔弗雷德・盖尔
Alice Rideout	艾莉丝・里德奥特
Alison Brown	艾莉森・布朗
Alte pinakothek	老绘画陈列馆
Andrea Alciati	安德里亚・阿尔恰托
Andrew Cavalcanti	安德烈・卡尔瓦坎蒂
Andrea del Sarto	安德里亚・萨托
Andrea Doria	安德里亚・多利亚
Andrea Mantegna	安德烈亚・蒙塔纳
Andrea Palladio	安德烈亚・帕拉第奥
Anne higonnet	安妮・伊戈内
Annibale Romei	阿尼贝勒・罗梅伊
Anthony Molho	安东尼・马略
Anthony van Dyck	安东尼・凡・代克
Antiquarian Society	文物协会
Antoine Perrenot de Granvelle	安托万・佩尔诺特・德・格朗韦勒
Antonio da Sangallo	安东尼奥・达・圣加洛
Antonio palomino	安东尼奥・帕洛米诺
Antonio Pierozzi	安东尼奥・皮耶罗齐
Antonio Pucci	安东尼奥・普奇
Apelles	阿佩利斯
Aposentador mayor de Palacio	宫殿主管

Archangel Michael	大天使迈克尔
Archangel St. Michael	大天使 圣米迦勒
Archduke Albert	艾伯特大公
Archivi Alinari	阿奇维·阿利纳里
Aretino	阿雷蒂诺
Arezzo	阿雷佐
Aristotle	亚里士多德
Artemisia Gentileschi	阿特米西亚·津迪勒奇
Augustus	奥古斯都
Azzo Visconti	阿佐·维斯孔蒂
Bacchus	巴库斯
Baccio	巴乔
Bandinelli	班迪尼利
Bardi	巴尔迪
BardiBusini	巴尔迪·布斯尼
Bartolini	巴尔托利尼
Bartolomeo Ammanati	巴托洛米奥·阿玛纳提
Bartolomeo Aragazzi	巴托洛米奥·阿拉贾齐
Bartolomeo Scala	托洛米奥·斯卡拉
Bartolommeo Talpa	巴尔托洛梅奥·塔尔帕
Bartolomeo Valori	巴托洛米奥·瓦洛里
Bartolommeo Ulari	巴尔托洛梅奥·乌拉里
Battle of Fornovo	佛诺沃战斗
Benci	本奇
Benedetto	贝内代托
Benedetto da Maiano	贝内德托·达·米札诺

Benedetto di Nerozzo degli Alberti	贝内代托・迪・内罗佐・德利・阿尔伯
Benedetto Pesaro	贝内德托・佩扎罗
Benozzo Gozzoli	本诺佐・戈佐利
Benvenuto Cellini	本维努托・赛里尼
Bernard Berenson	伯纳德・贝伦森
Bernardino	伯纳迪诺
Bernardo Clesio	伯纳多・克莱西欧
Bernardo Rossellino	贝尔纳多・罗塞利诺
Bertha honoré Palmer	柏莎・奥诺雷・帕尔默
Berthe Morisot	贝尔特・莫里索
Bertoldo	贝托尔多
Blessed Umiliana de' Cerchi	受祝福的乌米利亚尼・德・切尔基
Boston Museum	波士顿美术博物馆
Botticelli	波提且利
Bourne	伯恩
Bramante	布拉曼特
Brunelleschi	布鲁内莱斯基
Bruni	布鲁尼
Capitoline Hill	卡皮托尔山
Caravaggio	卡拉瓦乔
Cardinal Panciroli	红衣主教潘奇罗利
Carlo	卡洛
Carlo Borromeo	卡洛・博罗梅奥
Carlo Torre	卡洛・托尔
Caroline Elam	卡罗琳・伊拉姆
Casa degli Omenoni	奥梅诺尼家族府邸

Castiglione	《卡斯蒂廖内》
Caterina de' Medici	卡特里纳·德·美第奇
Catherine	凯瑟琳
Cato	加图
Cesare Ripa	切萨雷·里帕
Cestello	赛斯特罗教堂
Charles Hope	查尔斯·霍普
Charles Hutchinson	查尔斯·哈钦森
Charles III Durazzo	杜拉索的查尔斯三世
Charles V	查尔斯五世
Chicago Society of Decorative Art	芝加哥装饰艺术协会
Chicago World's Fair	芝加哥世博会
Church Cestello	切斯特罗教堂
Church of Ognissanti	诸圣教堂
Church of SS. Annunziata	圣母领报教堂
Church of the Frari	弗拉里教堂
Cicero	西塞罗
Contrada Aretino	孔特拉达阿雷蒂诺
Contrada Moroni	孔特拉达莫洛尼
Correggio	柯勒乔
Cosimo de' Medici	科西莫·德·美第奇
Cosimo de' Medici the elder	科西莫一世·德·美第奇
Cosimo I	科西莫一世
Costa	科斯塔
Creighton Gilbert	克赖顿·吉尔伯特
Cupids	丘比特

Da Gagliano	达·加利亚诺
Dale Kent	戴尔·肯特
Daniele da Volterra	达尼埃尔·达·沃尔泰拉
Daniele Norsa	达尼埃尔·诺尔萨
Dante	但丁
Davide	戴维德
Degas	德加
Della Vittoria	黛拉·维多利亚
Desiderio da Settignano	狄赛德里奥·达·塞提涅亚诺
Diego vel á zquez	迭戈·委拉斯凯兹
Domenico Ghirlandaio	多梅尼科·兰达约
Domenico Grazioli da Sal ò	多梅尼科·格拉齐奥利·达·萨罗
Domenico Morosini	多梅尼科·莫罗西尼
Dominican church of the Minerva	米涅瓦神庙遗址的多米尼加教堂
Donatello	多纳泰罗
Dossi Dosso	多西·多索
Duke Carlo Emanuele I	卡洛·埃曼努尔勒一世公爵
Duke Ferdinando	费迪南多公爵
Durand-Ruel	丢朗—吕厄
Edith Wharton	伊迪丝·华顿
Edmund Spenser	埃德蒙德·斯宾塞
Edward Glaeser	爱德华·格莱泽
Eleonora Gonzaga	埃莉奥诺拉·贡扎加
Elisabetta Aldovrandini	伊丽莎贝塔·阿尔多凡蒂尼
Elisabetta Massola	伊丽莎贝塔·马索拉
Ena Giurescu	艾纳·久雷斯库

Enrico Giotto	恩里科・乔托
Ephesians	以弗所书
Erasmus	伊拉兹马斯
Ercole d' Este	德尔科莱・埃斯特
Ermolao Barbaro	埃尔莫劳・巴尔巴罗
Erving Goffman	欧文・戈夫曼
Erwin Panofsky	欧文・帕诺夫斯基
Eva Gonzales	伊娃・冈萨雷斯
Evelyn Welch	伊夫林・韦尔奇
Feast of the Visitation	圣母往见节
Federico Gonzaga	费德里科・贡扎加
Federico Zuccari	费德里科・祖卡里
Fenway Court	芬威宫
Ferrante Gonzaga	费兰特・贡扎加
Fictions of the Pose	《姿势的虚构》
Filarete	弗拉瑞特
Filippino Lippi	菲利皮诺・里皮
Filippo Strozzi	菲利波・斯特罗齐
Fitzgerald	菲茨杰拉德
Flora	芙洛拉
Floriano Dolfo	弗洛里亚诺・多尔弗
Fra Angelico	弗拉・安吉利科
Fra Girolamo Savonarola	弗拉・吉罗拉莫・萨沃纳罗拉
Fra Pietro da Canneto	弗拉・彼得罗・达・砍内托
Francesco Bocchi	弗朗西斯科・博奇
Francesco Bonsignori	弗朗西斯科・邦西尼奥里

Francesco Castellani	弗朗西斯科·卡斯泰拉尼
Francesco Ciceri	弗朗西斯科·西斯锐
Francesco Gonzaga	弗朗西斯科·贡扎加
Francesco Guicciardini	弗朗西斯科·圭恰迪尼
Francesco I de' Medici	弗朗西斯科·德·美第奇一世
Francesco Patrizi	弗朗西斯科·帕特里齐
Francesco Secchi	弗朗西斯科·塞基
Francia	弗朗西亚
Francesco Sacchetti	弗朗西斯科·萨凯蒂
Frans Floris	弗兰斯·弗洛里斯
Fray Antonio de Guevara	弗雷·安东尼奥·德·盖瓦拉
Frederick Law Olmsted	弗雷德里克·劳·奥姆斯特德
Friars Minor	小兄弟会
Frick Collection	弗利克美术馆
Galeotto	伽利托
Galvano Fiamma	加尔瓦诺·菲亚马
Gardner Museum	加德纳博物馆
Gasparre del Lama	贾斯贝尔·德尔·拉马
Gemäldegalerie	绘画画廊
Genoa	热那亚
Gentile Bellini	金泰尔·贝利尼
George Akerlof	乔治·阿克洛夫
Gertrude	乔特鲁德
Gherardo Gianfigliazzi	赫拉尔多·吉安费格利阿奇
Giambattista Zelotti	詹巴蒂斯塔·泽罗蒂
Gian Giacomo Poldi Pezzoli	吉安·贾科莫·波尔迪·佩佐利

Gian Paolo Lomazzo	吉安・保罗・洛马佐
Gilded Age	镀金时代
Giorgio Vasari	乔尔乔・瓦萨里
Giovanni	乔瓦尼
Giovanni Aurelio Augurelli	乔瓦尼・奥雷利奥・奥古维利
Giovanni Botero	乔瓦尼・波特罗
Giovanni Caldiera	乔瓦尼・卡尔蒂尔纳
Giovanni Chellino	乔瓦尼・西莱诺
Giovanni Dominici	乔瓦尼・多米尼奇
Giovanni Grimani	乔瓦尼・格利玛尼
Giovanni Pontano	乔瓦尼・伯恩塔诺
Giovanni Priuli	乔瓦尼・普列里
Giovanni Rucellai	乔瓦尼・鲁切拉伊
Giovanni Sabadino degli Arienti	乔瓦尼・沙巴蒂诺・德吉利・阿利安迪
Giovanni Tornabuoni	乔瓦尼・托尔纳博尼
Giraldi Cinzio	吉拉尔迪・钦齐奥
Girolamo Savonarola	吉罗拉莫・萨佛纳罗拉
Giuliano	朱利亚诺
Giulio Romano	朱利奥・罗马诺
Giuseppe Betussi	朱塞佩・贝图西
Gonzaga	贡扎加
Gonzaga Dukes	贡萨加公爵
Grand Duke Cosimo II	科西莫二世大公
Granvelle	格朗韦勒
Gregorian	格列高利
Gualtiera	瓜尔蒂耶里

Guglielmo della Porta	古列尔莫・德拉・波尔塔
Guglielmo Gonzaga	吉列尔莫・贡扎加
Guido Guerzoni	纪多・吉尔佐尼
Guido Rangone	纪多・朗戈恩
Guido Rebecchini	纪多・雷贝基尼
Guido Tarlati	纪多・达拉迪
H. O. Havemeyer	H.O. 哈弗迈耶尔
Hamlet	哈姆雷特
Hampton Court	汉普顿宫
Hanne Winarsky	韩・威纳尔斯基
Hapsburg family	哈布斯堡家族
Hapsburgs	哈布斯堡王朝
Harry Berger	哈利・贝杰
Hector	赫克托尔
Henry IV Cycle	《亨利四世的一生》
Henry James	亨利・詹姆斯
Hercules	海格力士
Homer	荷马
Huntington	亨廷顿
Iacopo di Caroccio Alberti	雅各布・迪・卡洛乔・阿尔伯蒂
Iconographie	《肖像》
Iconologia	《肖像》
In fidem uxoriam	婚姻的忠诚
Infanta Margarita	玛格丽塔公主
Ippolito Donesmondi	伊波利托・唐尼斯穆迪
Isabella Brant	伊莎贝拉・布兰特

Isabella d’Este	伊莎贝拉·德·艾斯特
Isabella Stewart Gardner	伊莎贝拉·斯图尔特·加德纳
Jack Gardner	杰克·加德纳
Jacob Trip	雅各·特里普
Jacopo Pesaro	雅格布·佩扎罗
Jacopo Probo d’Atri	雅各布·普罗伯·德·阿低利
Jan Brant	扬·布兰特
Jane Addams	简·亚当斯
Jean Pointel	让·普安泰
Johanna	乔安娜
John Singer Sargent	约翰·辛格尔·萨金特
John the Baptist	施洗约翰
Jonathan K. Nelson	乔纳森·K. 纳尔逊
Jos é Nieto	何塞·奈伊图
Jubilee Year	禧年
Julius Caesar	尤利乌斯·凯撒
Jupiter	朱庇特
Justus Lipsius	尤斯图斯·利普修斯
Karl Marx	卡尔·马克思
Kelley Helmstutler Di Dio	凯利·海姆斯达特勒·迪·迪奥
King Charles VIII	国王查尔斯八世
King Henry VIII	亨利八世
King Philip IV	国王菲利普四世
Kunsthistorisches Museum	艺术史博物馆
Larry Silver	拉里·西尔弗
Las Meninas	《宫娥》

Legend of the True Cross	真十字架的传说
Leo X	利奥十世
Leon Battista	利昂・巴蒂斯塔
Leon Battista Alberti	利昂・巴蒂斯塔・阿尔贝蒂
Leonardo da Vinci	列奥纳多・达・芬奇
Leone Leoni	利昂・莱奥尼
Leoni	莱奥尼
Licinus	李锡尼
Lilio Gregorio Giraldi	利里奥・格雷戈里奥・吉拉尔迪
Lorenzo de' Medici	洛伦佐・德・美第奇
Louis Waldman	刘易斯・沃尔德曼
Louis XIII	路易十三
Louisine Elder Havemeyer	路易斯娜・艾尔德・哈弗迈耶尔
Louvre	卢浮宫
Luca Contile	卢卡・康蒂乐
Luca di Marco	卢卡・迪・马科
Luca Giordano	卢卡・乔达诺
Luca Landini	卢卡・兰迪尼
Luca Pitti	卢卡・佩蒂
Luciano Pedicini Archivio dell' arte	卢西亚诺泛艺术档案馆
Ludovico Gonzaga	卢多维克・贡扎加
Ludovico il Moro	鲁多维科・艾尔・摩洛
Luxembourg Palace	卢森堡宫
Madonna	圣母玛利亚
Madonna and Child	圣母子
Man with a Blue Sleeve	《穿蓝袖子的男人》

Mancur Olson	曼瑟·奥尔森
Mantegna	蒙塔纳
Mantua	曼图亚
Marcus Aurelius	马克·奥勒留
Mariana of Austria	奥地利的玛莉安娜
Marie de' Medici	玛丽·德·美第奇
Marie de' Medici Cycle	《玛丽·德·美第奇的一生》
Marquis of Mantua	曼图瓦的公爵
Marta Alvarez	马尔塔·阿尔瓦雷斯
Marta Carenzi	玛尔塔·卡润兹
Martin Gaier	马丁·盖尔
Martin Ryerson	马丁·瑞尔森
Marvin Trachtenberg	马文·特拉赫滕贝格
Mary Cassatt	玛丽·卡萨特
Mary Fairchild MacMonnies	玛丽·费尔柴尔德·麦克莫尼斯
Matteo Palmieri	马泰奥·帕尔米耶里
Medici	美第奇
Medici of Marignano	马里尼亚诺美第奇家族
Melozzo da Forlì	梅罗佐·达·弗利
Mercury	墨丘利
Metropolitan Museum	大都会博物馆
Michael Rocke	迈克尔·罗克
Michelangelo	米开朗琪罗
Michelangelo Buonarroti	米开朗基罗·博纳罗蒂
Michelangelos	米开朗基罗
Michele degli Alberti	米凯莱·德利·阿尔伯蒂

Michelle O’ Malley	米歇尔·奥马利
Michelozzo	米开罗佐
Minerva	密涅瓦
Minerva Victrix	胜利女神密涅瓦
Miriam Avins	米里亚姆·埃文斯
Modern Woman	《现代女性》
Mollie Bourne	陌莉·伯恩
Monet	莫奈
Moors	摩尔人
Moroni	莫洛尼
Nancy Grubb	南茜·格拉布
Nastagio degli Onesti	纳斯塔吉奥·德吉利·昂斯提
National Gallery	国家美术馆
Niccol ò Alberti	尼克罗·阿尔伯蒂
Niccol ò di Jacopo Alberti	尼克罗·迪·雅各布·阿尔贝蒂
Niccol ò Machiavelli	尼克罗·马基雅弗利
Niccol ò Martelli	尼克罗·马特利
Nicholas Poussin	尼古拉·普桑
Niccol ò Avellani	尼克罗·阿维拉尼
Nils Wernerfelt	尼尔斯·沃纳菲尔特
Nosiggia	诺斯吉亚
Oliviero Carafa	奥利维罗·卡拉菲
Order of Santiago	圣地亚哥骑士团
Orpheus	俄耳甫斯
Ottoman Turks	奥斯曼帝国土耳其
Padua	帕多瓦

Palazzo de' Medici	美第奇宫
Palazzo del Te	泰德宫
Pandolfo IV	潘多佛四世
Paolo Cortesi	保罗·科特西
Paolo Giovio	保罗·乔维奥
Paolo Verones	保罗·维罗纳斯
Paolo Vitelli	保罗·维特利
Parmigianino	帕尔米贾尼诺
Pat Rubin	帕特·鲁宾
Patricia Rubin	帕特丽夏·鲁宾
Paul Fréart de Chantelou	保罗·福莱尔·德·向特罗
Pegasus	珀加索斯
Perino del Vaga	佩里诺·德尔·瓦加
Perino del Vago	佩里诺·德尔·瓦高
Perruzi	佩鲁奇
Perugino	佩鲁吉诺
Peter Burke	彼得·伯克
Peter Paul Rubens	彼得·保罗·鲁本斯
Petit Palais	小宫美术馆
Phidias	菲狄亚斯
Philip II	菲利普二世
Piero di Cosimo de' Medici	皮耶罗·迪·科西莫·德·美第奇
Piero della Francesca	皮耶罗·黛拉·弗朗西斯卡
Pierre Bourdieu	皮埃尔·布迪厄
Pietro Antonio da Crema	彼得罗·安东尼奥·达·克雷马
Pietro Aretino	彼得罗·阿雷蒂诺

Pietro del Tovaglia	彼得罗·德尔·托瓦利亚
Pietro di Lando	彼特罗·迪·兰多
Pintoricchio	平图里乔
Pio Enea Obizzi	皮奥·恩里亚·奥比齐
Po River	波河
Poggio Bracciolini	帕吉奥·布拉乔利尼
Pompeius	庞培
Pope Alexander IV	教皇亚历山大四世
pope clement VII	教皇克莱门特七世
Pope Doni I	教皇多尼一世
Pope Doni II	教皇多尼二世
Pope Innocent	教皇英诺森八世
Pope Julius II	教皇尤利乌斯二世
Pope Paul III	教皇保罗三世
Pope Pius II	教皇派厄斯二世
Portrait histori é	取材于《圣经》中的形象
Prado	普拉多国家博物馆
Primitive Woman	《原始女性》
Raimondo	雷蒙多
Raphael	拉斐尔
Realpolitik	现实政治
Reconquista	光伏革命
Rembrandt	伦勃朗
Rembrandt van Rijn	伦勃朗·凡·莱茵
Richard Goldthwaite	理查德·戈德思韦特
Richard J. Zeckhauser	理查德·J.黎塞留

Richelieu	黎塞留
Rijks Museum	国立博物馆
Roberto Malatesta	罗伯托·马拉泰斯塔
Roman Academy of St. Luke	圣路加罗马学院
Romano Alberti	罗马诺·阿尔伯蒂
Royal Collection	皇家收藏
Rubens	鲁本斯
Rucellai	鲁切拉伊
S. Geminiano	圣杰米尼安诺教堂
S. Maria della Scala	圣玛利亚德拉斯卡拉大教堂
S. Martino	圣马蒂诺教堂
Sabba di Castiglione	萨巴·迪·卡斯蒂廖内
Saint Andrew	圣安德鲁
Saint Antony	圣安东尼大教堂
Saint Elizabeth	圣伊丽莎白
Saint George	圣乔治
Saint Longinus	圣朗基努斯
Saint Thomas	圣托马斯
Salomon de brosse	萨洛蒙·德·布罗斯
Samuel Cohn	塞缪尔·科恩
San Lorenzo	圣洛伦索大教堂
San Marco	圣马可大教堂
San Miniato	圣米尼亚托教堂
San Remigio	圣雷米西奥教堂
San Salvatore al Monte	圣米塞尔瓦托阿尔蒙特教堂
San Sebastiano	圣巴斯弟盎教堂

Sanne Wellen	沙恩・韦伦
Santa Croce	圣十字大教堂
Santa Maria della Scala	阶梯圣母教堂
Santa Maria Novella	新圣母大教堂
Santa Trinity	圣三一大教堂
Santo Spirito	圣斯皮里托大教堂
Saskia	萨斯基亚
Sebastiano Serlio	塞巴斯蒂亚诺・塞利奥
Self Portrait with Turban and Poodle	《与狮子狗戴穆斯林头巾自画像》
Self–Portrait	《自画像》
Self–Portrait as St. Paul	《扮成圣保罗的自画像》
Self–Portrait with Bittern	《与麻鸦自画像》
Self–Portrait with Gold Chain	《戴金链自画像》
Sharon Strocchia	莎伦・斯特奇亚
Sheryl Reiss	谢乐尔・赖斯
Sigismondo	西基斯蒙多
Silver	西尔弗
Silvio Antoniano	西尔维奥・安东尼奥诺
Simon Schama	西蒙・沙玛
Simon Vouet	西蒙・武埃
Sistine Chapel	西斯廷教堂
Sixtus IV	西克斯图斯四世
Soldo	索尔多
Sophia Hayden	索菲亚・海登
Sosso Fiorentino	罗索・菲奥伦蒂诺
Sperandio	思伯兰帝欧

St. John the Lateran	圣约翰拉特兰教堂
Stephen Greenblatt	史蒂芬・格林布拉特
Strazzola	斯特拉佐拉
Strozzi Chapel	斯特罗兹礼拜堂
Succorpo Chapel	苏克尔波教堂
Superintendente de obras particulares	宫殿装饰大师
Taddeo Bartoli	塔代奥・鲍尔托利
Terminus	特尔米努斯
The Arena Chapel	竞技场小教堂
The Cathedral of Spoleto	斯波莱托大教堂
The Church of S. Giuliano	朱利亚诺教堂
The Church of San Pancrazio	圣潘克拉齐奥教堂
The Church of Santa Maria del Popolo	圣母教堂
The Departure of the Queen from Paris	女王离开巴黎
The Felicity of the Regency of Marie de' Medici	玛丽摄政的美好时光
The Lanfredini	拉芙利蒂尼家族
The Majority of the King	《国王成年》
The Obizzi family	奥比齐家族
The Palaces of Genoa	《热那亚的宫殿》
The Pandolfini	潘多尔菲尼家族
The Prodigal Son in the Tavern	《酒馆中的浪子》
The Siena Cathedral	锡耶纳大教堂
Thomas Aquinas	托马斯・阿奎那
Thomas J. Loughman	托马斯・J. 拉夫曼
Thomas of Aquinas	阿奎那的托马斯
Thomas Schelling	托马斯・谢林

Thorstein Veblen	索尔斯坦・维布伦
Three Fates	命运三女神
Three Graces	优雅三女神
Timoteo Maffei	铁穆特欧・马菲
Tintoretto	丁托列托
Titian	提香
Tommaso Giannotti	托马索・乔诺帝
Tommaso Malvito	托马索・马尔维托
Tommaso Marini	托马索・马里尼
Tommaso Rangone	托马索・朗戈恩
Trent	特伦特
Tristano Caracciolo	特里斯塔诺・卡拉乔洛
Truth Unveiled by Time	《时间揭示的真相》
Vasari	瓦萨里
Vatican	梵蒂冈
Vel á zquez	委拉斯凯兹
Venetian Gothic	威尼斯哥特式
Venus	维纳斯
Vermeer	维米尔
Vincenzo Borghini	文森佐・博尔吉尼
Vincenzo Cappello	温琴佐・卡佩洛
Virgil	维吉尔
Virgin Annunciate	圣母传音
Wanda Corn	万达・科恩
Wendy Wyatt	温迪・怀亚特
Willard Thomas Sears	威拉德・托马斯・西尔斯

William Eisler	威廉・艾斯勒
Wolfgang Kemp	沃尔夫冈・肯普
Woman's Building	女性大厦
World's Columbian Exposition	世界哥伦比亚博览会